NHK BOOKS
1225

新版 稲作以前

sasaki komei
佐々木高明

NHK出版

本書は二〇一一年に出版された洋泉社歴史新書y『改訂新版 稲作以前──教科書がふれなかった日本の農耕文化の起源』（旧版はNHKブックス『稲作以前』一九七一年）の復刊です。復刊にあたって最低限の表記の修正を行い、趣旨を損なわない範囲で写真の一部を削除しました。（編集部）

改訂新版まえがき

「異端の学説」からの出発

『稲作以前』の初版がＮＨＫブックスの一冊として出版されたのは一九七一年の九月であった。刊行後、当時の学界ではかなりの反応があり、その後も三〇刷に近い多数の版を重ねることができた。そういう意味で、この書は私の代表作の一つといえるものである。そこで私が主張したのは、水田稲作農耕（本稿では以後、略して「稲作」という）が日本列島に伝来してくる以前に、アワなどの雑穀類やイモなどを主作物とする焼畑農耕とそれに支えられた文化が、主として西日本の山地や丘陵地帯に展開したに違いないという考えであった。

この学説の学史的な意味については、後に佐藤洋一郎氏が「解説」の中で述べて下さると思うが、少なくとも当時――この書を執筆した一九七〇年以前の頃――は、稲作以前に当たる縄文時代に栽培植物が存在したという考古学的な痕跡はまったく発見されていなかった。したがって、縄文時代は「採集・狩猟の時代」であり、「農耕」が営まれるようになるのは、稲作が伝来してきた弥生時代以後のことである。日本文化は稲作文化なのだから、その起源は稲作文化が成立した弥生時代に始まるという考え方が、当時は「学界の常識」として広く存在していた。そうした状況の中で、稲作以前、つまり縄文時代に何らかの農耕が存在し、日本文化の起源が縄文時代にまで及ぶと主張するのは、学界の常識に反する一種の「異端の学説」とみなされるものであった。

では、このような「異端の学説」とみられる考えを、私が主張するようになったのは何故なのだろうか。それには次の二つの条件が関係したと思われる。その一つは私の研究が焼畑農耕の研究から始まったこと、その二は岡正雄氏の主張した新しい日本民族文化起源の学説と当時提唱されはじめた中尾佐助氏の照葉樹林文化論の影響を受けたことがあげられる。

『稲作以前』を生み出したもの

一九五五年に京都大学の大学院博士課程に進学し、地理学者として出発した私の最初の研究テーマは、焼畑農耕の研究であった。その頃、日本列島の各地では焼畑農耕がまだ盛んに営まれていた。その実態を求めて、私は全国の山村を歩き、現地調査をくり返し行なった。北但馬の山村を手始めに、子守唄で有名な熊本県の五木村や大規模な出作《でづくり》耕作で知られていた石川県の白峰村（地名はいずれも当時のもの）、あるいは四国山地の村々などでは、かなり集中的な調査を行ない、焼畑とそれを中心に組み立てられた生活文化について多くのデータを得ることができた。調査を行なった一九五〇年代後半から六〇年代の前半頃までは、各地の山村でアワやヒエを主作物とする主穀生産型の大規模な焼畑がいくつも営まれ、伐採や火入れの際の慣行をはじめ、伝統的な行事や儀礼もよく残存し、焼畑をめぐる文化的伝承の復元がある程度は可能であった。

他方、一九六三〜六四年には、私は初めて海外へ学術調査に出る機会に恵まれた。当時は今と違って科学研究費による海外学術調査の制度もなく、個人で海外に出てフィールドワークを行なうことはきわめて困難であった。ところが一九五八年から日本民族学協会が中心になって「東南アジア稲作民族文化総合調査団」が組織され、私はその第三次隊のメンバーに選ばれ、一九六三年から翌年にかけてネパールとインドに行くこととなった。調査の前半は中部ネパールの稲作村に滞在し、後半にはインドのビハール州北部、ラジマハール高地に居住する典型的な《雑穀栽培型》の焼畑を営むサウリア・パーリア族の村に定着し、待望の焼畑農耕とその文化の実態調査を行なうことができた。

このような国内外の焼畑研究の成果は、『熱帯の焼畑――その文化地理学的比較研究』(古今書院　一九七〇年)と『日本の焼畑――その地域的比較研究』(古今書院　一九七二年)の二冊にまとめたが、そこでは焼畑の文化史的意義の解明が十分ではないという、ある種の物足りなさが深く私の中に残った。そのことを強く気付かせたのは、一九四九年に提唱され、一九五八年に最終案がまとめられた岡正雄氏の主唱した日本民族文化の起源をめぐる学説であった。[注1]その内容については、本書の中で紹介しているのでここでは再説しないが、稲作を日本列島に将来した「水稲栽培―漁撈民文化」が伝来する以前に、イモ類や陸稲《オカボ》・雑穀類を主作物とするいくつかの畑作(焼畑)を営む種族文化が、日本列島に次々に渡来したとするものであった。

私を含め、その頃に研究を始めたばかりの戦後第一世代の者たち――例えば大林太良・江守五夫・坪井洋文氏ら――に与えた、この岡学説の影響は非常に大きなものであった。稲作が伝来する以前に焼畑を主とする別種の農耕文化の存在を想定する「稲作以前」の発想は、この種の日本文化起源論のコンテキストの中に位置づけられて形成されたものということができる。

また『稲作以前』を執筆しはじめた頃は、いわゆる大学紛争の最盛期に当たっていた。当時、立命館大学の助教授として学生との交渉の第一線に立っていた私は、自らの研究についても、その原点は何かを問う機会が少なくなかった。その結果、私自身を含む日本人を日本人たらしめている日本文化の形成過程を追求することが、私の研究の原点だと考えるようになった。今から見れば非常に青臭い発想のようにも思えるが、少なくとも日本文化の源流を探求するという、その後の私の研究の出発点は、このときに出来上がったとみることができる。

こうして『稲作以前』の執筆にとりかかったのだが、前述のように、その当時は今と違って縄文時代に栽培植物が存在したという考古学的な証拠はなに一つ発見されていなかった。そのため稲作以前に農耕が存在したという証明は、ある種の状況証拠に頼らざるを得なかった。私自身のフィールドワークの諸成果をはじめ、民族学や民俗学、生態学や農学などの成果をフルに使って、焼畑農耕とそれを基軸に組み立てられた文化が、稲作とそれを基軸とした文化に先行するという事実を論証することに努めた。

ちょうどその頃、農学者の中尾佐助氏によって照葉樹林文化論が提唱されるようになった。[注2] 水稲栽培を主とする農耕文化の段階より以前にイモや雑穀類を栽培する農耕文化の段階を想定するこの文化論は、稲作以前を考える上で理論的枠組みとして非常に有効なことに気付くようになった。この照葉樹林文化論の内容は一九六〇年代中頃に京都大学人文科学研究所の今西研究会[注3]で討論していたものであり、私はそれを参考にして、縄文時代の後・晩期にアジア大陸の照葉樹林帯に由来する《雑穀・根栽型》の焼畑農耕とそれに支えられた照葉樹林文化の諸特色が、西日本の山地・丘陵地帯に広く展開したに違いないと考えるようになったのである。

『稲作以前』の刊行とその後の展開

このような考えにもとづいて執筆された『稲作以前』については、その刊行後には案の定、考古学者たちがこぞって強く反対した。縄文時代は採集・狩猟の時代で農耕が存在するはずはない、という「学界の常識」に反する説に対して、考古学の立場から烈しい批判が展開されたのは、当然の成り行きだったともいえる。しかし、そうした批判は、フィールドワークの成果にもとづき、学際的な広い視点から立論を試みた、私の「稲作以前」の仮説を打ち崩すまでには至らなかったようである。

しかも、その後、縄文時代にも栽培植物が存在したという事実が次第に知られるようになってきた。例えば一九七五年には福井県の鳥浜貝塚の縄文前期の地層からヒョウタンや豆類が、やや遅れてシソやエゴマ、アサやゴボウなどの栽培植物が発見されたのをはじめ、各地の縄文遺跡から栽培植物が次々と発見されるようになった。さらに最近では北部九州で焼畑の跡と推定される遺構も確認されている。[注4]その結果、今日ではある種の農耕が、縄文時代の前期以降に存在したことは疑い得ない事実だと認められ、そのことはすでに日本の考古学の「常識」となっている。『稲作以前』を烈しく批判した考古学者たちは黙って転向していったようである。

私はその後も、この『稲作以前』で提出した、縄文時代の非稲作文化に起源する日本の基層文化の形成とその系譜をめぐる問題を追いつづけてきた。『縄文文化と日本人』（小学館　一九八六年）、『日本史誕生』（日本の歴史1　集英社　一九九一年）、『日本文化の基層を探る』（ＮＨＫブックス　一九九三年）を経て『日本文化の多重構造』（小学館　一九九七年）につながる一連の著作の中で、日本列島には北からの道、南からの道を経て先史時代以来、さまざまな文化が伝わってきたこと、それらの文化が列島の自然に適応しながら相互に積み重なり融合する過程の中から日本文化が生み出されてきたことを明らかにした。

このような考え方は、これらの著作の中ばかりでなく、例えば私が主宰した国立民族学博物館の「日本民族文化の源流の比較研究」（一九七八〜八七年）やその後の国際日本文化研究センターを中心とした「日本人および日本文化の起源に関する学際的研究」（一九九七〜二〇〇〇年）などの大型の学際的共同研究の過程などでもくり返し強調してきた。その結果「日本文化は単一・同種の稲作文化ではなく、起源を異にするいくつかの文化が複合した多元的で多重な構造をもつものだ」という認識は、少なくとも研究者の間には広く共有されることになったのは確かである。[注5]

それにもかかわらず、一九八〇年代には時の首相が「日本は単一民族の国家だ」と国会で発言して物議を醸《かも》したことがあるし、その後も同様の誤った発言をくり返す政治家は少なくない。日本文化は単一なものではなく、多様なルーツをもつ複合的なものだということを、一般の方々に理解していただくことはなかなか難しいようである。明治以後のいわゆる近代化の過程の中でつくり出されてきた画一的な近代国民文化、その形成過程で生み出された「日本は単一民族の国だ」という、誤った思い込みの根は意外に深く広いようである。

一昨年（二〇〇九年）に上梓した『日本文化の多様性――稲作以前を再考する』（小学館）は、このような誤解を少しでも修正しようとして執筆したものだが、日本文化が単一の稲作文化で構成されているのではなく、多元的な起源をもち、それ故に多様な特色をもつものだという、その発想の原点は、まさに四十年前に遡る『稲作以前』にあると考えて間違いない。今回、歴史新書y（洋泉社）の一冊として『稲作以前』の復刻が実現したことは、日本文化＝稲作文化という古い呪縛から日本文化論を解き放ち、日本文化はいくつもの異なる文化の複合体であり、したがって「日本は多文化の国である」という新しい発想《アイディア》を改めて再確認する上でも、大きな意義を有するものと考えるのである。

『稲作以前』の復刻に当たって

今回『稲作以前』を歴史新書y版として復刻するに当たっては、いくつかの小さな手直しと補足を行なった。手直しの主なものは、原著の口絵写真を削除したほか、写真・図・表のうち本文の記述と関係の薄いもの、あるいは古くなったものを削除し、一部は入れ替えた。その多くはI章の「縄文農耕論をめぐって」に集中している。原著には本文中に（　）内に二行で注を記した箇所がいくつかあるが、新書版では記述を短くして一行で納めることとした。また、原著出版後の新しい研究成果により、本文の記述を補足・修正すべき点は決して少なくない。そのうち主要なものについては、「補注」という形をとって本文の叙述を少しでも補うこととした。補注は通し番号を付し、各章の後にまとめた。また、出版社の要望により新しく副題を加えたが、「稲作以前」はもともと「異端の学説」であったことを、そこでは「教科書がふれなかった」と表現した。

以上の手直しと補足を付け加えたほか、明らかな誤りや不適正な表現を改め、読みやすくするための若干の補筆を行なったほかは、原著の記述はできる限りそのままとした。また原著に登場する研究者の中には、四十余年の間に鬼籍に入られた方も少なくなく、また多くの方々が所属を変更しておられる。しかし、この新書版では、研究者の所属などは、引用その他でお世話になった原著刊行当時のままとした。ご了解いただきたい。

『稲作以前』というすでに古典になったと思われる書物を、歴史新書yの一冊として再び世に送り出していただけるようになったのは、洋泉社編集部の御厚意によるものである。私にとり学界への問題提起を行なった最初の著書として思い出深い本書を、このような形で再生していただいたことに深い謝意を表したい。また改訂に当たっての具体的な編集作業については、同編集部の藤原清貴氏に大へんお世話になった。心からお礼を申し上げたい。

最後にお忙しい中を本書のもつ学史的意味などにも触れて、すぐれた「解説」を書いて下さった佐藤洋一郎氏に厚くお礼を申し上げて、この「まえがき」を終えることとしたい。

注1：岡正雄氏の学説は、まず石田英一郎・岡正雄・江上波夫・八幡一郎「日本民族＝文化の源流と国家の形成」（『民族学研究』一三巻三号、一九四九年）で示され、その後一九五八年発表の「日本文化の基礎構造」でまとめられた。同論文は、大林太良（編）『異人その他』（岡正雄論文集　岩波文庫一九九四年）に収録されている。

注2：照葉樹林文化論とその変遷については本書の補注1（44ページ）参照のこと。
注3：今西研究会というのは京都大学人文科学研究所において、今西錦司教授を中心に組織された研究班のこと。同研究会と照葉樹林文化論の関係については、佐々木高明「今西研究班と照葉樹林文化論」（谷泰・田中雅一編『人類学の誘惑—京都大学人文科学研究所社会人類学部門の五〇年』二〇一〇年）にくわしい。
注4：縄文時代における栽培植物や焼畑遺構の発見については、近著の『日本文化の多様性—稲作以前を再考する』（小学館　二〇〇九年）の「稲作以前の農耕の検証」の項で、その概要を述べておいた。
注5：佐々木高明「戦後の日本民族文化起源論—その回顧と展望」（『国立民族学博物館研究報告』三四巻二号、二〇〇九年）

＊この「改訂新版まえがき」は、洋泉社歴史新書y『改訂新版　稲作以前——教科書がふれなかった日本の農耕文化の起源』に「新書版まえがき」として掲載されたものです。

目次

改訂新版まえがき　3

序章　日本文化を考える　19

一　日本文化の基底にあるもの　19
『木綿以前の事』によせて／変革期にある日本文化／日本文化における固有なるもの
アジアの文化を比較する／文化核心と文化型

二　日本文化分析のための方法論　28
分析の方法／「日本文化の基礎構造」から／稲作以前の基礎文化

三　照葉樹林文化と焼畑農耕文化　37
照葉樹林文化とは／照葉樹林焼畑農耕文化の伝播

Ⅰ章　縄文農耕論をめぐって——稲作以前に農耕が行なわれていたか　47

一　縄文中期農耕論をめぐって　47
素朴な疑問——縄文農耕論への前提／縄文中期農耕をめぐる諸説
イモ栽培の可能性を求めて／縄文中期農耕論の整理
縄文中期農耕論の問題点——焼畑農耕民との比較

二　照葉樹林文化と北方系農耕の展開　66
縄文時代後・晩期の九州／縄文文化の東・西／照葉樹林文化の発見
大石遺跡の示すもの／北方系農耕の流れ

三　稲作以前の焼畑農耕——仮説の論理的枠組み　89
稲作以前への推論

Ⅱ章　稲作以前の農業　95

一　日本の焼畑——稲作以前の生活文化の原型を求めて　95
焼畑耕地にて／木おろしの唄声／焼畑における輪作の方式／アワとサトイモ
焼畑農耕と生活のリズム／白山山麓の村むら／稲作以前の食事文化
山の幸・森の幸の利用／焼畑の拡がり／中部日本から東北日本へ
「照葉樹林帯北辺型」の焼畑農耕文化

二　東南アジアの焼畑——焼畑農耕文化の源流をたずねて　143
焼畑農耕生活の舞台／二つの問題点
（一）焼畑農耕文化の特色をさぐる——パーリア族の焼畑とその生活文化　146
インド高原の焼畑民・パーリア族／パーリア族の焼畑／焼畑の伐採と共同労働
雑穀を主作物とする焼畑／掘棒＝穴播栽培の問題
めし・だんご・おかず——採集・狩猟＝栽培民の食事文化／稲作以前と以後
焼畑から水田へ、その変化の図式
（二）東南アジアの焼畑農耕——その類型と特徴　169
東南アジアの焼畑の諸類型／四つの類型の分布／オカボ化現象の進展
ミレットとイモと／照葉樹林型の焼畑農耕文化／焼畑の生態学
（三）東南アジアの焼畑・日本の焼畑　197
Ⅲ章　稲作以前の文化伝統　207
一　イモ祭りの伝統　207
雑煮の中のイモ／サトイモをめぐる価値観／サトイモの豊作祈願
ズイキ祭りと八月十五夜／サトイモは照葉樹林文化を象徴する

二　儀礼的共同狩猟の伝統――伝承された稲作以前の農耕儀礼　227
五木村の山ノ口開け／「柴祭り」の意味するもの／農耕儀礼としての狩猟
パーリア族の儀礼的共同狩猟のこと／火祭りと狩りと焼畑と
失われた環――インドシナと台湾

三　山の神信仰の展開――稲作以前のカミ信仰　247
パーリア族の精霊ゴサイン／東南アジアの精霊（カミ）信仰
二つの山の神をめぐって／山の神信仰の展開過程
焼畑農耕儀礼から稲作儀礼へ――稲作儀礼の基底にあるもの

四　田植技術の発生――稲作以前から以後への農耕技術の展開・その仮説的展望
田植の起源を考える／シコクビエの移植栽培の実態／ネパールの山村にて
ムンダ族とアパタニ族／日本でもシコクビエの移植栽培が行なわれている
シコクビエの移植栽培成立の条件／田植起源についての仮説的展望
イネがさきか、シコクビエがさきか

Ⅳ章　稲作文化とその基底にひそむもの　297

一　稲作文化の問題　297
稲作以前と以後／水田稲作文化の成立／三つの伝来経路
江南地方からの道／南方的習俗と文化の流れ

二　稲作文化の基底にひそむもの　308
稲作文化論で説明できるか／稲作以前を考える／いくつかの稲作以前論
日本農耕文化の原点を探る／日本農耕文化の新しい理解のために

参考文献　322

あとがき　329

解説　新たな価値観を形作る試み　佐藤洋一郎　337

校　　閲　三好正人
ＤＴＰ　㈱ノムラ
図版作成　原　清人

序章

日本文化を考える

一　日本文化の基底にあるもの

『木綿以前の事』によせて

柳田国男氏に『木綿以前の事』というおもしろい本がある。日本人の衣料の原料として、木綿がよく用いられるようになったのは、せいぜい近世以後のことである。それ以前には麻が広く用いられていた。さらにその以前には、カジノキやフジ、カラムシやコウゾなど、山野に自生する野生植物の繊維が、ずいぶん広く用いられていたらしい。こうした事実を、日本のあちこちの僻地に残るわずかな資料を手掛りにして復原されたものである。『記紀』などにでてくるニギタエやアラタエ、あるいはタクブスマ・アラブスマなどとよばれるものは、いずれもこのような野生の植物の繊維でつくられた布であり、衾（夜具）であったらしい。

柳田国男氏などの努力によって、その基礎をきずかれた日本の民俗学は、わが国の伝統的な常民文化（一般庶民の文化）を復原し、その特色を明らかにしようとする学問であるが、文字に書き残されたものの少ない常民文化の伝統をたどるためには、柳田氏が試みられたように、各地に残る古い慣習や習俗、あるいは伝統的な行事や昔話などを手掛りに、文化のたどってきたあとを一つ一つ克明に復原してゆくことが必要であろう。

こうした方法によって、「衣」の「木綿以前の事」に対し、「住」の面では「座敷以前の事」、「畳以前の事」などを考えることができるし、「食」の面でも「米以前の事」や「餅以前の事」などを考えることができる。

本書の中で、これから考えようとする「稲作以前」の問題も、このような意味では、日本における伝統的な生活文化の原点を探求する作業の一部を形づくるものだということができる。

しかし、ここで一つ注意しておかねばならないことがある。それは「木綿以前のこと」「畳以前のこと」などと、「稲作以前のこと」とを考えるのには、かなりの違いがあるということだ。「木綿以前のこと」や「畳以前のこと」などは、いずれも単に、衣・住の生活伝統の復原を目的とするのに対し、「稲作以前のこと」となると、それは稲作によって支えられてきた日本の農耕文化そのものの原点を探る、という問題に連なるということが注意されねばならない。

柳田国男氏をはじめ、いままで日本文化の特色を論じてきた多くの人たちは、日本の農耕文化を先験的に「稲作文化」と規定し、稲作が伝来する以前には、わが国には「農耕」は存在しなかったという前提に立って、議論を展開してきた。だから、従来の日本農耕文化論は、イークォールで稲作文化論であったわけだ。もちろん、日本の農耕文化が、基本的には稲作を基軸にして成立した文化であり、その特色を稲作によって強く彩られていることには間違いない。しかし、稲作がわが国に伝来する以前に、もし何らかの別種の農耕がわが国に存在していたとすれば、やはりその意義が、改めて日本農耕文化論の中でも、問い直されねばならなくなるだろう。

このような意味で、衣・食・住などの、単なるわれわれ日本人の生活文化史の一部分の伝統を探るというのではなく、「稲作以前」の問題には、より広く、より深い意味が込められていることが注意されねばならない。それは日本の農耕文化の原点を問い、日本文化の深層を分析するところにまで至る重要な問題をはらんでいるということができる。

それでは、このような日本人の伝統的生活様式の原型を探求し、日本の農耕文化の原点を問うということは、いったい現代のわれわれにとって、どんな意味をもっているのだろうか。

変革期にある日本文化

最近、日本の文化は変革期にさしかかったという声がよく聞かれる。われわれの身の周りにある「衣」・「食」・「住」のどの側面をとっても、伝統的な生活様式は急速に失われてきている。化学繊維の洋服を着て、靴を履き、パンとミルクの朝食をとって、マンションから通勤するというのが現代の都市サラリーマンの一般的な生活のパターンであり、これは西欧的というよりも、むしろ世界的な生活のスタイルになっている。

元来は保守的だといわれている農村でも、最近における生活様式の変化は著しい。「都市化」

という言葉で、その変化が一括して特色づけられていることからもわかるように、農村における生活様式も、最近では著しく都市的＝西欧的なものに変わってきていることは、よく知られている。その限りにおいて、日本の文化はいまや、かなりの部分で固有の特色を失い、世界文化の中に融合しつつあるということができるだろう。

衣食住といった物質的な生活の面だけではなく、意識の面においても、今日では世代間の断絶が深刻な問題になり、伝統的な価値観に疑問を抱き、それを拒否する数多くの若者たちが出てきている。若者たちばかりではない。かなりの年輩のひとたちの間でも、伝統的な価値観は大きく揺らいでいる。かつては、村中の老若男女が集まって、賑々しく行なわれた土産神《うぶすな》の祭りがすたれ、家々の先祖祭りも、今ではすっかり簡略化されるか、あるいはほとんどやらなくなってしまったというのが、おそらく実情であろう。

木綿以前だの、稲作以前を問題にすることがまったくナンセンスなほどその変化の度合は大きい。都市と田舎で若干の程度の差こそあれ、標準的な現代日本人の生活と文化は、今では世界的スケールにまで拡大されたともいえる西欧型の文化でおおいつくされたといってもよいほどになっている。少なくともその文化の表層においては、日本の古い生活慣習の伝統は急速に失われてきている。

しかし、文化はもともと決して静止するもの、固定するものではなく、変動するものである。社会の変動に伴い、それは常に装《よそお》いを新たにし変化する。社会が農業生産にその経済的基礎をおく農耕社会から、産業革命の時期を経て、工業生産を中心に編成された産業社会に変わってゆくのに伴い、文化もまた大きく変化した。明治以後一〇〇年、農耕社会の段階から産業社会の段階へ、日本の社会が大きくうつり変わってきたのに応じて、日本の文化が大きく変容してきたとしても、それは当然である。さらに交通・通信手段の発達とともに狭くなった地球上において、世界文化の単一化が進み、その中で日本の文化が少なくともその表層を、世界文化で彩られるようになってきたのもまた当然である。私は、むしろこの点については積極的に評価したいと考えている。

それでは農耕社会から産業社会に発展し、さらに最近では脱工業化社会とよばれる新しい段階に入ったとさえいわれるわが国において、日本文化はしだいにその特色を失い、日本人はやがては日本人ではなくなろうとしているのであろうか。

どうも私にはそうとは思えない。きわめて遠い未来は別として当分の間、文化の表層における変化が目まぐるしく進行しても、日本人が日本人であることに変わりはないであろう。

日本文化における固有なるもの

それでは、日本人を日本人たらしめているものは、いったい何なのであろうか。一口にいってしまえば、それこそ日本固有の文化の伝統だといえよう。といってみても、あまりピンとこないかもしれない。そこでどこか外国へ行ったことにして考えてみよう。

現在では世界のどこへ行っても、洋服を着て靴を履き、表面はわれわれと同じような人たちに出逢うことができる。しかし彼らと私たちの間にみられる生活慣行のいろいろな違いや生活感情の違いは何と大きいことだろう。まず、話す言葉が全然違う。宗教が違う。価値の基準も違えば、ものの考え方も違う。使っている道具の種類も違っているかもしれない。それにちょっとした身のこなし方から立ち居振舞いのはしばしに至るまで、外国人のそれと日本人のそれとの相違は意外に大きなものである。

文化人類学者は、こうした違いを一括して「文化の相違だ」というふうに説明する。それでは「文化」とはいったい何だろうか。文化というものを定義し、説明するのは、なかなかやっかいなものだ。それで一冊の大きな本ができているほどだけれど、ここでは簡単につぎのように考えておこう。

日本人なら日本人同士、インド人ならインド人同士、イヌイットならイヌイット同士という一つの社会を考えてみる。それらの社会の中には、長い間につみ重ねられてきた生活活動の歴史があるが、この生活活動の歴史の中から生み出されてきたさまざまの結果の集積されたものが「文化」だと考えておこう。言語あるいは衣・食・住をめぐるすべての技術や風俗・習慣をはじめ、共通の生活感情や価値観に至るまで、物・心両面にわたる人間活動の結果の集積したものが「文化」であり、同時に、この文化を構成する要素は、その社会を構成するメンバーの一人一人に分有され、世代をこえて伝達されるものだということができる。

少し話がむずかしくなったかもしれないが、要するに、日本人を日本人たらしめているのは、こうした意味での日本文化を、われわれが一人一人身につけているからにほかならない。われわれ日本人は、その長い歴史の過程を過ごしてきたなかで、固有の日本語という言葉を使うようになり、特有の生活慣行や生活感情を生み出し、これを互いに深く身につけるようになった。

着物が洋服に替り、みそ汁がミルクに替り、座敷が洋間に替るというような表層の変化はいくらもあるけれど、長い歴史の過程の中でつくりあげられた、この文化の深層における生活慣行や生活感情の伝統というものは、実はそうたやすく変わるものではない。日本人が日本人として認識される根底にあるものは、この文化の深層部における「固有なるもの」の存在と深くかかわっているということができる。

アジアの文化を比較する

ところで、ここでもう一度旅に出たと考えてみよう。今度はもう少し具体的に、東南アジアからインドを通って西南アジアへ向かう旅である。そこでわれわれ日本人は何を感じるだろうか。個人的な印象はさておき、おそらく、この三つの地域を通る旅で、誰もが感ずることは、三つの地域の文化のもつ親近性と違和性ではないだろうか。東南アジア。そこは外国といってもその文化的風土は、われわれにとってきわめて親しみ深いものだ。広々とした水田、その中にある村、住んでいる人たちの顔形《かおかたち》もわれわれに似ていれば、物腰・動作、ものの感じ方もよく似ている。田の隅には祭りの日に来臨する神を迎える小さな祠《ほこら》があるし、町には仏をまつる寺もある。言葉が違い、生活のレベルが違いはするが、われわれ日本人の心のふるさとを感じさせる何物かがそこにあるようだ。

ところが、アラカン山脈を越えてインドに入るとそこはもうすっかり異質な世界だ。ヒンドゥ教の信仰の拡がる世界、カースト制度の厳然と存する社会。そこではものの考え方や生活の仕組みがどこかわれわれとすっかり違っているようだ。人口数百万を数える大都会カルカッタ（現・

コルカタ）の中央にある公園（マイダン）に、数十頭、数百頭の羊や山羊の大群をつれて共同放牧にやってくるのをみて、私はびっくり仰天したことがある。それでも、村はずれの森には精霊が息づき、稲作をめぐる儀礼が、村の人たちによって営まれているのをみるとき、やはり私はそこに「アジア」を感じたものだ。

それが西南アジアへ行くと、どうだ。そこに展開する遊牧民の世界は、もうわれわれとはたいへんな隔たりのある世界ではないか。そもそも私たちの文化には、家畜の群れを飼うという伝統がない。家畜から乳をしぼって酪製品を自家生産するという慣行もない。ましてや何百キロにもわたって家畜をつれて移動する生活などは、日本人にとっては想像に絶する世界だといってよいだろう。こうした生活様式の相違にもとづく生活感情の違いは、仏教とイスラム教という宗教の差にも反映して、われわれに近づき難い感覚をもたせるものである。

このように東南アジアから西に向かうにつれ、その文化は、しだいにわれわれの文化との親近性を減少してゆき、逆にその相違する面が拡大されてゆく。これは単に日本から遠くなるという、物理的な距離からだけでは説明しきれない問題ではなかろうか。

文化核心と文化型

アメリカの人類学者のスチュアード J. Steward は、以前に文化核心 culture core という概念を提出して、文化の比較研究を行なったことがある。

スチュアードは、ある文化が環境に適応して、その特性を形成する際には、その文化のもつ主要な生業活動を中心にして、相互に機能的に連関し合った一群の社会的・政治的・宗教的諸特色が、重要な機能を演ずるものと考えた。この文化の特色を形成するに当たって中核となるような一群の文化特色を、彼は「文化核心」とよんだのである。そうして、スチュアードはこの文化核心のもつ特徴によって、それぞれ特色づけられる文化の類型を文化型 culture type とよび、この文化型を設定することによって、それをものさしにしていくつかの文化の相互比較を試みようとしたのである。

いま、この文化核心という概念を日本文化に適用して考えれば、伝統的な日本の文化は、まさに「稲作」という生業活動を中心にして、これと相互に機能的に連関し合う一群の社会的・政治的・宗教的諸特色によって特徴づけられる文化であり、それ故に日本文化は「稲作文化」と名付けうる文化型だということができる。東南アジアの文化も巨視的にみれば、日本のそれと同様の文化型に属するものであり、二つの地域の文化の類似性・親近性はこの点からも十分説明できると思われる。

これに対し、西南アジアの文化の核心は、「遊牧」という生業形態によって特徴づけられるものであり、その文化型は、稲作文化型とはきわだって相違するものである。またインドの文化は、稲作を中心にしながら、それと機能的に関係する社会的・宗教的特色の相違が、日本や東南アジアに較べて著しく、この点で日本や東南アジアの稲作文化型とは、やはりかなり異なった特徴を生み出している。

私がいま「文化核心」という概念をわざわざ持ち出して、日本と西南アジアの文化のおおまかな比較を試みたのは、実は、これからこの本の中で、分析をしようと意図している問題が、日本文化の文化核心の、さらにその基層に横たわるものの分析と解明をめざしているからにほかならない。少なくとも、伝統的な日本の農耕文化は「稲作」という生業形態を核心にすえることによって、その特徴を明らかにし、稲作文化型という類型を設定することによって、比較文化論の枠組みの中に定着させることができた。

しかし、もう一歩、この文化核心の中に踏みこみ、その核心の基底にひそむもの、その核心の原点に当たるものを追求してみるとき、いったいわれわれはそこで何にぶつかり、何を見出すだろうか。

こうした日本文化の核心の、さらにその原点を追い求めてみることは、日本人を日本人たらしめている文化の深層を探求する一つの試みであるということができよう。

二　日本文化分析のための方法論

分析の方法

さて、日本の文化は、混合文化だの、雑種文化だのとよくいわれる。アジア大陸の東縁に位置している日本列島には、先史時代以来、アジア大陸から押し出されてきた文化の波がいくつもかぶさってきた。この幾重にもかぶさった文化の波が、日本列島の中で、重層し合い、累積してゆくなかで、日本の文化の特色が形成されてきたものと考えられる。

「稲作以前」の問題を分析するためには、まず、この日本列島の中に、重層し、累積し合った文化の波(これを「文化層」として捉えることもできる)をまず整理して、その中から稲作以前の文化に属するものをとり出す作業からはじめねばならない。つまり稲作以前の文化の復原の作業である。

その方法としては、一つには民俗学的な立場からする文化の復原の方法がある。それは前にも少しふれたように、柳田国男氏をはじめ、多くの民俗学者の用いる方法で、わが国の各地に残る古い習俗や慣行の断片を手掛りとして、伝統的な文化の復原を試みようとするものである。この場合、稲作以前の古い農耕の技術の伝統を伝えると考えられる焼畑農耕の技術や焼畑をめぐるさまざまな習俗や慣行の解明、あるいは畑作物に関するいろいろな農耕儀礼の分析などが、きわめて重要な手掛りを与えてくれるものと考えられる。

つぎに、第二の方法は、いわゆる比較民族学的な方法である。アジア大陸から日本に押しよせた稲作以前の文化の波のうちいくつかのものは、アジア大陸のあちこちに、その本来の特色をいまも留めたまま残存している可能性が高い。そこでこれらの古い文化の特色を今日まで伝承している諸民族の文化と、わが国に残る伝統的文化の諸要素を比較して、これらの古い文化の復原を行なう。それとともに、その文化の伝来の方向を確定しようとするのが、この比較民族学的な方法といわれるものである。そこでは、日本の農耕文化との親近性の高い東南アジアの諸民族の文化との比較が、やはり一番重要な問題になってくると思われる。

さらに第三の方法として考えられるのは、生態学的な立場からするものである。ある農耕文化を特徴づける指標としてもっとも有効なのは、その農耕文化において栽培される作物であり、その作物の栽培法の特徴だと考えられる。したがって、栽培作物の種類とその組み合わせ、栽培技術の特徴の分析は、農耕文化の特色とその系統の比較には欠かせないものである。これらの分析を厳密に行なえば、いくつかの農耕文化相互の間における複合・重層関係や類縁関係を明らかにすることが可能だと考えられるのである。

最後に、もっとも決め手になるのが考古学であろう。ただ、わが国における「稲作以前」の問題を考古学の側から論ずる場合には、現在の段階では[*1]、そこに明確な限界の存することが明らかになっている。遺物・遺跡を手掛りにする限り、現状では日本における農耕文化の痕跡は、弥生時代初頭の時期以前にはさかのぼりえないというのが実情であり、これが日本の考古学界の通説になっている。したがって、この「通説」にしたがう限り、稲作以前に何らかの農耕の存在を仮定することは、きわめて困難だということになる。一般に「通説」なり、「定説」というものは、それなりの重みをもつものとして評価しなければならない。だが、従来の日本の考古学の集積した資料の中から「稲作以前」に農耕の存在したことを推定しうる手掛りは本当につかめないものだろうか。

この点については、最近考古学者の中にも、縄文中期あるいは後・晩期に農耕の存在を想定する学説があらわれてきており、いわゆる「縄文農耕論」が、ようやく考古学界でも問題にされようとしてきている。こうした最近の縄文農耕論のあらましについては、改めて本書の「I章　縄文農耕論をめぐって」で検討することにしたい。

したがってここでは、さきに述べた第二、第三の方法をめぐって、それぞれきわめて包括的な見解を明らかにしている岡正雄氏と中尾佐助氏の研究をまず紹介することにしよう。

岡正雄氏の研究は稲作以前の問題を含め、日本における古い文化層の重層・累積関係を、種族文化の複合という形で捉えた壮大な仮説である。私自身も「稲作以前」の問題を考えはじめるに当たって大きな刺激を受けた研究だといえる。

また、中尾佐助氏の所説は、いまのところ生態学的な立場から日本の農耕文化の原型なり、その系譜なりについて考察を加えた、ただ一つのまとまった研究だといってよい。そこで提出された「照葉樹林文化」という概念は、本書の中でも、若干の修正を加えながら、もっとも重要な分析概念として使われるものである。

それでは順を追って、まず岡氏の比較民族学的な立場からする研究から紹介してゆくことにしよう。

「日本文化の基礎構造」から

岡正雄氏の日本文化の形成をめぐる仮説は、戦後間もない頃に行なわれた日本の民族文化の起源をめぐるシンポジュウムでまず提出されたものだった。その後、これに若干の修正が施されて一九五八年に「日本文化の基礎構造」という論文の中で、日本の文化を構成する種族文化層を整

＊1：本文中の「いま」「現在」あるいは「現状」などは、『稲作以前』執筆の一九七〇年頃を指す。

理して、つぎの五つのものが示されている。

①母系的・秘密結社的・芋栽培＝狩猟民文化
②母系的・陸稲《オカボ》栽培＝狩猟民文化
③父系的・「ハラ」氏族的・畑作＝狩猟・飼畜民文化
④男性的・年齢階梯的・水稲栽培＝漁撈民文化
⑤父権的・「ウジ」氏族的・支配者文化

この五つの種族文化の内容をかいつまんで紹介すると、つぎの通りである。

まず①の母系的・芋栽培文化は、タロイモ・ヤムイモなどのイモ類を栽培する原初的農耕incipient agricultureを伴う狩猟＝採集民の文化である。それはメラネシアの文化に類似した特色をもち、縄文時代中期以後に、わが国に及んだものと想定されている。異様な仮面で仮装した者たちが、祖先や祖霊として島や村に出現するメラネシアなどにみられる秘密結社の祭りは、沖縄の新年祭、盆祭り、海神祭などの行事とその特色がよく一致している。また、このような秘密結社は多くの場合、母系的社会を基盤に成立するといわれているが、わが国にも古く、母系の社会が存在したらしいことは、今日の古い習俗の中からもうかがうことができる。古典にイロ・ハ（母）、イロ・エ（同母の兄）、イロ・ネ（同母の兄または姉）、イロ・ト（同母の弟または妹）など、イロを語根とする言葉があらわれるが、イロはおそらく母系同母集団の存在を示すものらしい。岡氏はこのような点から、古い時代にわが国に母系社会の存したことを推定している。このほか、縄文中期以降に出現する乳棒状石斧・石環・石皿・繁縟《はんじょく》な土器の形態や文様、渦巻文の盛行、土偶・土面なども、メラネシアの物質文化に対応する要素としてあげている。

こうした文化要素をもつ種族文化は、メラネシアから日本へ直接渡来してきたというのではなく、アジア大陸の沿岸のどこかに起源地をもち、そこから、一つの流れは南海に向かい、他の流れは日本列島に流入したというのである。

②の母系的・陸稲栽培文化は、岡氏によると縄文末期にわが国に渡来したものであり、狩猟生活とともに丘陵斜面の焼畑で陸稲栽培を行なったものと考えられている。東南アジアの稲作文化に関係の深い有肩石斧が、この時期に出土していることが注目されるが、さきのイロ母系集団が、①の文化に属するか、この②の種族文化に属するかは、いまのところ不明だとしている。

このほか、オオゲツヒメやウケモチノカミの死体から作物が生成したという死体化生《したいけしょう》神話、アマテラス・ツクヨミ・スサノオの三きょうだい神があり、その末弟の暴行によってひき起こされる日蝕《にっしょく》神話（天ノ岩戸神話）、イザナギ・イザナミ二神の婚姻神話（洪水のとき生き残った兄妹神が、子孫を生むという「洪水神話」の一部）など、わが国の神話と同型のものが、華南から東南アジアの山地焼畑民の間に広く分布することに注目し、この種族文化の伝来の方向を推定している。このような事実によって、岡氏は、「言語的には、おそらくオーストロアジア Austroasia 語系の言語を話し、太陽神アマテラスの崇拝、家族的・村落共同体的なシャマニズム、司祭的女酋の存在などが、この文化の特徴であった」と考えている。

③の父系的・畑作民文化については、弥生時代の初期、中国東北部（旧満州）や朝鮮半島方面からのツングース系の種族文化の流入によって構成されたという。アワ・キビなどの雑穀類の焼畑農耕を営むかたわら、狩猟も行なっていたが、同時にこの種族文化は、南朝鮮や日本列島において、急速に稲作を受容したものとされている。アルタイ系の言語を最初に日本列島にもたらし

たのは、この種族であり、日本語のウカラ・ヤカラ・ハラカラなどのハラ・カラという語は、ツングース諸種族において、外婚的父系同族集団をハラ（xala）とよぶのに由来しているし、日本の基礎文化における父系的系譜意識のつよい親族集団あるいは同族団は、起源的にこのハラに関係するものと岡氏は考えている。

④の男性的・水稲栽培＝漁撈民文化というのは、弥生時代の稲作文化である。この文化は、岡氏によると「弥生文化を構成する重要な文化で、弥生文化における南方的といわれる重要な要素をもたらした。進んだ水稲栽培を行なうとともに沿岸漁業に従事し、板張り船、進んだ漁撈技術を将来した。社会組織としては関東から西南日本の海岸や日本海沿岸の漁村に広くみられる年齢階梯制は、この種族文化に固有のものであった」。そのほか父系・母系の双方に出自をたどる双系的な社会構成原理、世代別居（隠居制）に関する慣習や若者宿・娘宿・寝宿・産屋《うぶや》・月経小屋・喪屋《もや》などをつくる慣行なども、この文化に特有のものであり、華南、東南アジアの一部に分布する矩形石斧、抉入《えぐりい》り石斧なども、この文化に伴ったものと考える。そうして、このような特色をもつ水稲栽培＝漁撈民文化は、オーストロネジア Austronesia 系の種族文化の一つに属するものだろうとする。

日本の古代史に登場してくる倭人の文化は、右に述べたような特徴をもつ水稲農耕に基礎をおく文化であり、呉・越の滅亡という中国大陸における民族文化の大変動の影響をうけて、この文化は、中国の江南地方から紀元前四〜五世紀の頃、日本列島に渡来したものだろうと、岡氏は想定しているのである。

こうして、日本に水稲農耕に基礎をおく文化、すなわち弥生文化が成立する。やがて、その中で、社会の階層分化が起こり、地方的な土豪の発生がみられたが、この時点で新しく朝鮮半島を経由して日本列島に渡来するのが、天皇氏族を中心とし、日本に国家的支配体制をもち込んだ⑤の父権的・支配者文化だというのである。

この⑤の種族文化は、父系的氏族組織をもち、天神崇拝・祖先崇拝・職業的シャマニズムなどの特色を有する。そして天孫降臨やヤタ烏の先導とまったく同一モチーフの神話は、古朝鮮にも存在し、さらにその系統はユーラシアの遊牧民族の間に広くたどることができる。このような点から、岡氏はこの種族文化を「本質的には騎馬遊牧民族の文化的性格と一致するといってよい」とし、言語的にはアルタイ語系の言葉を語っていたとみている。

四世紀の前半に大陸の騎馬民族が、朝鮮半島を経由して北部九州に侵入し、瀬戸内を経て河内・大和に征服王朝をつくったとする江上波夫氏の提唱したいわゆる「騎馬民族征服王朝説」も、岡氏のいうこの⑤の父権的・支配者文化の到来という仮説と、同じ文脈の中で提起されたものだということができる。

稲作以前の基礎文化

少し紹介が長くなったが、以上が岡正雄氏の提出した日本文化の基礎構造に関する仮説である。そこにみられる岡氏の考え方は、まず、論理的な思考の枠を設定し、これを手掛りにしながら、日本の文化と日本周辺の諸民族の文化を広い視野のもとで比較し、そこに地域的・層序的（年代的）な秩序を発見し、日本における種族文化の重層関係を見出そうとしたものといえる。しかし、この岡学説にはかなり多くの仮説を含み、その細部についてはまだまだ立証されていない点が少なくない。また、いくつかの文化の波が、先史時代の日本列島におし寄せてきたことは事実としても、その波の一つ一つが岡氏の想定したような種族文化複合をつくっていたかどうか、という点についても、種々の異論がないわけでもない。

だが、古い採集・狩猟文化の上に、一方では華南や東南アジアの民族文化と深い関連をもつ、イモ栽培文化やオカボを含む雑穀を栽培する焼畑農耕文化(その後の研究でオカボではなく、雑穀類を主作物とすることがわかった)が日本列島に渡来し、他方では北方から雑穀やムギ類を栽培する畑作農耕文化の影響が波及した。こうした「稲作以前」の文化の基盤の上に、江南地方から渡来した水田稲作文化をうけ入れて、日本の文化の基礎的な特色が形成されたという、その考えの大筋は、認めてもよいのではないだろうか。その理論の細かな点は別として、少なくとも稲作以前の文化の重層関係についての岡仮説の大要は、右に述べたような意味で、私は受け入れてもよいと考えている。

ただこの場合、①・②の文化がほんとうに母系社会であったかどうか。①の文化が縄文中期の時期に、イモ栽培を行なっていたかどうか。②の文化になってオカボ栽培文化が実際にわが国に伝来したか否かなど、いくつかの重要な点について、私はかなりの疑問を抱いている。むしろ、私は岡氏のいう①のイモ栽培文化と②の雑穀栽培文化など、華南・東南アジアの地域から、つぎつぎにわが国に波及してきた稲作以前の農耕文化を、一括して「照葉樹林文化」として捉えることにしたい。そうして、わが国の基層文化の中にみとめられる南方的な文化要素の多くは、この照葉樹林文化のいずれかの波にのって伝えられたものと考えたいのである。そうすることによって、岡氏のやや古典的で図式的な捉え方に修正を加え、つぎに述べる中尾佐助氏などの新しい生態学的な捉え方との間に、何らかの脈絡を見出すことができるのではないかと考えている。

私は、いま「照葉樹林文化」という言葉を何の説明もなしにもち出したが、実はこの概念を最初に提唱したのは、大阪府立大学の中尾佐助氏である。さきにも少しふれたように、この概念は「稲作以前」の文化を分析するに当たり、きわめて有効な概念だといえる。そこで、この考え方を稲作以前の文化の分析に適用し、議論を進めてゆく前に、いま少し中尾氏の説をくわしく紹介しておくことが必要だろう。以下、同氏の考えをしばらく追ってみることにしよう。

二 照葉樹林文化と焼畑農耕文化

照葉樹林文化とは

東アジアには、カシ・シイ・クスなどの照葉樹を主体とする森林帯があり、西南日本から華中・華南・インドシナ半島北部の山地を経て、ヒマラヤの中腹部にまでつづいている。この照葉樹林帯を舞台に、特色ある農耕文化が成立していることに注目した中尾氏は、「農業起原論」という論文の中で、この照葉樹林文化の特徴をつぎのように述べている〔補注1〕。

Ⅰ 野生採集段階	堅果類〔クリ・トチ・シイ・ドングリ・クルミ〕 野生根茎類〔クズ・ワラビ・テンナンショウ〕
Ⅱ 半栽培段階	品種の選択・改良はじまる 〔クリ・ジネンジョ・ヒガンバナ〕
Ⅲ 根茎作物栽培段階	サトイモ・ナガイモ・コンニャクイモの栽培 焼畑農業
Ⅳ ミレット栽培段階	ヒエ・シコクビエ・アワ・キビ・オカボの栽培 西方高文化の影響下に成立
Ⅴ 水稲栽培段階	イネ水田栽培・灌漑その他の施設 永年作畑

中尾氏はのちにⅠ・Ⅱをあわせて前期複合とし、Ⅲ・Ⅳを後期複合とする見方を提出した。Ⅴの水稲栽培段階も照葉樹林文化の発展段階の中でとらえている点にも特色がある。

表1　照葉樹林文化の農耕方式の発展
中尾佐助氏〔1967〕による

「東アジアの熱帯雨林の中に生まれたウビ農耕（タロイモ・ヤムイモ・バナナなどを主作物とする根栽農耕のこと）に対し、その北方の照葉樹林帯にそれに対応するような野生のイモ類（クズ・ワラビ・テンナンショウ類）を利用する農耕の存在がいまや浮かびあがってきた。その農耕は、熱帯のタロイモ類のなかからサトイモだけを受け取り、ヤムイモの中から温帯原産のナガイモだけを栽培化した」。熱帯森林地帯に較べれば、この「温帯の照葉樹林地帯は、自然の恵みが少ないだけに、そこでの農耕文化は、熱帯より高度の技術がなければ成立しがたい。それゆえにこそ照葉樹林文化は、西方から伝播してきた高級な農耕をよく吸収して、その新しい基礎のうえにミレット（雑穀）・オカボ（陸稲）などをはじめ、ソバやマメ類を栽培化することができたのである」。

つまり、中尾氏によれば、照葉樹林文化は、東南アジアの熱帯に起源したイモ類を主作物とする根栽農耕文化が、北方の温帯地域（照葉樹林地帯）に伝わり、その環境に適応したものとして捉えられる。が、それ

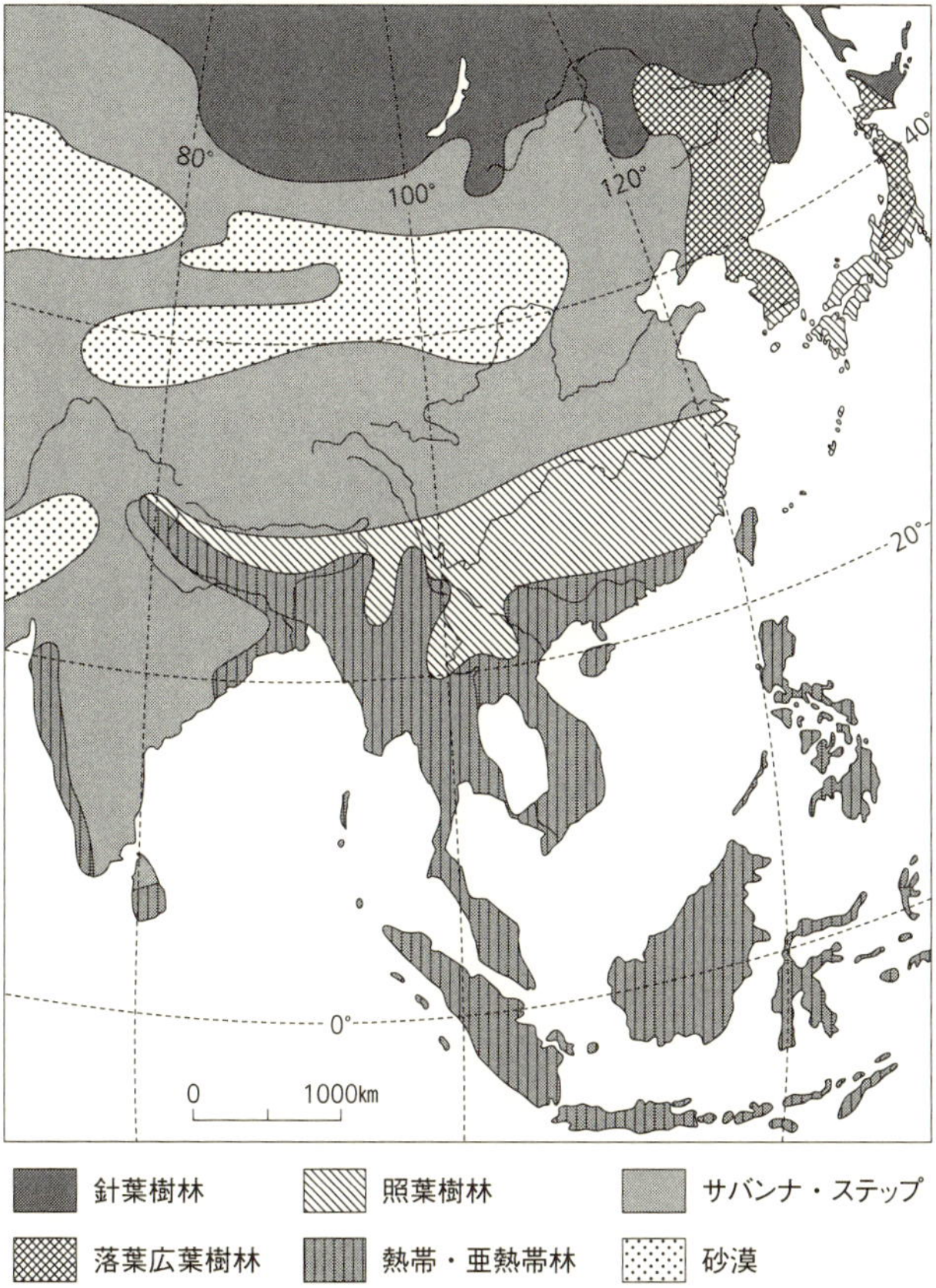

図1　東南アジアと南アジアの生態系（吉良竜夫氏の原図をもとにして作図）

東南アジアの熱帯・亜熱帯林の北側には、シイ・カシ・クスなどを主体とする照葉樹林が帯状に分布し、西日本にまで達している。この照葉樹林帯で形成された文化が、稲作以前にもっとも関係深い「照葉樹林文化」である（図2参照）。

とともに、西方に起源した雑穀類[*2]とオカボや豆類（大豆・小豆など）などの種子作物の栽培がとり入れられている点に大きな特色がみとめられる。照葉樹林文化は、このように根栽農耕を基盤としながら、そのうえに雑穀栽培をうけ入れることによって、その文化の複合度を高め、新しいタイプの農耕文化として形成されてきたというのである。

もっとも、この文化はただイモ類と雑穀を主作物とする農耕だけを生業の手段としていたものではない。それは、もともとワラビやクズやテンナンショウ類などの野生のイモ類あるいはシイ・カシ・トチの実のような野生の堅果類などの採集を盛んに行ない、それらを「水さらし」して、アクヌキする技法をもつ採集文化であり、また、森林内のイノシシやシカなどの狩猟も行なっていた。そうして、この文化は初期の採集段階から、しだいに後期の農耕段階へ進化したものと考えられている（表1参照）。

照葉樹林焼畑農耕文化の伝播

この照葉樹林文化の特色とその意義については、最近、中尾氏を中心とするシンポジュウムの結果を、上山春平氏がまとめている（『照葉樹林文化――日本文化の深層』中公新書　一九六九年）ので、くわしい紹介はさけることにしよう。しかし、このシンポジュウムの中で、中尾氏は新たに「照葉樹林文化前期複合」というカテゴリーを設けて、イモ類や木の実などの野生植物の利用とイモ類などの半栽培を主とした初期の生活文化の体系をあらわし、焼畑農耕による雑穀栽培を中心とする後期の生活文化の体系を「本来の照葉樹林文化複合」として捉える新しい考え方を提出している。そうして、雑穀栽培に先行するとみられるサトイモ栽培は、これを「前期複合」にふくめる、という見方を示しているのである。日本の稲作以前の文化の特色を考えるに当たって、この仮説はきわめて示唆に富むものといってよいだろう。

わが国の伝統的な農耕文化の中にあって、水田稲作農耕とは本来別の類型に属すると考えられるイモ栽培や雑穀栽培を主とする農耕は、この「照葉樹林文化」というカテゴリーの中で捉えることによって、その意義を明確にすることが容易になるものと思われる。が、私はさらに中尾氏のいう「雑穀栽培を中心とする本来の照葉樹林文化複合」の意義をいっそう明確にするため、これを「照葉樹林焼畑農耕文化」と名付け、おもに採集と狩猟に生活の基礎をおく「前期複合」と区別することにしたい。

戦前、日本全国の山村に約七万町歩も存在していた焼畑で栽培される主な作物を調べてみても、アワ・ヒエ・ソバ・大豆・小豆の五種類が圧倒的に多い。これにサトイモの栽培を加えたこの種の雑穀とイモを主作物とする焼畑農耕に支えられていたことが、「本来の照葉樹林文化複合」のもっとも重要な特色だと考えられるからである。

ところで、この照葉樹林文化の発生地は、中国西南部の雲南山地の付近だろうと推定されている。この雲南山地あたりを中心に東西に延び、その東端が西日本にまで達する照葉樹林帯の地域では、作物の種類やその耕作技術に共通の特色がみられるばかりではなく、各種の食物文化やそ

＊2：本書でいう「雑穀」は、イネを除く夏作のイネ科の作物（タデ科のソバなどを例外として含む）を広く指すもので、英語の millet とはほぼ同義語と考えてよい。わが国では一般にコメ・ムギなどの主穀に対し、それ以外のマイナーな穀物やマメ類などを雑穀とよび、差別的な意味を含んで用いられてきたことが少なくないが、本書の用例はそれと異なる。

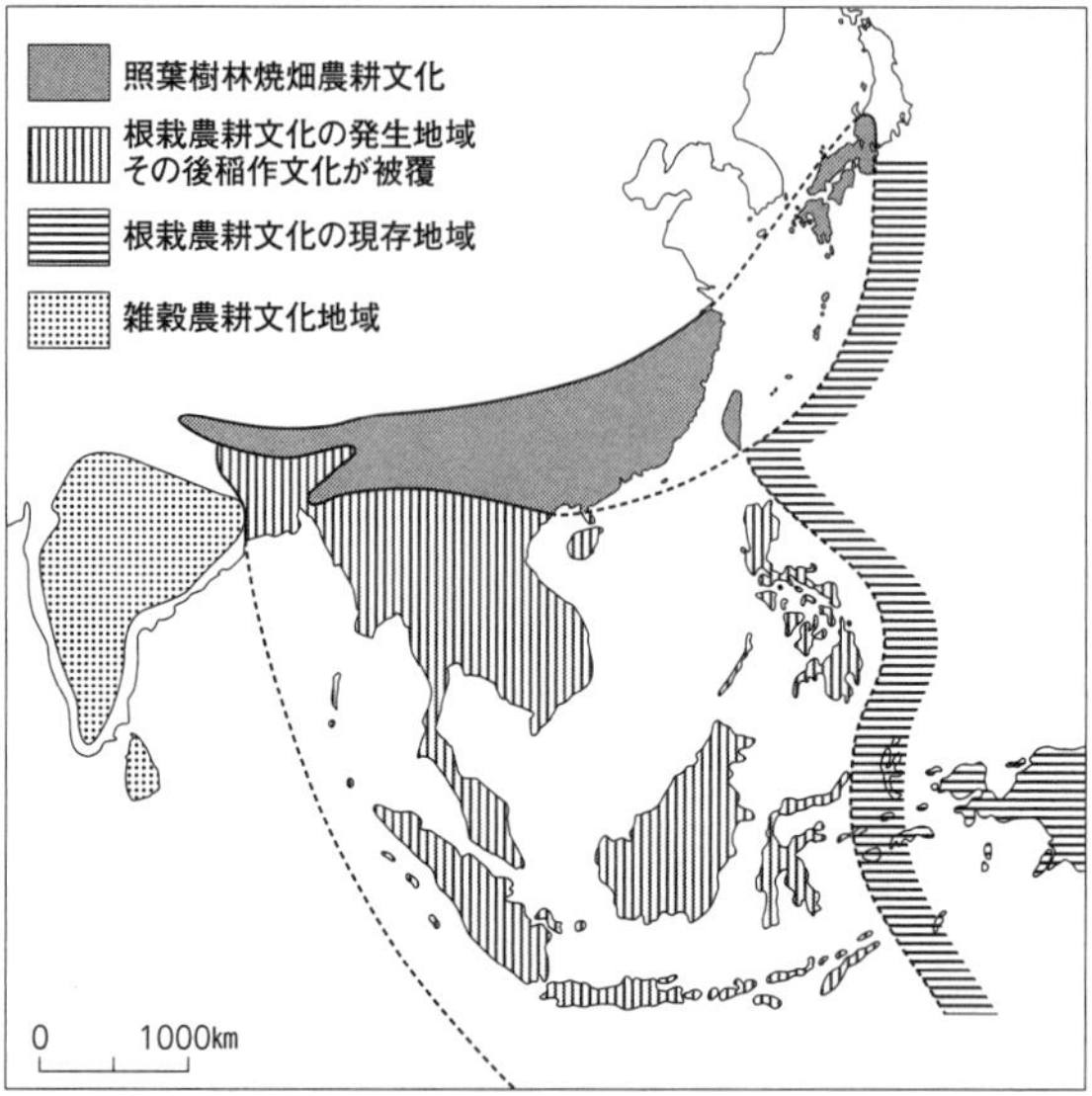

図2　照葉樹林焼畑農耕文化の分布

の他、いろいろの面にわたって共通の文化的特色を有していることが注目される。

中尾氏は、この照葉樹林帯内の文化がつくり出した物質的な文化遺産として、さきにも述べたように、クズやワラビの根から澱粉をとるための「水さらし」の技法を照葉樹林文化に特徴的な技術としてあげているが、そのほかに茶の加工と飲用慣行の発明、絹とウルシの製造、柑橘とシソ類の栽培と利用、麴を使う酒の醸造などの事実をあげている。いずれも日本の文化にとってきわめて基本的な文化特色といえるものばかりである。

このほかに、さきに岡正雄氏によって指摘されたように、この照葉樹林帯の焼畑農耕民の間には天の岩戸型の日蝕神話やイザナギ・イザナミ型の洪水神話など、『記紀』の重要な神話とモチーフを同じくするものが広く分布している。さらに、この本の「Ⅲ章　稲作以前の文化伝統」で改めてくわしい検討を試みるが、わが国の山の神信仰と類似した一種の精霊（カミ）信仰や歌垣の慣行、あるいは春の儀礼的共同狩猟などの習俗が、この照葉樹林の地域内に特徴的にみられることが指摘できる。

このことは照葉樹林文化、ことに雑穀とイモ類を栽培する焼畑農耕を主な生業形態とする後期の「照葉樹林焼畑農耕文化」は、それとセットになるいくつかの共通の文化要素によって特徴づけられる一つのまとまった農耕文化であることをよく示している。そうして、この文化は東アジアの中部に、東西に横たわる照葉樹林帯の回廊を通って、古い時代にわが国に伝わったことも推測することができるようだ。

それでは照葉樹林焼畑農耕文化のわが国への伝来の時期は、いったいいつ頃と考えられるだろうか。岡正雄氏は、イモ栽培文化の伝来を縄文中期、オカボを含む雑穀栽培文化のそれを縄文後期にあてていることは前にもふれた通りだ。これに対し、中尾氏の場合には、「この文化複合は、石器時代の採集経済の段階から、栽培農業やたぶん青銅器使用の段階まで連続してきたが、鉄器時代に入る頃には照葉樹林文化の独立性は死滅してしまったと考えている」と述べ、その下限を示している。日本の文化が鉄器時代に入るのは弥生時代と考えられる。とすれば、照葉樹林文化のクライマックスに当たる後期の「焼畑農耕文化」の時期は、ちょうど縄文後・晩期の頃にあてることができるのではないだろうか。

中尾佐助氏の提唱したこの「照葉樹林文化」という考え方を受け入れるとすれば、弥生時代よりも前の時期、すなわち稲作以前に何らかの農耕文化が日本列島に存在したことをみとめることになるわけだ。

日本の各地に残るさまざまな古い文化要素を手掛りに、稲作以前に農耕文化が存在していたことが証明できるかどうか。また、その文化は東南アジアや南アジアの民族文化の特色と比較して、どのような特徴をもつものと考えることができるのか。私が本書の中でこれから試みようとするのは、この「稲作以前」に存在していたと考えられる農耕文化の復原と、その特色の解明についての一つの試論である。

ただ、こうした試論の検証に入る前に、さきにも少し述べたように、考古学の分野でも、縄文時代に農耕の存在を推定する学説が、最近ではいくらかみられるので、その検討を行なっておきたい。縄文時代の問題は、何といっても本来は考古学の守備範囲に属する問題なのだから。

〔補注1〕

照葉樹林文化について　本文の37頁以下に示された照葉樹林文化の概念は、一九六〇年代中頃に中尾佐助氏によって提唱されたごく初期のものである。その文化の概念や特色の捉え方は、その後の研究の中で大きく変化している。例えば照葉樹林文化を熱帯起源の「根栽農耕文化の北方（温帯）展開型」とする考え方や本文38頁に示された照葉樹林文化の五段階発展説などは、上山春平・佐々木高明・中尾佐助（共著）『続・照葉樹林文化―アジア文化の源流』（中公新書　一九七六年）の討論の中で否定され、発展段階は改めて三段階発展説に修正された。さらに同書では、モチ種の穀物の開発そのほか、いくつかの新しい文化要素の追加が行なわれたほか、この文化のセンターとして《東亜半月弧》の考え方が新たに提唱されるなど、照葉樹林文化についての概念の整理とその大枠の整備が行なわれた。さらにその後の研究の成果も加え、私は『照葉樹林文化の道―ブータン・雲南から日本へ』（NHKブックス　一九八二年）、『照葉樹林文化と日本』（中尾佐助と共著　一九九二年）などを刊行し、照葉樹林文化の解明につとめた。その結果、日本文化を構成する伝統的な文化的特色の多くが、東アジアの照葉樹林帯の文化の中にそのルーツが求められることが明らかになった。

しかし、照葉樹林文化論は提唱されて四〇年余を経過し、学説が変化するとともに、いくつかの誤解も生じてきた。また、その学説が現在、十分に理解されているとは言えない点も少なくない。そのため改めて、照葉樹林文化の内容とその特色、照葉樹林文化論の成立と展開の跡などを明らかにし、現時点における問題点などを専門家と討議したのが『照葉樹林文化とは何か―東アジアの森が生み出した文明』（中公新書　二〇〇七年）である。照葉樹林文化論の詳細については同書をぜひ御参照いただきたい。

Ⅰ章　縄文農耕論をめぐって——稲作以前に農耕が行なわれていたか

一　縄文中期農耕論をめぐって

素朴な疑問——縄文農耕論への前提

縄文時代は一般に、狩猟・漁撈や野生植物の採集を主とした狩猟・採集経済の時代といわれている。各地の貝塚や遺跡から発見される遺物をみても、石鏃《せきぞく》や骨角牙製の鏃《やじり》などの狩猟具、釣り針やモリ・ヤスあるいは石錘《せきすい》や土錘（漁網につけたと考えられる）などの漁撈具が多く、またシカやイノシシはじめ数多くの獲物の骨、魚や貝類などの遺物も多い。さらにドングリなどの堅果類が穴の中にいっぱいつまったまま発掘された例もあり、縄文時代の生活形態が、主として狩猟・漁撈と野生の食用植物の採集に基礎をおくものであったことは間違いない。

このように縄文時代の全期間を通じて、狩猟・漁撈・採集の生活が営まれていたことが、はっきりしているにもかかわらず、縄文時代の遺跡からは、栽培植物の遺体はいままでのところまったく発見されていない。このようなことから、縄文時代は農耕以前の時代であり、縄文文化は農耕とは関係がない。日本における農耕の開始は、弥生時代のはじめに、水稲栽培技術が大陸から伝わったときにはじまる、というのが今日までの日本の学界における常識であった。この常識を打ち破るような確実な事実が発見されない現在、この「常識」は学界の「定説」として大きな重みをもつものとなっている。

しかし縄文時代のはじまりは、最近の放射性炭素C14による年代測定によると、紀元前八〇〇〇〜九〇〇〇年、あるいはそれ以上古い年代にまで遡るとされている。この年代に多少の誤差があったとしても、縄文文化はおそらく世界でもっとも古い土器を伴う文化の一つということができるのであり、数千年間にわたって、その文化の発展がみられた。とすると、この数千年の文化の発展の中で、本当に原初的な農耕がまったくなかったのだろうか。

ごく常識的にいって、土器をもつ文化は、何らかの農耕を伴う例が世界には多い。もちろん、土器と農耕とは相互に独立した文化要素であり、民族誌的にみても、ニューギニアの内陸高地の一部のように、長い間土器を伴わない農耕文化が存続した地域がある。一方、アメリカ先住民の一部などでは、狩猟・採集の段階で土器をもつ民族も存在している。したがって、土器の存在と農耕とを直接に結びつけることはできないが、すでに紀元前四〇〇〇年紀には、アジア大陸の東部では立派な農耕文化が発達している。この農耕文化の影響が本当に縄文文化に及ばなかったといえるのだろうか。

考古学者は、土器の様式の変化をもとに、縄文時代を、早期、前期、中期、後期、晩期の五つの時期に区分しているが、この縄文文化の発展のあとを、ごくおおざっぱにみても、中期以後の時期には、土器そのものも大型化し、その形態も複雑化してくる。また、この中期以降の縄文文化には定着的な様相がみられることがしばしば指摘されている。さらに縄文時代に接して、弥生時代の水稲農耕文化が急速に展開するという事実に関係しても、この水稲農耕文化の急速な展開を可能にした条件が、すでに縄文時代の文化の中に用意されていたのではないか。という素朴な疑問がどうしても残るのである。

「生業のうえからみると、採集、狩猟、漁撈の段階であった縄文時代に密着して、突如として稲作農耕社会が起こってくるためには、なにか大きな自然の圧力、たとえば、気候の激変による獲物の減少のような力がかかるか、多数の稲作民の移住がなければならなかったと思いますが、もし、稲作農耕に先だつ原初農耕的なものの存在を考えに入れてみますと、とくに大きな変化がおこらなくても、稲作農耕を受容する条件がすでにできていたという考え方も成り立つと思います」

これは後にもう一度ふれる「日本農耕文化の起源」に関するシンポジュウムを司会した文化人類学者の泉靖一氏の発言であるが、縄文時代における農耕の存在を推定する一つの理論的根拠を、きわめて要領よくまとめた発言といえるだろう。

しかし、縄文時代に何らかの農耕の存在を推定するための直接な証拠、すなわち栽培植物の確実な痕跡は、現在の段階ではまだ発見されていない。したがって、推論は状況証拠によらざるをえないわけである。この章で私がこれから試みようとするのも、こうした意味での状況証拠をできる限り整えて、稲作以前の——いいかえれば縄文時代における——農耕の存在を可能な限り組織的に推論してみようということである。

ところで、縄文時代——とくにその中期以降の時期——に、何らかの形で農耕が行なわれていたのではないかという説は、昭和のはじめ頃から幾人かの考古学者によって唱えられてきた。私の考えを述べる前に、いままでの「縄文農耕論」では、どのような点が問題にされてきたのか。これをまず検討してみることにしよう。

縄文中期農耕をめぐる諸説

縄文時代の遺跡の調査結果から、縄文中期に、すでに農耕が行なわれていたのではないかということを最初に主張したのは、昭和のはじめ頃に大山史前学研究所を主宰していた大山柏氏であった。同氏は、縄文中期の神奈川県勝坂遺跡の報告の中で、関東地方西部の中期の遺跡から、打製の石斧が大量に採集されることに注目した。しかも、この石斧の刃はきわめてぶ厚く、とうてい斧としての機能をもたない。このため、それらはむしろ土掘りの道具だろうと考え、これを原始農耕と結びつけ、縄文中期に農耕生活がはじまったと考えたのである。だが、この説に対しては、山内清男氏などから強い反論が加えられた。打製石斧を土掘具とみとめたとしても、前期にくらべて中期には竪穴の数もふえているから、それは竪穴づくりに用いられたであろうし、また野生の植物性食糧の採集具としても打製石斧は使用されたに違いない。したがって、土掘具の存在がただちに農耕を証明する材料にはならない。ことに栽培作物の痕跡がない限り、考古学の立場からは農耕の存在は考えられないというのである。この山内氏らの強い反論で、大山氏以後戦前には、縄文農耕論は、まったく鳴りをひそめてしまったといってよい。そうして現在でもなお、縄文農耕を否定する論理は、ほぼこの山内氏のそれで代表されるということができる。

ところが戦後になると、いくつかの新しい資料と新しい考え方がつぎつぎに提出され、再び縄文農耕をめぐる論争は活潑になっている。

なかでも縄文中期に農耕の存在したことを、もっとも強く主張しつづけている一人が藤森栄一氏である。氏は敗戦後、東京から故郷の信州に帰り、尖石《とがりいし》をはじめとする八ケ岳西麓一帯の縄文中期の大遺跡群の調査を行なった。その結果、縄文中期の遺跡群の示す文化の様相が弥生文化的（いいかえれば農耕＝定着的）であることに気付き、その大集落を支えたものは、単なる採集経済のみではない、おそらく焼畑農耕が行なわれたであろうと推定した。また、尖石遺跡の直接の発掘担当者である宮坂英弌氏も、同様の見解を石器群を整理する中で示している。しかし、これらの説では、いずれも農耕の存在を具体的に証明する根拠が示されていなかったため、十分な説得力をもつことはできなかった。だが、その後も一貫してつづけられた藤森氏らの中部山地での研究が、縄文農耕論の一つの支えになっていたことは否定できない。

同じ昭和二十年代の終わり頃、京都大学の小林行雄氏は『日本考古学概説』（創元社　一九五一年）において、打製石斧を土掘具と考え、それをもって農業が行なわれたという結論には、「多少の危険性が感じられる」としながらも、「縄文時代の後期乃至晩期に、粟、稗などの栽培が始まっていたことを認めようとする主張にも、まったく根拠がないわけではない」また「里芋類の栽培にも考慮を払う必要がある」と述べ、雑穀・イモ類をつくる農耕の可能性をみとめたうえで、「問題は縄文時代にいかなる程度の農耕も行なわれなかったか否かということではなく、当時の文化を性格づけたものが、いかなる生産形態であったかということであろう」と発言している。詳細な実証をいっさい省略し、見通しのみを述べたものだが、縄文農耕についてきわめて基本的な問題点を鋭く指摘したものということができる。

また名古屋大学の澄田正一氏は、岐阜県の山地の縄文中期以後の遺跡から石皿・磨《すり》石や打製石斧が多数出土することに注目し、これらが穀物を処理する道具と土掘り用の農耕具であると考えた。さらに泉を中心に巨大な立石をもつ定住集落のみられることなども考慮して、縄文中期以降には耨耕《どうこう》農業（簡単なクワや掘棒を使う原始的な農業）による穀物栽培が行なわれたものと推定している。しかし、この説に対しては石皿・磨石などは、縄文時代早期からすでに用いられていたという反論があり、集落の規模や定着性についても、それがただちに農耕と結びつくという点については積極的な説得力をもつまでには至らなかった。さらに同志社大学におられた酒詰仲男氏も、各地の遺跡からクリが多く検出されること、集落の示す定着性や土偶の存在などから縄文文化が単なる自然経済に依存するものではなかったと主張したが、この説についてもクリの栽培、非栽培の判別が難しく、またクリ樹の管理が、たとえある程度行なわれたとしても、これを農耕と考えるには難点がある、ということで学界で受け入れられるには至らなかった。

このように戦前から戦後にかけて展開された縄文農耕論の大きな流れの一つは、縄文中期以後の石器の機能（打製石斧、石皿などを農耕に関係深い道具と考える）と集落の状況（その規模の拡大、定着性の増大）をもとに、農耕の存在を推論しようとするものであった。

岩波講座『日本歴史Ⅰ』（一九六二年）に発表された奈良国立文化財研究所の坪井清足氏の

「縄文文化論」は、このような戦後の縄文農耕論を整理し、それに一つの方向を与えるものであった。また、これは『岩波講座』という一般にかなり読まれる書物に、縄文農耕論を展開したものとして、戦後の縄文農耕論に一つのエポックを画するものだったといえる。そこで展開された坪井氏の説はつぎのようである。

「中部山地を中心とする縄文中期以降の集落人口の増大や、その定着性については、単なる採集段階ではまかない切れなかったのではないか」という疑問が、まずその出発点となる。そうして坪井氏は、中期文化の発達した地域が現在の畑作卓越地域と一致する点を指摘し、「このような地域に適した栽培植物の利用が行なわれた可能性」を考えようとしている。また縄文中期になると土偶の出土が著しく増加し、しかもそれらが打ち欠いた状態、あるいは石囲いの中に埋められた状態で発見されることから、それが生命の喪失と復活を象徴するものと考え、「農耕文化にひろくみられる地母神信仰の祭式と強い類似性」を示すものとしている。

さらに縄文農耕論の泣きどころの一つになっている縄文時代の後・晩期になって農耕の要素がむしろ薄弱になるという点についても、坪井氏は後期の漁撈的色彩の強い集落にも、岩礁と山脚にはさまれた小規模のものと、広大な後背地を控えた大規模のものとがあることに注目し、後者の場合には漁撈のみではなく、広い後背地における農業生産が何らかの形で考慮すべきではないかと考え、後期の生活様式にも従来の採集経済にとどまったものと、農業生産を有するやや安定した生活というような二元的な状態であったのではないかとしている。

また、この時期の農耕技術では、外的な気象条件の変化には弱かったであろうし、人口がその生産能力をこえてふえた場合などには、それはしばしば集落の壊滅をもたらしただろうと推定し、農業生産に支えられた中期の大集落が環境の変化によって急激に凋落し、ついで栄えたのが後期の漁撈生産への依存度の高い文化ではなかったか、という意見を述べている。

紹介が少し長くなったが、坪井氏のこの考え方は縄文時代中期の大集落を農耕と関係させて理解しようとする説の、最近におけるもっとも代表的なものの一つだといえる。

しかし、この坪井説の場合にも、「農耕」というのみで、その農耕がいったいどのような形態のものか、あるいは何を栽培していたのかという点についてはまったくふれられていない。「農耕」であれば、それはどのような形態のものでも、すべて「採集・狩猟・漁撈」よりも人口支持力が大きいと断定できるだろうか。

この点にはあとでもう一度ふれることにして、いま一つの問題、栽培植物の問題に関しては「序章」でも紹介したように、比較民族学の立場から、岡正雄氏はわが国の先史時代、稲作以前の時期にイモ類の栽培が行なわれていたことを推定している。こうした考えを考古学の側から、積極的に支持しようとする報告が、坪井清足氏の説と相前後してあらわれた。東京教育大学の国分直一氏の説である。

イモ栽培の可能性を求めて

国分氏は昭和三十四年、山口県豊浦町無田の弥生式の土器片のある泥炭層からサトイモらしいイモの遺体を発見した。もし、これが本当にサトイモなら、わが国の先史時代におけるイモ栽培の存在を遺物で証明できたことになるのだが、残念ながら、その後のくわしい研究によって、これはウキヤガラとよぶ繊維質の食用にならない野生のイモの遺体とわかり、折角の期待も挫折してしまった。

イモの遺体の発見の難しさは、この例によってもよくわかるのだが、国分氏は、その後も九州の縄文後期にみられる薄手の刃部を研磨した石器が、最近まで沖縄で掘棒に使われていたビラ型石器（局部を研磨したヘラに似た除草・土かき具）と類似している点などを指摘し、かつては、このビラ型の石器と有稜石器（刃は研磨されているが石器の表面に稜部があり、断面がほぼ三角形をなす石斧）を掘棒に用い、イモ（とくにヤムイモ）とアワを栽培し、ブタを飼育した文化が南西諸島一帯に存在し、その影響がわが国にも及んでいたことを強く主張している。また、同氏の最近の論考（『日本民族文化の研究』慶友社　一九七〇年）によると、南島系の個性の強い土器（たとえば乳房状尖底土器）が、南九州の遺跡から出土することに注目して、縄文後・晩期に南西諸島・琉球方面から一つの文化の流れが南九州に及んだことを推定している。

国分説は、従来の縄文中期農耕説とは異なり、琉球、台湾、フィリピンの先史学や民族学の知識のうえに立つ、いわば比較民族学的な広い立場から組み上げようとする稲作以前の農耕論であり、縄文後・晩期に農耕の存在を推定するものである。そこでは、イモ栽培を中心とするいわゆる《根栽型》の農耕が想定されている。遺跡・遺物の状況論だけではなく、生きた農耕の形態を想定する点で、私はこの説に大きな魅力を感じている。けれども、肝心の南島における根栽文化の成立の時期がまだよくつかめないうえ、それが日本本土に伝来したことを証明する事実も、ほとんど見当たらない。

ところで、戦前から唱えられてきた縄文中期農耕論と岡正雄氏や国分氏らのイモ栽培説とは、どこかで接点を見つけることはできないだろうか。これは縄文農耕論の流れを追う中で当然でてくる要請だといえる。この論理的には明快だが、実証の難しい問題にとり組もうとしたのが、長い間、縄文文化の研究を行なってきた慶応大学の江坂輝弥氏である。『日本文化の起源――縄文時代に農耕は発生した』(講談社　一九六七年)という思い切った副題のつけられた書物の中で、江坂氏はおおよそ次のような主張を行なっている。

まず、南関東や中部山地の縄文中期の集落は、湧泉を中心として台地の上に発展したものが多く、これらの中期集落は後期の初頭まで同一地区に一〇〇〇年近い長期にわたって居住しつづけたものもあり、その定住性・定着性が高く、生活が安定していた。この安定した生活の背後には狩猟・漁撈技術の発達のほかに、イモ類を中心とした原始的な農耕が存在していたに違いない、と江坂氏は考えようとしている。これだけなら、従来の坪井説などとあまり変わらないが、江坂氏はサトイモ、ヤマノイモの類は、もともと日本に野生したものではなく、東南アジアや華南方面から渡来したものだという点を重視し、もしイモ栽培型の農耕が、中部・関東地方に存在したとすれば、それはおそらく九州から中国・近畿地方を経て中部山地にまで伝わったに違いないと考えた。そうして、これを裏付ける資料として、熊本県宇土市の轟貝塚などから出土する靴型石斧などの打製石斧をあげている。「靴型石斧とよばれている打製石斧は北ヴェトナムから華南方面に広く分布するもので、この石器こそ山芋、里芋類の植付け、収穫に使用する土掘具だと思われる」というのである。

このほか傍証として、世界的にみて農耕文化と関連をもつといわれる蛇のモチーフをもつ土器や祭祀場とみられる大型の配石遺構などが、縄文中期に存在することをあげ、また縄文中期以後にあらわれる土製の滑車型耳栓、土偶にみられる入れ墨の習俗、さらには洗骨の風習など、東南アジアに連なるいくつかの文化要素も縄文中期の頃、イモ栽培とともに日本に伝わったのではないかとしているのである。

この江坂説は、従来の中部山地を中心とした縄文中期農耕論を基礎にしながら、これに西九州で発見された靴型石斧などの新しい資料を加え、さらに東南アジア系とみられる文化要素の存在などを注目することによって、東南アジア、華南方面から伝来したイモ栽培文化の存在を間接的に証明しようとした新しい試みといえる。

だが、この説では、せっかくイモ栽培と東南アジア方面からの文化の流入、という新しいアイディアがとり入れられたにもかかわらず、この東南アジア的文化要素とイモ栽培との積極的な結びつきの論証が欠けているし、さらに、もっとも肝心な靴型石斧とイモ栽培の関係についても、東南アジアに同型のものがあるという以上には何も語られていない。ことに東南アジアでは後にも述べるように、タロイモやヤムイモの収穫には先を尖らした掘棒——あるいはその鉄製模造具——が用いられているのが普通である。したがって、この靴型石斧をことさらに、イモ類の収穫具と考える場合には、それにはそれだけの証明がやはり必要なのではなかろうか。このような点に江坂氏の説にもまだ多くの疑問が残されている。

いずれにしても、イモ栽培や雑穀栽培の問題を、縄文農耕論の中に組み入れようとする限り、問題は考古学の限られた守備範囲の中では処理しきれないものが少なくない。そこでは比較民族学や民族植物学などのより広い研究の視野がどうしても必要になってくるのである。

縄文中期農耕論の整理

さて、このあたりで問題をもう一歩展開する前に、いままで述べてきた縄文農耕論の要点をもう一度ふりかえって整理しておくことにしよう。

この場合、戦後一貫して中部山地の縄文中期の遺跡群の調査を行ない、縄文時代における農耕の存在を終始強く主張してこられた藤森栄一氏にもう一度御登場願い、その意見をよく聞いてみなければならない。

藤森氏は最近、この問題に関する従来の研究成果を、『縄文農耕』(学生社　一九七〇年)という本にとりまとめて世に問うたが、その中で現時点における縄文農耕肯定論の「手のうちのすべてだ」として十八項目にわたって資料の提示を行なっている。

これをすべて紹介すると長くなるので、私なりにそれをもう一度整理し直してみると、その主な論点は、ほぼ次の五つにまとめることができると思われる。

①縄文中期には狩猟用の石鏃出土数の減少と石匙・石皿・凹石・石斧などの農作物の加工調理具あるいは土掘具と考えられる石器類が多量に出土するということ。

②石棒、立石、祭壇などの祭祀遺構と思われる遺跡が縄文中期には増加し、なかにはかなり大型のものもみられること。土偶や埋甕《うずめがめ》などの出土状況から大地母神信仰の存在が推定されるということなど、信仰に関する問題。

③縄文中期になると土器の機能分化が明確になり、煮沸、貯蔵、供献の三つの基本形態が分化し、食品の中心が植物性に移行したと考えられること。その他、蒸器《むしき》の完成、土器面の文様

に顔面や蛇・太陽文などが多くあらわれることなど、土器の構成や形態に農耕的な色彩が加わることなど、土器をめぐる問題。
④集落の規模が前期のそれに比べて大型化し、泉を中心にした台地の上などに、かなり定着的な性格を示すものが少なくないということ。ただし集落の戸数、人口などについて正確な数値を示した例はないようである。
⑤最後に栽培植物の問題。これは縄文農耕論のもっとも大きな泣きどころで、栽培植物の遺体がみつからないばかりに、さまざまな仮説が立てられ、論議をよんでいるわけだが、これには藤森氏のようにばくぜんとアワ・ヒエなどの雑穀類の栽培を考える人と国分氏や江坂氏のようにイモ類の栽培を想定する考えとがある。

写真1　石皿とコッペパン状の炭化物

いまのところ唯一の手掛りを与えてくれるかと期待された資料は、昭和三十六年に、長野県富士見町の曽利五号竪穴遺跡の炉のかたわらにあった石皿のまわりから、藤森氏が発見した四個のコッペパン状のものと一個の捻りモチ状の炭化物である。何か澱粉質のものを固めて焼いたものと思われるが、その後の化学分析によると、これは意外にも炭酸カルシュームが多く、何であるかまったく見当がつかないということになってしまった。こういうわけで、いまのところ栽培植物の推定もまったく五里霧中で停滞しているといってよい状態である。

以上が現段階における縄文中期農耕論の論点の「総括」といえるものだ。

さきに紹介した縄文中期に農耕の存在を仮定する諸説は、たいてい④の集落の規模と定着性の問題と①の土掘具としての打製石斧の存在を出発点とし、それに①から⑤までのなかのいくつかの問題をからみ合わせて議論を展開してきたということができる。そうして藤森氏や澄田氏などは、当時の農耕の形態を原始的な焼畑農耕ではなかったかと推定している。こういったところが、「縄文中期農耕論」のいつわらざる現状といえるものである。

ところで、縄文中期の時代に生きていた人々が、もし、東南アジアや南アジアの山地で、焼畑農耕をいまも営んでいる人たちとよく似た生活をしていたとしたら、さきに整理した縄文農耕の証拠としてあげられたいろいろな点は、果たしてどのような意味をもつだろうか。

縄文中期農耕論の問題点——焼畑農耕民との比較

私は一九六四年にインド半島北部のジャングル地帯に住む焼畑農耕民の村に住み込み、彼らの生活をつぶさに調査したことがある。また、東南アジアの焼畑農耕民の生活についても、くわしい実態調査の報告がいくつか出ている。これらの東南アジアやインドの焼畑農耕民の生活の実態については、つぎの章でくわしく紹介することにしたいが、こうした現存する「稲作以前」ともいえる農耕生活の中にみられる特色と比較しながら、縄文農耕論の根拠とされているものを検討し直してみると、いくつかの興味ある問題点がひき出されてくるようである。

まず、第一は多くの縄文農耕論者が議論の出発点とした集落の規模と定着性の問題についてである。東南アジアやインドの焼畑農耕民の集落の規模は非常に大きな差があるが、一般には決してそれほど大きなものではない。表2にくわしいデータを掲げておいたが、それらはほぼ一〇戸前後から一五戸程度の小村が多い。なかにはフィリピンのミンドロ島に住むハヌノー族の場合のように、二~六戸の家屋（世帯）で一つの集落が営まれている例もある。また二〇戸以上の大きな集落をつくる場合にも、その中からいくつかの出作り集団が分岐し、それぞれが二~三戸から五~六戸の小さな出作り村を形成して、それぞれが一つの居住の単位になり、この小さな出作り村のメンバーが相互に共同で焼畑農耕を営む例も少なくない。このような例から考えると、少なくとも焼畑農耕民の場合には、農耕＝大集落という考え方は必ずしも当たらなくなる。採集・狩猟民の場合でも、この程度（二~六戸ほど）の大きさの集落を営む例はいくらもある。

また、集落の定着性についても二〇~三〇年から五〇年ほどの時間の幅で考えると、一般にきわめて定着的だといわれる東南アジアの焼畑農耕民の集落も、移動を行なっている場合が少なくない。このことも、やはり注意しておく必要があるだろう。

つぎに問題になる土掘具については、一般に焼畑農耕というものは「耕作」を行なわないことが大きな特徴だということをよく考えていただきたい。焼畑農耕のもつ特色については、次の章で改めて検討するので、ここではくわしくは述べないが、焼畑での種蒔きは火入れの終わった土地を耕したりはせずに直接ばら蒔く。植穴をあけるときも木の掘棒を土地につきさして、「ぐい」と穴をあけていくので、「耕作」といったものはほとんどやらない。したがって、耕作具としての土掘具はあまり必要ではない。しかし、土かき用や竹や灌木の根株をおこし、あるいは除草するための道具として土掘具が用いられたとすれば、その可能性は高い。

現に、台湾の東南洋上に浮かぶ紅頭嶼（蘭嶼《らんしょ》）に居住するヤミ族は、最近まで石器使用の伝統を伝えていた種族としてよく知られているが、彼らの間には、ピーラスあるいはチチヴチブとよばれる分銅型の打製石斧がある。これは「柄をつけずに手で握り、畑地を開墾する場合にカヤなどの根をこれでうち切り、草や灌木を除くのに用いられた」（鹿野忠雄）といわれている。これと同型の分銅型の石斧は、わが国の縄文期の遺跡からも数多く出土している。また、同じく鹿野忠雄氏によれば、ヤミ族では珪質砂岩製の方角状片刃の打製石斧に柄をつけ、手斧のようにして、開墾の際にカヤの根を除くのに用いられているともいわれている。

	居住地域	村落形態	報告者
	ミンドロ島	小村	Conklin, 1957
	ルソン島北部	小集村	Eggan, 1960
	中部インド	小集村	Nag, 1958
	中部インド（オリッサ）	小集村	Roy, 1935
	北部インド（ビハール）	小集村	佐々木, 1965
	アッサム北東部	小集村	Srivastava, 1962
	北部ビルマ	小集村	Leach, 1954 (Michel)
	北西ラオス	小集村	Izikowitz, 1951
	北部タイ	小集村	Kauffmann, 1934
	北部タイ	小集村	Bernatzik, 1946
	北部タイ	小集村	Bernatzik, 1946
	台湾山地北部	小集村	高砂族調査書・1937
	台湾山地中部	小集村	高砂族調査書・1937
	台湾山地南部	大型集村	高砂族調査書・1937
	北部ボルネオ	大家屋型村落	Freeman, 1955
	中部ベトナム	大家屋型村落	Condõminás, 1960
	アッサム	大型集村	Mils, 1937
	アッサム	大型集村	Hutton, 1921

種族名		村落規模		焼畑経営		
		最大最小規模	平均規模	主作物	耕作期間(年)	休閑期間(年)
ハヌノー		2〜6* 4〜29人	4.1* 17.9人	オカボ・タロイモ・バナナ	3	8〜15
サガタ・イゴロット		15〜60戸	27戸	現在は水稲、古くはイモ類(焼畑)		
バイガ		20〜25戸以下	——	キビ・その他の雑穀	2〜3	10〜12
プィア		12〜40戸	——	オカボ・シコクビエ・トウモロコシ・豆類		
パーリア		2〜44戸 6〜187人	16戸 63.7人	トウモロコシ・モロコシ・豆類	1	12〜15
ガロン		——	20〜30戸	オカボ・雑穀・トウモロコシ・カラシ	2〜3	8〜10
カチン		1〜30戸 (30戸以下)	14戸 (12戸)	オカボ・アワ・ソバ・トウモロコシ	1	
ラメット		2〜38戸 10〜148人	14.2戸弱 56.3人	オカボ	1	12〜15
リス		4〜20戸	——	オカボ・雑穀	1	6〜8
メオ		3〜10戸	——	オカボ・ケシ・サトウキビ・マメ・トウモロコシ	2	
アカ		10〜200戸	——	オカボ・トウモロコシ・サトウキビ・ケシ	2	
台湾山地民	タイヤル	5〜135戸 25〜626人	37.9戸 184.3人	アワ・オカボ・サツマイモ		
	ブヌン	1〜161戸 1〜1574人	13.7戸 129.6人	アワ・サツマイモ	2	5〜10
	パイワン	1〜335戸 1〜1725人	41.1戸 213.4人	サツマイモ・サトイモ・アワ	5	5〜10
イバン		4〜50*	14* 80.5人	オカボ	2〜3	13〜16
モン・ガール		100〜150人	——	オカボ		
レングマ・ナガ		22〜377戸	132.3戸	オカボ・アワ・ハトムギ	2	10〜12
セマ・ナガ		最大約300戸	——	オカボ・アワ・ハトムギ	2	10〜12

*印は世帯

表2　東南アジアの主要焼畑農耕民の村落の規模と形態

このようなヤミ族の資料を参考にして考えれば、縄文期の打製石斧の一部が、畑地の開墾用具・除草用具として用いられた可能性は十分に考えられる。しかし、同時にこれらの石斧は、クズやワラビの根などの山の幸・森の幸を採集するときに用いられた可能性も少なくないのであり、土掘具・開墾具と考えられる石器の存在も、それ自体では農耕の営まれていたことを積極的に証明する資料とはなりえない。

むしろ東南アジアやインドの焼畑農耕民のもつ、もっとも重要な農具は、やはり木製の掘棒である。例えば、紅頭嶼ではカカリとよぶ掘棒が最近まで盛んに用いられており（現在は鉄製の掘棒にかわっている）、琉球や南西諸島でも、ヘラ（ところによってはヒーラ・フィーラ・ピラ・ビラなどという）あるいはクイ（グイ・クイー・クイピラともいう）とよばれる除草具型あるいは掘棒型の農具が、除草やイモの収穫に、いまでも用いられている。したがって、たとえ縄文時代のある時期に農耕が存在しても、その主要な農具は、木製あるいは竹製の掘棒の類《たぐい》であったと考えられるのであり、石器の類は、せいぜい根おこしや土かきに使われる程度で、それは本質的に採集活動のための用具と変わらないものだったと考えられる。

つまり、さきに述べた集落の規模や形態にしても、この土掘具の問題にしても、どうもそれだけをとりあげ、現存の焼畑農耕民の実例と比較してみても、農耕が存在したということもできなければ、また逆に、縄文文化が採集・狩猟の経済段階に留まっていたと断定することもできない。同様のことは石皿や凹石などについてもいうことができる。

さらに、打ち欠いた土偶や埋甕の存在から、大地母神信仰の存在を推定し、縄文中期に農耕が行なわれていたとする考えもあるが、わが国の民俗慣行の中に、メソポタミアや地中海地域にみられるような大地母神信仰の痕跡をみとめることは、いまのところきわめて困難である。わが国を含め、東南アジアやインドの諸地域にみられる農耕に関係するカミ信仰の古い形は、あとでもう一度くわしく検討するが、それはおそらく石や樹木、森や山を依り代とする日本の「山の神」に似た一種の精霊信仰だったと私は考えている。この信仰の形態は、狩猟・採集民の社会のそれと連続しうる可能性が大きく、オリエントの農耕社会に発生した《大地母神信仰》などとは、その性格を異にするものである。

このような点から、「打ち欠いた土偶」の存在の中に、生命の死と復活を想う一種の豊穣観念やある種の女性原理の存在はみとめることができても、そのことから、直ちに土偶→大地母神信仰→農耕という論理が展開される点については、私は大きな抵抗を感じるのである。また土器機

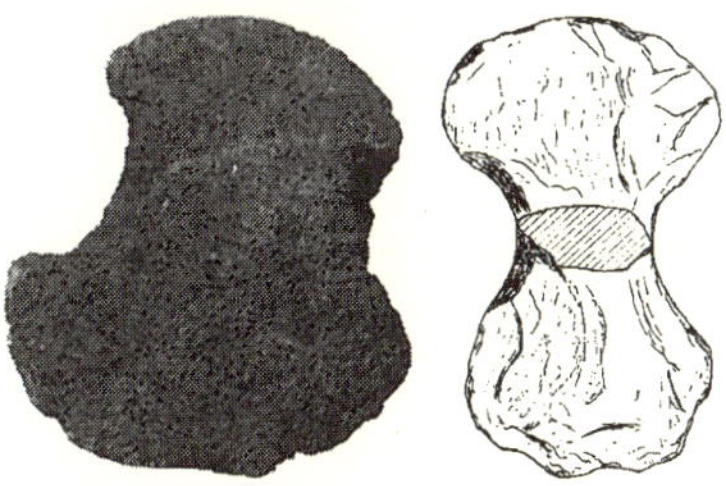

写真2　ヤミ族の除草器(打製石斧)

右図は縄文後期の分銅型石斧、写真のピーラスとまったく同型といってもよい

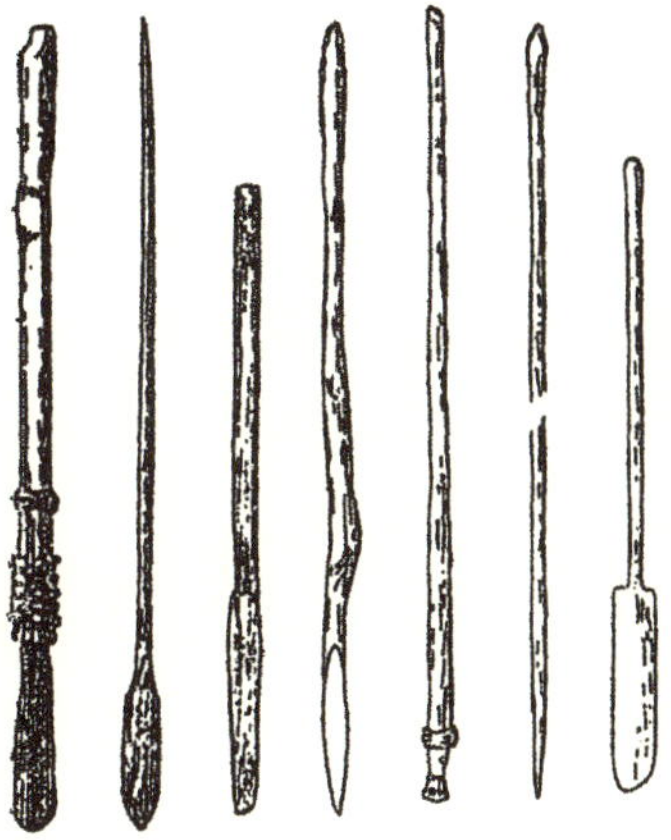

図3　掘棒のいろいろ

メラネシア・ポリネシア・アメリカ先住民などの使用する掘棒

能の分化も、それ自体はきわめて農耕的だといえるが、それがそのままストレートに農耕の存在を証明するとはいえないだろう。

それでは縄文中期の状況をどう捉えればよいのか。いままでにあげられた資料からいえば、採集・狩猟のみの段階であったとも、農耕が営まれていたともいいきれない状態である。いずれにしてもさし当たってのところ、性急な結論を出すことは控えておかねばならない。私なりの結論はもう少し、考察をさきにすすめてから考えることにしよう。

二　照葉樹林文化と北方系農耕の展開

縄文時代後・晩期の九州

いままで検討してきた縄文農耕論は、主として縄文中期という時代に限られた論議であった。しかも、その事例の多くが中部山地に限られていた。縄文中期という時代は、農耕（稲作）の存在が、確実に実証される弥生時代の初期から、少なくとも一五〇〇年ないしそれ以上もへだたった古い時代である。稲作以前の農耕の存在の有無を論ずるのに、時代の非常にへだたった縄文中期の問題に、従来、多くの考古学者の議論が終始していたというのは、いったいどういうことだろうか。

それに縄文時代に農耕の存在を仮定するとすれば、農耕が日本で自生したと考えない限り、東南アジアや中国大陸・朝鮮半島など、アジア大陸の何処からか伝わってきたものと考えねばならない。その場合、当然問題になる地域は、アジア大陸に近い西南日本、とくに九州地方であろう。九州を中心にそれにつづく西南日本の地域が、何らかの農耕文化をうけ入れ、それを発展させたかどうかが、「稲作以前」の農耕を考える場合、当然まず問題にされねばならない。縄文農耕論をもう一度よく整理し直すためには、九州を中心とする縄文時代後・晩期の状態の検討を行なうこと、さらに西南日本全体が、その時期にどのような性格の文化をもっていたか、ということの検討が、まず必要だと思われる。

九州の晩期縄文土器は、考古学者によって大きく二つの型式に分類されている。古い方の土器は黒川式とよばれるもので、非常によくみがかれた無文の黒色土器で、一部の人は中国の竜山《ロンシャン》文化を特徴づける黒陶の影響をうけたものだとも考えている。この黒川式土器の次の時期に出てくるのが山ノ寺式とよばれる土器である。その特色は土器の口縁部の付近や胴の部分などに刻み目のある太い粘土の帯をはりつけていることである。一般にこの種の土器は「凸帯文《とったいもん》土器」ともよばれ、その分布は、九州ばかりでなく、瀬戸内・近畿地方を経て、中部地方の西部にまで及び、西南日本の縄文晩期の文化を代表する土器と考えられている。この凸帯文土器で代表される西南日本の文化の性格については、あとでもう一度考えることにして、縄文晩期の九州の状況についてもう少しみてみると、いろいろ興味ある事実が最近報告されている。

まずその一つは、イネのモミ痕のある土器片が次々に発見されていることである。一九五七年、長崎県の山ノ寺遺跡の調査が森貞次郎氏らによって行なわれたが、その際、晩期末の甕《かめ》の外側にはっきりしたモミ痕のあるものが二例見出された。さらに熊本県の湧土石《わくどいし》遺跡からは、黒色のよくみがかれた浅鉢型の土器の内側に玄米痕のあるものが発見され、山ノ寺遺跡のものとともに専門家により、栽培イネと同定されたといわれている。ただし湧土石遺跡の土器については、晩期の黒川式とも、さらにもう一つ古い縄文後期末の御領《ごりょう》式ともいわれ、その所属がやや不明であり、さらにモミ痕ではなく玄米痕だということにも若干の疑問が残るとされている。このほか、乙益重隆氏によると、長崎県百花台や礫石原《くれいしばる》などの縄文後期の遺跡でもモミに似た圧痕をもつ土器が検出されたが、目下のところ確証に乏しいといわれている。しかし、同氏によれば長崎県原山の第四五号支石墓の下で発見された甕棺には明瞭なモミ痕があるとしている。

ただこの原山遺跡は、山ノ寺式よりもう一つ新しい夜臼《ゆうす》式土器を出土するが、夜臼式土器は弥生初期の板付式土器と伴出する例がかなりあり、夜臼式土器に伴って出土するモミ痕は、必ずしも縄文末期のものとは言いきれないという難点がある。また、山ノ寺遺跡の資料についても、発掘者の森貞次郎氏が「これを弥生時代初頭における後進地域の現象と解することも可能であるが……」と述べているように、現在の段階では必ずしも縄文晩期における稲作農耕（この場合のイネはオカボである可能性が高いが）の存在を、確実に実証しうるところまで研究は進んでいない。

しかし、最近になって、この種のモミの圧痕をもつ土器の発見例が増加しつつあること。また縄文後期から晩期の遺跡でよくみかける大形の扁平な打製石器（短ザク型石斧）は、その使用痕からみて耕作具あるいは除草具として使用されたものと考えられること。また黒川式あるいは山ノ寺式土器の中に平織りの布痕と思われるものの付着した土器がみられること。つまり、縄文時代の伝統的技術である編布《あんぎん》とは別の、新しい平織りの技術が縄文後期にはすでに大陸から伝えられていたのではないかと想定されることなど。このような一連の事実を並べてみると、少なくとも縄文晩期に九州の一部では、弥生時代の水稲耕作の成立に先立って、何らかの農耕が営まれていたという可能性はきわめて高いと私は考えるのである。

しかも、この場合、黒川式土器や山ノ寺式土器を出土する縄文晩期の遺跡は、一般に一〇〇メートル前後の台地あるいは高原上に立地するものが多く、低湿地に位置するものは比較的少ないという特色がある。このような点から、縄文晩期の経済を「台地あるいは高原の広い濶葉樹林地帯における採集経済を主体とするもの」ではあるが、それとともに、ある種の農耕も営まれていた。この場合、「初期の段階としての農耕では、むしろ雑穀の畑作農耕が陸稲を含めた稲作よりも優位を占めたことが考えられ、水稲耕作を主体とする低地農耕はつぎの段階のものであった」（『日本の考古学Ⅲ　弥生時代』一九六六年）という森貞次郎氏の意見は、じゅうぶん傾聴に値するものといえるだろう。

しかも、縄文晩期にみられるいくつかの農耕文化的な要素は、縄文後期末の三万田《みまんだ》式や御領式土器の文化期からすでにあらわれてくるともいわれている。

つまり、九州地方の縄文後・晩期の文化は、こうした意味で狩猟・採集を主体としながらも、他方では農耕的色彩にもいろどられた、民族学者のいう《狩猟＝栽培民 Jäger-Planzer 文化》の性格を有していたのではないかと考えられる。この場合の農耕は、おそらく山地や丘陵の斜面の森林を焼き払って作物をつくる焼畑農耕の形態をとっていたものと考えられるようである。

九州の縄文後・晩期の文化を、このように採集・狩猟と焼畑的な農耕を行なうものだったとすると、その拡がりはどう考えたらよいだろうか。

縄文文化の東・西

九州地方では、わずかながらも、農耕の存在を想定する手掛りがあったが、九州以外の地域では、いまのところ、われわれは縄文晩期に農耕の存在を仮定する積極的手掛りをつかむことはたいへんむずかしい。

しかし、私は、九州の縄文晩期を代表する山ノ寺式土器と類似した凸帯文土器の分布が、広く西南日本をおおっていることを、ここで注目したい。その分布は九州から中国・四国・近畿地方を経て、東の端はほぼ浜名湖の線まで達している。近畿や中部地方の精製土器の中にやや文様の多いものもあるが、一般にこれは文様のきわめて少ない土器群である。前にも述べたように、粗製の深鉢型土器の口縁部や胴部に刻み目のある凸帯がめぐらされていることが特徴的で、これに少量のよくみがかれた浅形の精製土器が伴っている。石器としては、石鏃・石斧・石錘など一般的な石器のほかに、半月型の打製石器や石鍬状の打製石器を伴うとされており、その文化は西日本全域においてほぼ斉一《せいいつ》な性格を示しているといわれている。

ところで、図4は縄文晩期から弥生初期の時期における土器型式の分布を示したものであるが、これをみると、中部地方以西の西日本に前期弥生文化が根をおろしたころ、東日本ではまだ縄文文化の伝統が強く残っていたことがわかる。

これをもう少し別の角度からみてみると、北部九州からはじまった弥生前期の農耕文化――そ

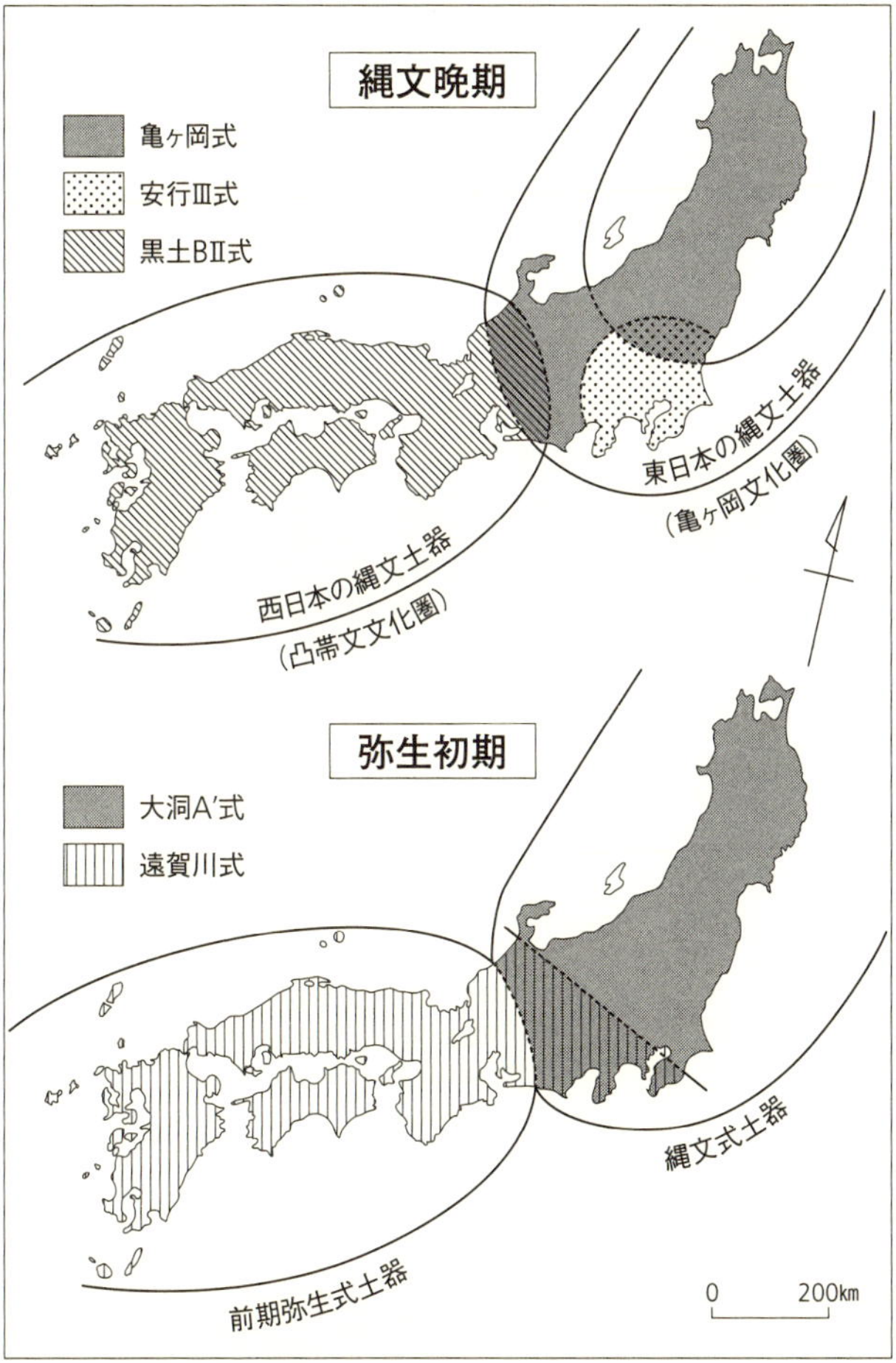

図4　縄文晩期から弥生初期の土器分布圏

土器型式の分布は鈴木義昌氏による。ただし亀ヶ岡文化圏・凸帯文文化圏の名称は筆者が記入したものであるれは具体的には遠賀川《おんががわ》式土器によって代表されるといってよい――は、凸帯文土器の分布する西南日本の地域に急速にひろまったが、凸帯文土器の分布する地域の東端付近に至って、いったんその伝播を停止したという事実を示しているといえる。このことは、すでに多くの研究者によって指摘されており、考古学者の間では周知の事実になっているようだ。『日本の考古学Ⅲ　弥生時代』の中で東海地方における弥生式文化の発展を手際よくまとめた好論文を書いた久永春男氏は、この間の事情を次のように述べている。

「東海地方の西端の木曽川下流の三角州地帯には、畿内地方とほぼ同時期に弥生文化が根をおろした。当時、東海地方の三河以東や中部高地地方や北陸地方は、まだ縄文文化末期の社会であった。そして野火がひろがるようなはやさで東漸してきた弥生文化はここで地固めにうつる。木曽川下流沖積地から名古屋台地へと、湿地帯の開拓とムラ分けによって、弥生文化地帯がひろがる間に、遠賀川式土器の三つの時期（二反地Ⅰ式・Ⅱ式・Ⅲ式）が経過し、周囲の縄文文化地帯との交流も深まった」

とにかく、弥生前期の文化は東海地方の西部でその東漸をいったん停止する。久永氏によると、その後は、東海地方の西部では、遠賀川式の伝統的な土器製作法を主体として、その地域の縄文土器の形態や施文法を併合・融合せしめた新しい土器（西志賀Ⅱb式土器・瓜郷《うりごう》式土器）がつくられる。これに対し、東海地方の東部では、縄文末期の土器の製作法を主体に、遠賀川式土器などの技術を摂取した土器型式（続水神平《すいじんびら》式土器・嶺田《みねた》式土器）が生み出されてくるとされている。

東海地方の問題に少し立ち入りすぎたかもしれないが、とにかくここでは、弥生前期の稲作文化の拡大が、縄文晩期の凸帯文土器の分布域ときわめて密接な関係をもつ、という事実をさし当たってのところ確認しておけばよいわけである。

では、どうしてこのような事実が生み出されてきたのだろうか。必ずしも明快な解答が考古学者の間で出されてはいないようだが、この問題をめぐって、ほぼ次の三つの点を考えてみることが重要だと思われる。

その第一は、新しく西から伝わってきた文化に対して、それ以前から東北日本で栄えていた在来文化——すなわち伝統的な縄文文化——が抵抗を示したのではないかという問題。第二は弥生前期の稲作文化が中部以東の地域に伝播するときには、何らかの気候的障害があったのではないかという考え。第三は、凸帯文土器によって代表される縄文晩期に西日本に拡がった文化の中には、すでに弥生前期の水田稲作文化を受け入れやすい条件が整えられていたのではないかという考え方である。もちろん、この三つは相互に関連し合う問題であり、それぞれを完全に切りはなしては考えることのできないものである。

まず第一の点については、さきの図4にも示したように、弥生前期の文化が東海地方西部にまで達した頃、それより東の地域に広く根をおろしていたのは、東北地方を中心に特殊な発達をみせた亀ケ岡式土器によって代表される縄文晩期の文化——この文化をかりに「亀ケ岡文化」とよぶことにしよう——であった。

亀ケ岡式土器というのは、入念な彫刻されたような文様と磨消縄文《すりけし》によって全面をかざられた精巧・華麗な土器で、西日本の無文に近い土器と著しい対照をみせる。青森県の是川《これかわ》や亀ケ岡などの泥炭遺跡からは、黒や朱でぬった各種の弓や腕輪、精巧な木製の大刀や櫛など、さらには籃胎漆器《らんたいしっき》（籠にアスファルトをぬり、その上をウルシでぬりかためた漆器）というようなすばらしい遺物が出土している。また念入りにつくられた土偶・岩偶・土版・岩版・勾玉・石刀・石棒など実用をはなれた各種の土製品や石製品も豊富にみられ、東北日本一帯に拡がった亀ケ岡式土器によって代表される文化は、きわめて爛熟した内容を有していたことがよく知られている。また生産用具としては、さまざまな石鏃、石匕《せきひ》、磨製石斧や石錘、釣針などが発見され、狩猟・漁撈に依存する生活が営まれていたことは間違いない。

このような採集・狩猟文化としては、きわめて高い内容を示す亀ケ岡文化をささえた具体的な経済的基盤は、いったい何であったのだろうか。

山内清男氏は、この亀ケ岡文化の発達の要因を、サケ・マスの漁撈文化に求めるすぐれた考え方を提出している。すなわち、サケやマスの類が産卵のため河川を遡上する現在の西限は太平洋側では利根川、日本海側では山陰地方東部付近である。これらのサケの遡上する川筋には、遡上しない川筋よりも遺跡の数が多い。このようなことから、東北日本の縄文文化は、産卵のため河川を遡ってくるサケ・マスの漁撈に大きく依存する文化であったというのである。そこではドングリ・トチの実・クリ・クルミなどの堅果類が主要な食料源であったが、これとともに初夏から秋にとらえたサケやマスを乾燥させて良好な保存食糧をうることができた。このことが東北日本における縄文文化の繁栄を生み出し、人口の増加を生み出した原因だと考え、西日本の縄文文化は、これとは対照的に木の実類の採集に生活の基礎をおく文化であったとしている。

このような採集食糧の差により文化に地域差のみられる例として、山内氏は、北アメリカ太平洋岸のカリフォルニアの先住民の例を示し、サケ・マスのとれる北部のものと、とれない南部のドングリ地帯の住民の人口や文化には、明らかに差のあることをあげて、日本における縄文期の地域的文化の差異——これを私の文脈におきかえて表現すれば、東日本の亀ケ岡式土器によって代表される文化と西日本の凸帯文土器により代表される文化——も、同じような要因によるのではないかと考えたわけである。

カリフォルニアの先住民たちばかりではない。その少し北方の北アメリカの北西海岸に住む先住民たちは、大きなトーテムポールを建てることでよく知られているが、彼らもサケ・マスの河川漁撈を中心に、その経済生活を営んでいる。その生活文化の内容は著しく定着的であり、社会（集落）の内部には、大量のサケ・マスの干魚が貯蔵され、食糧の余剰もじゅうぶんに生み出されている。したがって、その人口支持力も大きく、北アメリカ東部の焼畑農耕地帯に較べても、勝るとも劣らない高い人口密度を有していることが知られている。このようなサケ・マスの漁撈を中心とする文化は、北太平洋の沿岸一帯に広く分布したものである。北海道のアイヌも本来の文化は、サケ・マスの漁撈に基礎をおくものであり、村落（コタン）の立地は、川筋ごとに固定され、きわめて定着的な文化を生み出していた。

このようにみてくると、亀ケ岡式土器によって象徴される東日本の縄文晩期のすぐれた文化が、北太平洋漁撈民文化の一環をなすサケ・マスの漁撈民文化によって支えられていたという山内清男氏の学説は、たしかにかなりの説得力をもつようである。

もちろん、サケ・マスの漁撈民文化といっても、ただそれだけに依存していたわけではない。狩猟や他の種類の漁撈、あるいは採集活動などもさかんに営まれていたことは、遺跡の内容からみても明らかである。内陸部の落葉広葉樹林のなかでは、トチやクリ・クルミなどの堅果類の採集がさかんに営まれていたであろう。このことは東北日本の縄文時代の遺跡から、しばしばこれらの植物性食料の遺物が出土することからも実証できるし、また最近まで、これらの落葉広葉樹林帯の山村の中には、トチの実を主食の一部と考える村むらが残存していたことからも想像することができる。現にアメリカ北西海岸の先住民たちも、サケ・マスの漁撈のほかに他の漁業や狩猟も行なうし、夏には集落の背後の森林地帯で堅果類や漿果《しょうか》類の採集活動も行ない、ところによっては、その良好な採集地が家族ごとに占有されるという状況も生み出されている。

おそらく「亀ケ岡文化」を生み出した東日本の縄文晩期の人たちの生活は、こうした採集経済の枠内で行きついた最高の段階のものであったと考えられるのである。

照葉樹林文化の発見

東日本の亀ケ岡文化をサケ・マスの漁撈を中心とし、これに堅果類の採集を加えた定着度の比較的高い文化だとする山内説をうけ入れるとしても、西日本の縄文晩期の文化が、ドングリ類の採集を中心とする採集・狩猟文化であったと簡単に片付けることができるだろうか。

私はこの点については、きわめて否定的である。前にも述べたように、凸帯文土器によって象徴される西日本の縄文晩期の文化（以下、仮にこの文化を「凸帯文文化」とよぶことにしよう）は、弥生前期の農耕文化ときわめて密接な関係を有している。このことは凸帯文文化が、単なる採集・狩猟文化ではなく、その中にはすでに弥生の水田稲作文化をうけ入れやすい条件が整えられていたと考えるのが自然であろう。

この点をもう一度よく検討するために、私は日本の植生分布図を用意し、その上に縄文晩期の

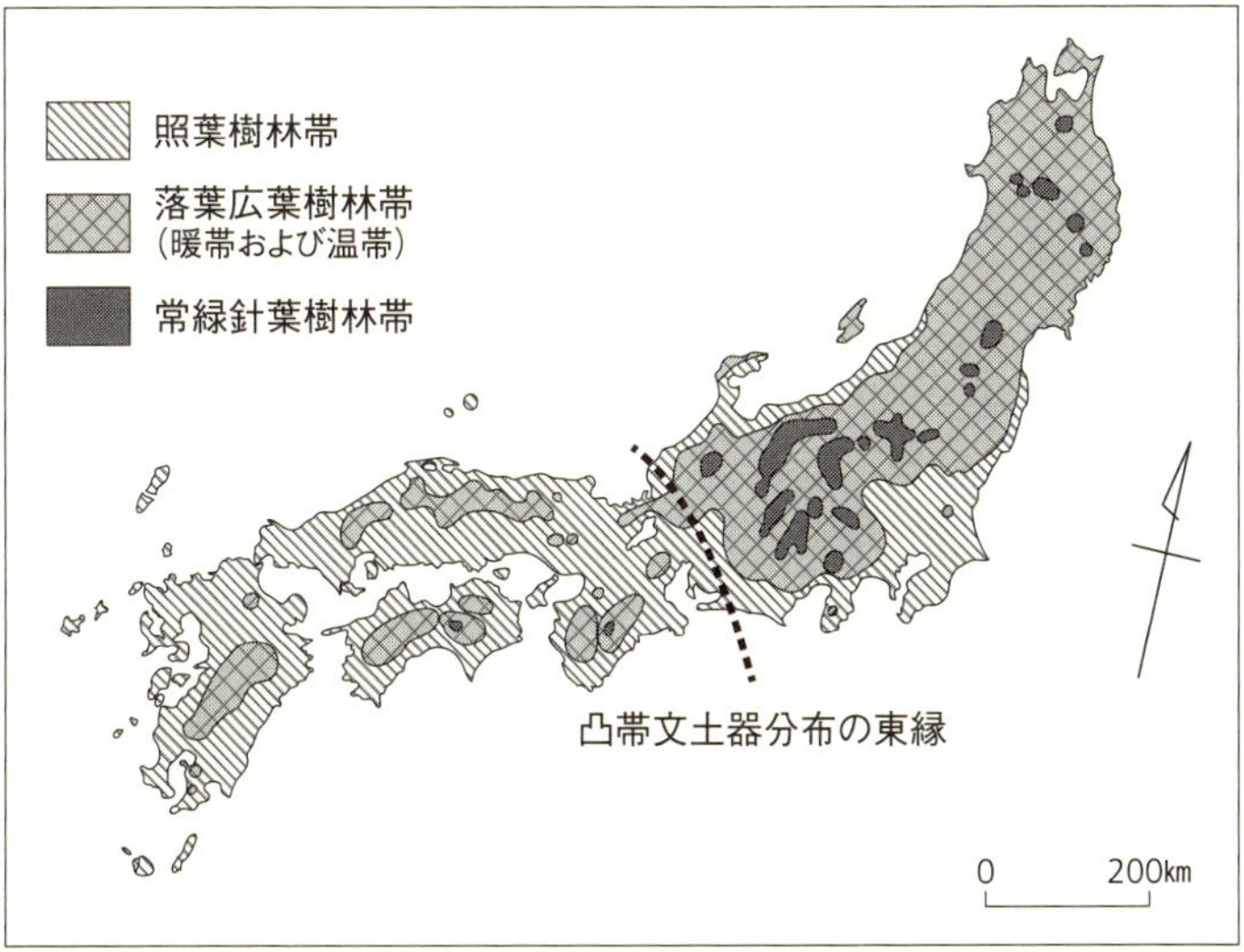

図5　日本の森林植生の分布

東・西二つの文化の境界線（凸帯文文化の東縁）を記入してみた。この図5によって明らかなことは、若干の地域的ズレはあるが、大局的にみて西南日本の凸帯文土器の分布が、ほぼ照葉樹林帯の分布と一致し、東北日本の亀ケ岡文化の分布が、落葉広葉樹林（ナラ林帯）の分布とほぼ一致するという注目すべき事実が浮かび上がってくることである。

この場合、縄文晩期、つまり紀元前一〇〇〇年頃の気候が現在と同じであったか、どうかという疑問がある。しかし、最近の研究によると、氷河時代の終わった完新世《かんしんせい》初頭（約一万年前頃）の日本列島の気候は、いまよりもやや冷涼であり、森林の垂直分布帯も現在のそれよりかなり低く下降していた。ところが、その後、気候はしだいに温暖化の方向に向かい、完新世中期（約九五〇〇〜四〇〇〇年前頃）には森林帯は、逆にいまよりも三〇〇～四〇〇メートルほど上昇し、これは縄文前期の終わり頃にマキシマムに達したといわれている。だが、これ以後、完新世後期（約四〇〇〇～一五〇〇年前頃）に入ると、気候はまたやや冷涼化の傾向をたどり、森林の分布もほぼ現在の状態に近くなったと考えられている。

図6には、照葉樹林の指標となるカシ・シイ・クスの弥生時代における出土遺跡を示してみたが、その分布は今日の照葉樹林帯の分布とみごとに一致している。この状態は縄文後・晩期に適用してもおそらく大きな違いはないと考えられる。となると、縄文晩期における二つの文化、「亀ケ岡文化」と「凸帯文文化」は、前者がクルミ・クリ・コナラなどを主体とする落葉広葉樹林帯、後者がカシ・シイ・クスを主体とする照葉樹林帯という、相互に異なった二つの生態学的地域を占居し、何らかの意味で、その自然に適応することによって文化の基本的な特色を形成していたとみることができるだろう。生態学のことばを用いれば、この二つの文化は、日本を二分する生態的地域《エコロジカル・ニッチェ》にしたがって、相互に「棲《す》み分け」を行なっていたということになる。

このような意味で、西南日本に拡がる縄文晩期の凸帯文文化は、中尾佐助氏のいう「照葉樹林文化」とよぶにふさわしい性格をもつものだったと考えられるのである。

もちろん、一口に照葉樹林文化といっても、「序章」で述べたように、それは採集・狩猟のみに依存する初期の段階から、半栽培の段階を経て焼畑農耕を伴う段階まで、その性格を変化せしめてきている。しかし、さきに九州の縄文後・晩期の文化を例に説明したように、当時の文化には農耕的な色彩が濃厚であり、単なる採集・狩猟文化というよりも、むしろそれは「狩猟・採集＝栽培民文化」とよぶにふさわしい特色を示していた。このような点を考慮すれば、凸帯文土器

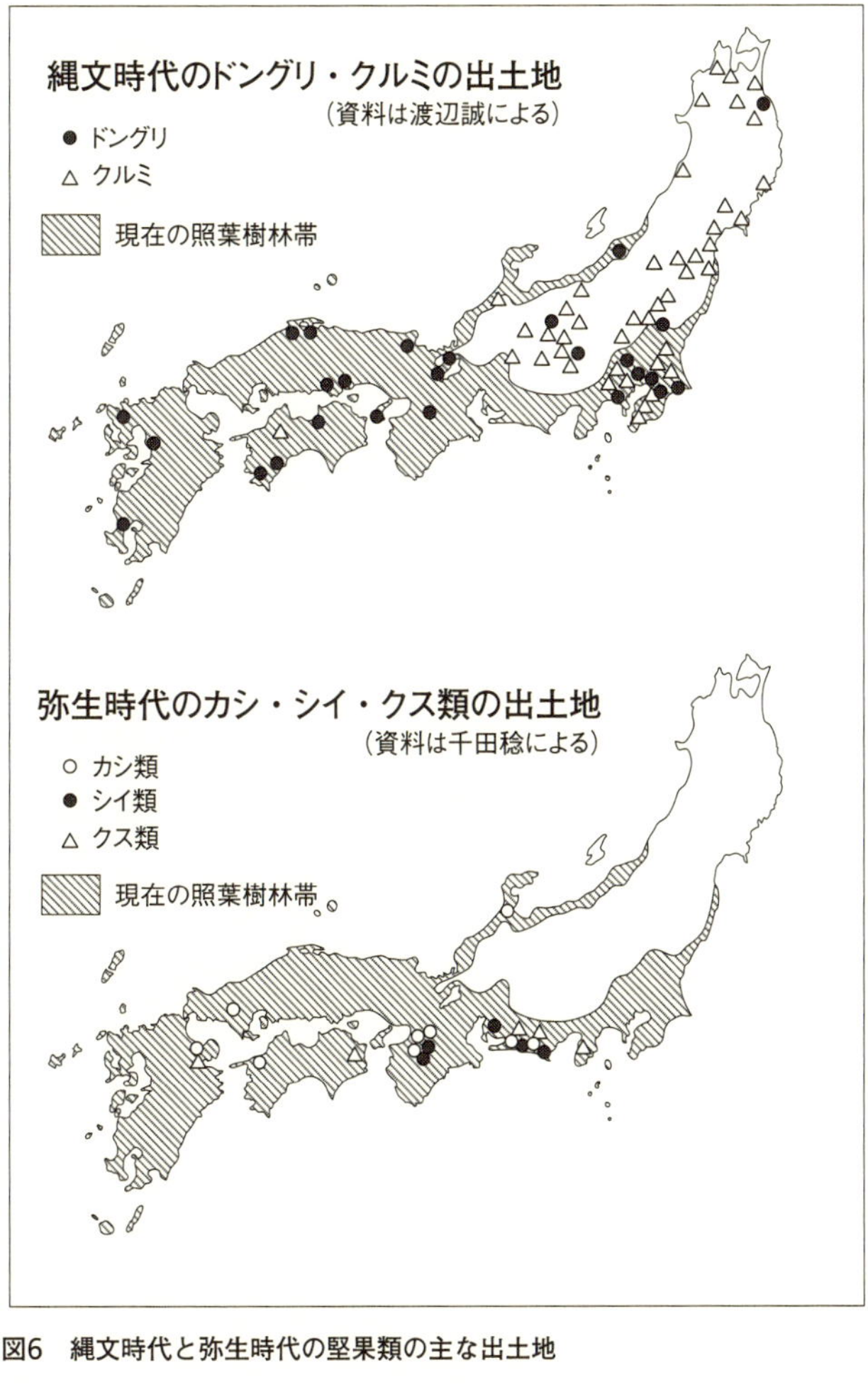

図6　縄文時代と弥生時代の堅果類の主な出土地

によって象徴される縄文晩期の西日本の文化は、照葉樹林文化後期の特色を備えた文化、すなわち、私がさきに「照葉樹林焼畑農耕文化」と名付けた文化として、それを捉えることができるのではないだろうか。

このように考えれば、凸帯文文化が、弥生前期の稲作農耕文化をスムースにうけ入れることができた理由もきわめて明白になる。また、この凸帯文土器によって象徴される西日本の文化は、御領式や宮滝式土器で代表される縄文後期の文化とも密接な関係を有すると考えられるので、後期照葉樹林文化のタイム・スパンは、縄文時代の後期の一部にまで及ぼすことが可能だとも考えることができる。

今日のわれわれの知識では、残念ながら西日本の凸帯文文化の圏内からは、まだ栽培植物の確実な遺物は発見されていない。しかし、いままで説明してきたような考え方の上に立って、縄文後・晩期の西日本に「後期照葉樹林文化」が拡がっていたとすれば、おそらく森林内部のさまざまな澱粉質食料（シイやカシの実あるいはクズ・ワラビ・ヤマノイモ・テンナンショウなど野生のイモ類）の採集やシカ・イノシシなどの狩猟が営まれるとともに、雑穀類やイモ類を栽培する焼畑農耕が営まれていた可能性がきわめて高くなる。

この場合、のちにくわしく述べるように、西日本の照葉樹林地帯の山地の村むらでは、最近までアワ・ヒエ・ソバなどの雑穀類や大豆・小豆などの豆類を主作物とし、ときにはこれらに加えて、イモ類やムギ・シコクビエなどを栽培する焼畑農耕が、もっとも重要な生業として営まれていたことは注目すべきであろう。さらにそれとともに、森林内部の堅果類やその他の有用野生植物の採取・加工の技術もよく伝承されている。これらの野生植物を利用する技術——その中でもっとも重要なものは「水サラシ」の技術や「タタキ出し」の技術などであったと考えられる——の伝統はきわめて古いものである。また、焼畑の輪作様式も歴史的にさかのぼりうる限り、伝統的にかなり固定したものであり、その作物構成は東南アジアの照葉樹林帯およびその周辺にみられる山地焼畑農耕民のそれと特色を共通にしている。

また、これらの伝統的な焼畑農耕には、次章以下でもう一度くわしく説明するように、山の神信仰や儀礼的共同狩猟の慣行など、さまざまな古い習俗がからみ合っており、一つの生活文化としてのまとまりを示している。この焼畑農耕およびそれを基礎に成立した特有の生活文化が、水田稲作農耕や常畑農耕が成立したのちに、新しく分岐し、発展したものと考えることは、非常に困難だと思われる。このような点から、私は西日本の照葉樹林地帯では、少なくとも縄文時代の後・晩期以後、雑穀類の栽培を主にし、それにおそらくイモ類の栽培も加わった型《タイプ》の焼畑農耕が成立していたものと考えるのである。

照葉樹林帯の生活は、さきにも述べたように、焼畑農耕を主軸にする場合でも、必ずこれに野生植物の採集・利用の活動や狩猟活動などが結びつき、一つの生活体系を形成するものである。このことは、焼畑農耕を主な生業とする山村においても、つい近頃までドングリやトチの実などを常食とする村がたくさんあり、その他の山の幸の利用もきわめてさかんであったという事実によっても裏付けることができる。

昭和三十年、岡山県の南方前池の縄文晩期の遺跡で直径一メートル、深さ一メートルほどの小さな竪穴が十ケ所ほど発見された。なかでも、保存のよい竪穴の中にはトチ・カシ・アベマキなどの実がぎっしりつまったまま出土している。同じような例は、鹿児島県の黒川洞穴その他でも

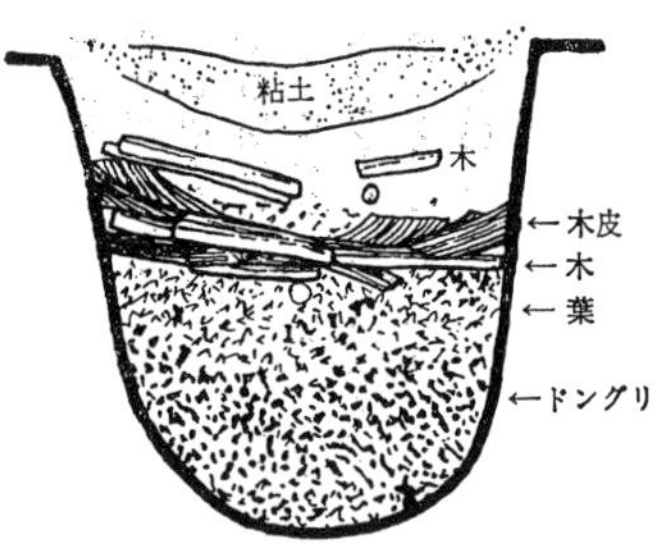

図7　ドングリの貯蔵

塩見浩・近藤義助「岡山県山陽町南方前池遺跡」『私たちの考古学』1956年1月より）

発見され、ここではカシあるいはシイの実が貯えられていたといわれている。

考古学者の中には、こうした例をもって、縄文晩期を採集経済の段階と考え、農耕の存在を否定しようとするひともあるが、私はむしろ、このような大量の堅果類の貯蔵は、その当時、照葉樹林型の生活様式の体系がすでに西日本の各地で完成していたことを示す積極的な証拠として評価したいと思うのである。現に、弥生時代の遺跡からも、やはりドングリをはじめとする堅果類を大量に貯蔵していた例が発見されているので、この堅果類の大量貯蔵の事実をもって、農耕の存在を否定する材料とするわけにはいかないと考えられる。

しかも、シイやカシの実をはじめ、ドングリ・トチの実・クリ・クルミなどの堅果類を採集・利用する慣行は、縄文中期頃にはすでに行なわれていたことは、多くの考古学者によって推定されている。このうち、クリやシイの実をのぞく他の堅果類を食用に供するためには、次章でくわしく紹介するように、かなりの日数を費やし、入念な水サラシによるアクヌキを必要とする。中尾佐助氏は、すでに「序章」でも述べたように、この水サラシによる「アクヌキの技法」を照葉樹林文化の古い段階に特有な文化要素と考えている。この考え方をうけ入れれば、前期的な照葉樹林文化は、少なくとも縄文中期頃にはすでに西日本の照葉樹林地帯（シイ・カシ帯）をおおい、その一部は中部山地の暖帯落葉樹林帯（ナラ・クリ帯）にまで達しており、そこではかなり定着的な生活が営まれていたものと考えられる。

焼畑農耕を伴う後期の照葉樹林文化は、こうした採集・狩猟を中心とする前期的な照葉樹林文化の中に、さらにアジア大陸の照葉樹林帯からうけ入れた農耕的要素をつけ加えながら、西日本一帯に展開したに違いないというのが私の考えである。

いずれにしても、縄文時代に農耕の存在を推定することは一つの大きな仮説である。私はこれからこの本のなかで、ここに提出した仮説をめぐって、いくつかの角度から検討を加えてみることにしたいのだが、その前にもう一つ、九州における最近の重要な発見についてふれておかねばならない。

大石遺跡の示すもの

一九六五年の十二月、大分県大野郡緒方町の大石にある縄文時代晩期の遺跡が、別府大学の賀川光夫氏らによって発掘された。この遺跡は、祖母山麓に発する大野川のつくった河岸段丘上に立地する遺跡で、縄文後期の土器も出土するが、主体をなすのはだいたい晩期初頭の黒川式土器だといわれるが、これらの土器とともに出てきた石器のなかには、いろいろおもしろい遺物がみられた。

その調査報告書をみると、発掘された石器のなかでもっとも多いものは扁平打製石器とよばれるもの。これには大小二つのタイプがあるようだが、いずれもその使用痕などから判断して、大型の重いものは石鍬、小型のものは手持ちの土掘具あるいは根切りの道具だと賀川氏は考えている。このほか弥生時代の石庖丁によく似た半月型の打製石器も出土し、これは穂摘具とみられる。また石皿（石臼）の破片とその磨石《すりいし》と思われる棒状の石器の出土もあり、こうした一群の扁平石器は、いずれも「農具と考えることには疑いない」として、賀川氏は「石器からみた大石遺跡は疑う余地もなく農耕（焼畑）集落を想定せしめる」と結論づけているのである。

稲作以前の問題を考えるに当たって、この大石遺跡の遺物の示すところはきわめて重要である。前に述べた「日本農耕文化の起源」についてのシンポジウムは、最近の考古学の成果を盛りこんだたいへん興味深いものであったが、その中で大石遺跡の調査にも加わった東北大学の芹沢長介氏は、この遺跡の問題をめぐって、つぎのような示唆に富む発言を行なっている。

ここで出土した遺物の中で注目すべきものの一つは石臼（賀川氏の報告で石皿あるいは平臼としたもの）である。これは縄文時代の普通の石臼と違って、表面が平らにみがかれたもので、いわゆる馬鞍型の石臼（サドルカーン、脱穀・製粉用具として、いまも各地で用いられている）に近いものだという。しかも、この石臼のそばからは、打ち割られた状態で断面三角形の杵のような石器も出土している。また、さきほどの報告にもある石庖丁そっくりの形の打製の穂摘具の形をした石器、内側に刃がついて根もとが彎曲したカマのような形をした打製の石器などが、石斧にまじってかなり多く出土している。さらに小型の黒色の研磨された非常に堅い土器片のまわりを打ち欠いて刃をつけた、中国の陶刀（土製の穂摘具）に似た土製品や九州では珍しい曲玉《まがたま》や管玉《くだたま》も出てきている。そうして、まだよくわからないが、大きさからいえば、ちょうどヒエやアワの粒に相当するような炭化物もかなり出土しているというのである。

芹沢氏はこのような大石遺跡の特色から、「縄文時代の後期から晩期にかけて、朝鮮半島から日本の九州西北部にかなりの文物がはいってきたのではないか。日本の縄文後期から晩期の時代にかけて、朝鮮半島にもしヒエ、アワを主体とする農業が行なわれていたとすれば、そういう水稲以前の農業が、縄文晩期の九州に伝えられたということは当然考えられるところです」（傍点は筆者）という見通しを述べている。

縄文時代に特徴的な石臼とは違った、むしろ大陸系ともいえる馬鞍型の石臼と磨石、石庖丁型の穂摘具やカマのような刃をもった石器、これらのセットは明らかに農耕的であり、たしかに賀川氏が指摘したように、稲作以前の農耕の存在を示唆しているように思える。しかも、朝鮮半島では同様の石器の組み合わせが各地で発見されており、これらの大石遺跡の遺物の示す文化は、朝鮮半島のそれと何らかの関連をもつことは明らかである。

「もし朝鮮半島にアワ・ヒエを主体とする農業が行なわれていたとすれば」という芹沢氏の仮定に応えて、同じ「日本農耕文化の起源」をめぐるシンポジュウムで、朝鮮考古学にくわしい京都大学の有光教一氏は、朝鮮半島の状況を、おおよそ次のように報告している。

朝鮮半島の新石器時代の土器には大別して二つの種類がある。櫛目《くしめ》文土器と赤褐色無文土器の二つで、櫛目文土器によって代表される文化は、わが国の縄文文化にほぼ対応し、赤褐色無文土器によって標識される文化は、わが国の弥生文化とよく似た性格を示している。

ところで、さきの大石遺跡で示されたような石器の組み合わせは、朝鮮半島ではすでに櫛目文土器の遺跡でみられるもので、その数も少なくない。ことに一九五七年、平壌の南にあたる黄海北道鳳山郡智塔里《ちたぷり》遺跡からは、馬鞍型石臼——有光氏の表現によれば「すりうす」の「したいし」と「うわいし」――のセットが多数出土し、大量の石鋤《すき》や石鎌も出土している。さらに重要なことは、この遺跡の第二住居跡の北壁の下にあった綾杉文土器の底から、三合ばかりの炭化した穀粒が発見されたことである。これはヒエあるいはアワと報告されているようだが、有光教授が専門家に鑑定を依頼された結果、この炭化穀粒はヒエと同定されたというのである。

わが国の縄文土器に対比される櫛目文土器を出土する遺跡から、疑いなく栽培植物と思われる遺物が発見された事実はきわめて重要である。

北方系農耕の流れ

さらに、有光教授によると、明らかに穀粒の製粉に用いられたと考えられる馬鞍型の石臼(すりうす)は、無文土器の遺跡からも発見されるが、櫛目文土器に伴う例が多く、その分布は朝鮮半島のみではなく、中国東北部(旧満州)東部からモンゴル地方に及んでいることが明らかにされている。つまり、馬鞍型石臼によって象徴される農耕文化は、旧満州の東部からモンゴル、さらにはシベリア南部にまで連なりうる、照葉樹林型のそれとはまったく別系統の農耕文化と考えられるのである。有光教授も、かつてこの文化をモンゴルから旧満州に拡がる筱麦《ユーマイ》(エンバク)文化圏と関連づけて考えようとされたが、その当否は別として、この文化が照葉樹林帯のそれとは異なった北方系の農業と深く関係することは間違いない。ところで、私がここで「北方系農耕」とよんだものは、アワ・キビ・モロコシなどのように、古くから華北の農耕地帯に栽培されてはいるが、もともとサバンナあるいは照葉樹林帯に起源した作物群によって構成される農耕をさしているのではない。これらの作物群とは異なったシベリア南部あるいはモンゴルの地域を通って西方から伝播したと思われる一群の作物——例えばW型のオオムギやエンバク、それにある種のカブ・ダイコン・ゴボウ・アサなど——によって構成される農耕のタイプをさしている〔補注2〕。

こうした北方系の農耕の特色の一部が、日本の在来農業の中にも、その痕跡をとどめていることについては、最近、農学者の間からも、いくつかの指摘が行なわれている。山形大学の青葉高氏によると、東北地方や中部日本の焼畑で栽培されているカブ・タカナ・ダイコン・ネギその他の蔬菜《そさい》類の古い品種を調べると、西南日本の在来種と違った特色のものが発見され、その特色は、旧満州やシベリアのものと連続するという。しかも、このシベリア＝旧満州系といえる、東日本の在来種の蔬菜群の分布の西南の端は、若狭湾から伊勢湾にいたる線の付近となっている。これはさきに述べた、あの縄文文化を東・西に分ける線にほぼ当たるものであり、弥生前期の遠賀川式土器の分布の東限に当たる線と不思議なほどみごとに一致する。

また、岡山大学農業生物学研究所の高橋隆平氏は、オオムギの小穂脱落性についての多年の研究から、世界の栽培オオムギをE型（東方型）とW型（西方型）とに分け、E型のオオムギは、チベット・ヒマラヤ・中国本土・南朝鮮および日本列島中南部に分布する。これに対しW型のオオムギは、西アジア・インド平原・アフリカ北部・ヨーロッパからシベリア・旧満州・北朝鮮に及び、日本列島では東北部（山陰・北陸・東北地方の大部分）に主として分布していることを明らかにしている。このほか中国で莜麦《ユーマイ》とよばれるエンバクや北方型の大麻《タイマ》、あるいは正倉院御物にあるミノなども、この北方系農耕文化の要素として数えあげることができる。

日本の各地の在来作物の中に残るこのような旧満州・シベリアに連なる諸要素は、その残存の仕方からみて、きわめて古いものと考えられる。かつて岡正雄氏が縄文末期頃にわが国に渡来したと想定したツングース系の畑作・狩猟民文化というのも、こうした北方系の農耕とその文化の伝来と関連させて考えることができるかもしれない。いずれにしても、これら北方系の農耕、あるいは「ナラ林文化」の日本列島への伝播経路としては、旧満州・南シベリアの地域から日本海を横切り、直接東北日本に到達したという可能性がもっとも高いと考えられている。そのほか旧満州・北朝鮮から朝鮮半島の東岸あたりを南下し、西日本に達するルートもやはり重要な伝播経路であったに違いない。そうして、この北方系の農耕が北朝鮮から南下する際には、当時すでに高度な農耕文化を発達させていた華北の雑穀栽培文化の影響を蒙ったろうということも容易に想像できる。

さきに述べた智塔里遺跡で発見されたアワあるいはヒエは、もともと照葉樹林帯で栽培されていたものが、早い時代に華北にまで達し、そこから北朝鮮を経て伝播したもので、その経路のどこかで馬鞍型石臼に象徴される北方系農耕と結合して、智塔里にあらわれたとみることができるのではないだろうか。大石遺跡の示す文化の諸相は、こうした雑穀栽培と北方系農耕の結合した文化のタイプが、少なくとも縄文晩期初頭に日本列島に達していたことを示すものであろう。

このように、縄文文化晩期初頭に西日本に達した北方系農耕の諸要素が、現在では西日本にはほとんど残存せず、主として中部地方以北の地域において焼畑農耕と結びつきながら、残っているという事実については、説明に難しい点があり、目下のところ、この問題に対する明解な答えを用意しうるまでには至っていない。しかし、もともと、この北方系の文化は落葉広葉樹林帯に適応した文化であり、また弥生時代以降に新しい農耕の要素が西南日本をおおったので、これによって古い農耕の諸要素が西日本では消し去られ、東・北日本の辺地の一部に、これらの古い北方系農耕の痕跡が今日まで残ったのだという考えを、いまは一応とっておくことにしたい。

三　稲作以前の焼畑農耕――仮説の論理的枠組み

稲作以前への推論

以上、私は、縄文晩期あるいは後期の時代に、西日本を中心に農耕の存在していた可能性を、いろいろなデータによって考えてきた。その結果、華中・華南の照葉樹林帯に連なる農耕のタイプと旧満州・シベリア・モンゴルに連なる北方系の農耕のタイプが、稲作以前にわが国に存在していたことが明らかになってきた。

弥生時代の初期に、水田稲作文化が西日本を中心に急速に展開する以前には、こうした二つの農耕のタイプと関係をもつ焼畑農耕が、西日本の山地に広く分布していたと私は考えるのである。

考古学の立場からは、いまのところ、こうした農耕の具体的な姿については、残念ながら明らかにすることはできない。考古学者の多くは、栽培植物の痕跡が発見されないため、縄文時代における農耕の存在を考えることには否定的である。考古学という学問の性格上、遺物が出土しない限り、その存在を証言することはできないのは、やむをえないかもしれない。

しかし、そうは言っても、この章の最初に私が「素朴な疑問」という形で提出したように、弥生時代における急速な稲作農耕の展開とその前提として、それを可能ならしめる何らかの基礎条件が存在したのではないかという疑問は、一つの重要な論点として残ることは否定できない。考古学の側で資料が整わないにもかかわらず、「稲作以前」の農耕の存在を考えねばならない理論的な前提の一つが、ここにあることは前にも述べた通りである。

ところが、このほかにも、まだ一つ重要な問題点がある。それはわが国における焼畑農耕の形成とそれによって支えられた生活様式の類型についての問題だ。

次の章でそのことはくわしく述べたいと思うが、わが国の山地には、古くから伝統的な農耕形態として焼畑が広く営まれていた。その面積は以前には、全国でゆうに二〇万町歩を超えていたと思われる。そこで栽培される作物は、いずれもアジア大陸から伝わってきたものであり、しかも、その生産性は水稲に較べれば、はるかに低い作物である。また、この焼畑に支えられた生活文化は、一つの類型としてのまとまりを示すものであり、それにはさまざまな固有の宗教儀礼や古い習俗がからみ合っている。しかも、これらの宗教儀礼や古い習俗には、東南アジア方面の山地焼畑農耕民のそれと対比されるようなものが少なくない。

現在、多くの考古学者の主張は、弥生時代に入って、水稲とともに、今日でも焼畑で栽培されているような雑穀類やイモ類が、日本列島にもち込まれた。そうして、これらの雑穀やイモ類がその後、新しい農耕文化の展開に伴って山地へ進出し、そこで山地に適応した農耕形態として雑穀やイモ類を中心とする焼畑農耕がはじめられたというのである。

わが国における農耕文化の起源をすべて弥生時代という時代の枠内で考えるとすれば、このような考え方のほかにはないだろう。だが、このように平地（水田）から山地への文化的影響の浸透、つまり水田稲作ないしは常畑耕作から焼畑農耕が分岐したという形で、わが国の焼畑農耕あるいはその文化の形成を考えることには、かなり無理があるように思われる。

というのは、日本の焼畑で栽培される主な作物は、アワ・ヒエや大豆・小豆のほかソバやシコクビエ、その他きわめて数が多く、しかも、それらはいずれもイネに較べれば収量のかなり低いものである。こうした相対的には生産性の低い、いわば上等でない多種類の作物を栽培する農耕が、収量の高いイネを栽培する農耕の成立後に展開するということは、農耕発展のレベルを逆にするもので、一般論としてはきわめて考えにくい事柄だということである。

いま仮に、一歩ゆずって、この考え方をうけ入れて、日本の焼畑が稲作伝来以後に展開したものだとすると、とうぜん雑穀類の中では、もっとも収量が高く、東南アジアでは実際に焼畑で広く栽培されている陸稲《オカボ》が焼畑の主作物として重要視されてもよいはずである。気候的な条件などから考えても、オカボの栽培はもちろん可能である。ところが、次の章でくわしく述べるように、実際には、オカボが日本の焼畑の主作物であったという痕跡はきわめて乏しい。ごく一部の地域を除き、日本の焼畑の主作物は、アワ・ヒエ・ソバのような雑穀類や大豆・小豆などの豆類とイモ類に限られているのである。

このような点から考えても、日本の焼畑が、「稲作以後」に成立したのだとする考え方に、私は容易に賛成することはできなくなる。

そのうえ、さきにも述べたように、わが国の焼畑農耕文化の諸特色の中には、東南アジアの焼畑民のもつ文化的特色と直接対比できるようないくつかの特徴がみとめられる。いったん平野を舞台とする水田稲作文化のフィルターを通った文化が、山地に展開したのちに、再び東南アジアの山地民と類似した文化的特色を再生産したのだと考えるには、相当な無理のあることを読者はすぐ気づかれるだろう。

それに何よりも、縄文末期から弥生前期にかけての文化は、一般的には山地から平地へ下降してゆく傾向を示している。それは焼畑から水田へという変化の図式を考えるには、好都合であっても、その逆の考えには、はなはだ困難な条件となる。現に、東南アジアにおいても次章で述べるように、焼畑農耕民が水田稲作を受容し、焼畑雑穀文化が水田稲作文化に変化する例は、無数に指摘できても、その逆の例はほとんど見当たらない。焼畑農耕とそれに支えられた文化は、このような意味で常に水田稲作文化に先行する性格を有するものである。

私が、稲作以前の農耕として焼畑を考え、水田稲作文化に先行するものとして焼畑農耕文化の存在を考える理論的な枠組みの第二の点は、このように焼畑農耕とそれに支えられた文化、そのものの中に求められるのである。

私の「稲作以前」論は、実はこのような理論的な枠組みによって支えられたものといえる。とすれば、少しまわり道になっても、日本や東南アジアにおける焼畑農耕とそれによって支えられた文化の諸特色について、どうしても、しばらくお話ししなければならない。

考古学的なデータでは十分語り切れない「稲作以前」の問題を、焼畑農耕そのものや、焼畑農耕文化の分析の中に求めようとする私の選んだ道を、読者の方がたも、これからしばらく歩んでいただきたいと思うのである。

〔補注2〕

ナラ林文化と北方系農耕　中国東北部（旧満州）の東部からアムール川（黒竜江）流域に至る北東アジアのモンゴリナラを主体とする落葉広葉樹林帯（ナラ林帯）には、特有の採集・狩猟民文化と農耕文化が古くから展開した。それらを一括して「ナラ林文化」とよぶ。

まず、採集・狩猟民文化には、二つの生活類型がみとめられる。その一つはオロチョンやエベンキなどの諸民族で代表される、獣皮や樹皮製の円錐形のテントに住み大型のシカ類の狩猟を行ない、移動生活を営む「内陸森林狩猟民型」の生活類型であり、他の一つは「沿岸定着漁撈民型」とよびうるニヴフ（ギリヤーク）の人たちに代表される竪穴住居に居住し、漁撈や海獣狩を盛んに行ない、食料の備蓄が豊かで定着的な生活類型である。縄文文化やアイヌの文化は、この東北アジアの沿岸定着漁撈民型のそれとよく類似した生活文化の特色を示し、同一の文化生態学的基礎の上に成立した文化だと考えられる。

さらにこの地域には、北回りのアワ・キビやW型のオオムギ、洋種系のカブをはじめ、ゴボウやアサやアブラナ類など、北東アジアから南シベリアに、その系統が連なるいわゆる北方系の作物群を栽培し、ブタを飼育し、馬鞍型石臼（サドルカーン）などを使用する畑作農耕文化が古くから展開した。この種の農耕は、少なくとも紀元前一〇〇〇年紀の初頭頃までに、南シベリアの草原地帯を経て西方から伝来し、おもにツングース系の諸民族の間に拡がった。この北方系の農耕文化の影響はかなり早い時期に日本列島の東北部に及んだと考えられるが、詳細は必ずしも明らかではない。このようなナラ林文化の特色については、『日本文化の多重構造』（小学館　一九九七年）の第四章「北からの文化」及び『日本文化の多様性』（小学館　二〇〇九年）の第六章「北からの文化と東北日本」などで論じたほか、本書の補注4なども参照されたい。

Ⅱ章 稲作以前の農業

一 日本の焼畑――稲作以前の生活文化の原型を求めて

焼畑耕地にて

谷間の湿った小道を、あえぎながら登りつめ、尾根の林の中を抜けると、あたりが急に明るくなった。斜面いっぱいに大きな焼畑耕地が拡がっている。一ヘクタール近くもあるだろうか。耕地の一面に浅いみどり色のアワがすくすくと育っている。だが、よくみるとその一部分にはサトイモや小豆をつくっている一画もある。耕地のそこここには伐採し残された切株や裸木が、棒クイを立てたように残っている。耕地の傾斜は二〇度ぐらいはあるだろう。

この焼畑耕地の右手の斜面は、昨年までやはり焼畑に使っていたところ。いまでもサツマイモが少しつくられているが、そのほとんどがタケニグサやヨモギなどの雑草におおわれてしまっている。土地の人はこのようなところを「アラシコバ」とよんでいる。「アラス」というのは焼畑の耕作を放棄すること、「コバ」というのは焼畑耕地のことだ。

耕地の向こう側から左手にかけて、谷につづく斜面は、アカメガシワやネムにカシの類のまじった緑濃い森林におおわれている。焼畑がつくられる前には、こちらの斜面もきっと同じような森におおわれていたに違いない。

ここは九州山地のほぼ中央部、「おどんま　盆ぎり　盆ぎり」という、あの子守歌で名高い五木村。その役場のある村の中心から数キロ奥へ入った、けわしい山の斜面にとりつくように梶原という集落がある。戸数は昔から一五戸で、水田はまったくない。一九六〇年頃までは、全戸が平均二ヘクタールに近い大きな焼畑を営み、食糧生産のほとんどすべてを焼畑に依存する、典型的な焼畑のムラであった。焼畑耕地の多くは、集落からさらに歩いて一時間以上もかかる山地の斜面にひらかれている。

私は一九五八年から六〇年まで、毎年このムラを訪ねては、村の人たちから焼畑のことをいろいろ教わっていた。

「この焼畑はつくってから何年目になるのですか」。案内のために焼畑耕地にまで来てもらった村人の一人に聞いてみた。

「これは四年目のものなんです。最初の年にはまず、ソバをつくり、つぎの年はヒエ、三年目には小豆を蒔き、今年の四月にこのアワを蒔いたんですよ」「モチアワとワサアワ（早生種のウルチ種）が混じってますがね」

「じゃ、伐採・火入れしてこの耕地をつくったのは、四年前の……」

「そうですよ、四年前の夏にヤボキリ（伐採）をして、コバヤキ（火入れ）をやって、この耕地をつくったわけです」「火入れをしてからソバを耕地にばら蒔いてつくったのですよ。もちろん肥料などは全然やりません」

それでも結構、収穫はあるようだ。この村の焼畑の第一年目に蒔く作物は、ソバのほかヒエとムギなどもあるが、一年目の作物をつくって以後の作物の栽培順序はほぼ決まっている。だから、いま小豆をつくっているところは三年目の耕地、サトイモのところは五年前に火入れしたところとよくわかるわけだ。

写真3　照葉樹林を切り開いてつくった大きな焼畑耕地（五木村、1959年）

アワが栽培されている

私の目の前に拡がる一ヘクタールに近いこの焼畑耕地も決して一つのものではない。このムラでは毎年、各農家は三～四アールほどの焼畑を新しくつくる。一つの焼畑は耕地として四～五年間利用されるから、毎年新しくひらかれる焼畑が連続してつくられると、一ヘクタールにも及ぶ大きな焼畑の団地ができ上がるわけだ。

と、ここまで書いてきた私の脳裏には、このあとインドやフィリピンの山地で調査を行なったときに親しんだ焼畑の景観があざやかに蘇ってきた。

一九六四年に調査したインド高原の北部、ラジマハール丘陵の焼畑農耕民パーリア族の焼畑は、雑草の繁茂がはげしいので、一年間で耕作を放棄してしまうが、その景観は五木村の焼畑とそっくりだった。斜面に切り開かれた大きな耕地、そこを埋めつくした作物のみどり、対岸の斜面を黒々とおおうジャングル、それに耕地の中に立っている伐採し残された樹木。マンゴーやパルミラヤシなどの熱帯特有の有用樹が、斜面のあちこちに木蔭をつくっていたのを除けば、パーリア族の焼畑と五木村の焼畑はまったくよく似ている。フィリピンのルソン島中部の山地でみた焼畑耕地もやはり同じようなものだった。

考えてみれば、これは当然のことかもしれない。五木村の焼畑も、パーリア族の焼畑も、フィリピンのそれも、気候・風土や民族は異なっても、焼畑そのものの経営の仕方や栽培する作物などは基本的には異なっていないのだから。

焼畑農耕というのは、一般に「森林や原野を伐採して焼き払って、耕地をつくり、そこで一定の期間作物を栽培したのち、その耕作を放棄して、耕地を他に移動させる粗放な農業だ」ということができるが、このような焼畑農耕の技術には、種族が異なり、生活慣行が異なっても、それほど大きな地域差はないわけである。おそらく歴史を遡り、弥生時代や縄文時代に焼畑が行なわれていたときにも、似たような耕作景観をもっていたに違いない。

もちろん、そうはいっても、くわしくみれば、各地域のエコロジカルな条件の差異により、あるいは各地域、各民族の文化的伝統の差によって、焼畑農耕の経営様式には、いくつかの異なった類型を見出すことも可能である。だが、その基本的な特色については、さきにも述べたように、きわめて特徴的な共通性をみとめることができる。したがって、焼畑農耕はそれ自体で一つの完結性をもったユニークな農耕形態とみることができる。

では、日本や東南アジア、あるいはインドの焼畑農耕は、具体的にどのような特色をもち、それは「稲作以前」の問題にどのようにかかわるのだろうか。

木おろしの唄声

「一の枝よーりゃ、二の枝おーろせ、さのーよい。三の小枝が、じゃまになーる、さのーよい」朗々たる唄声。唄に合わせてふり下ろされるナタの乾いたひびき。ザァザァッと伐り落とされる大枝。そしてまわりの森からは絶え間ない蟬しぐれ。私は伐採されたカシやネムの枝を踏みつけ、身体のバランスをわずかにとりながら伐採作業のすすめられるのをじっとみつめていた。

焼畑を造成する作業は、まずこのような森林の伐採からはじめられる。五木村では盛夏の七〜八月頃と、初秋の九月中旬から十月中旬頃にかけて、焼畑の伐採（コバキリあるいはキオロシ）が行なわれるが、盛夏の伐採はおもにソバをつくる「ソバコバ」のためのもの、初秋に行なう伐採は、秋蒔きの「ムギコバ」、あるいは翌春につくる「ヒエコバ」のためのものである。

いずれも男たちが手に手にナタをもってやるわけだが、まず伐採作業のはじめには、焼畑用地の上縁の付近にある一番高い木のまわりに男たちが集まり、ここで山の神に敬虔《けいけん》な祈りをささげる。用意したお神酒を木の根元に注いで唱え言をいい、酒をくみ交わす。この木のいちばん高い枝は「せびの枝」とよび、山の神の依り代として最後まで、伐り落としてはいけないことになっている（二五七頁の写真18参照）。

焼畑の伐採作業はなかなか手間のかかる仕事だ。枝を払い、木を伐るだけでなく、下草を刈り、伐採した枝や幹をもう一度細かく切って焼畑用地の斜面一面に拡げておかねばならない。だから一〇アールの焼畑を一日で伐採するためには、男たち四〜五人の労働が必要だ。このため大きな焼畑をつくるには「キオロシガセイ」を頼んで、共同労働をやる。木おろし唄も、もとは伐採に集まった大勢の村人が、山の神に加護の祈りを捧げながら、木の上と下とで互いに唄い交わして、仕事をすすめた労働歌だったのである。

伐採の作業が終わり、伐り倒した樹木がよく乾燥すると、つぎは火入れが行なわれる。これに先立ち、延焼防止のため幅二メートルほどの防火帯（五木村では「カダチ」とよび、可燃物をきれいに取り去って延焼を防止する）を焼畑の上部と両側につくっておかねばならない。このような防火帯は、日本の焼畑だけではなく、東南アジアやインドの焼畑でも必ずつくられるもので、これによって焼畑の火はかなりよくコントロールされている。この点、自由に延焼する野火と焼畑の火を混同するひとがあるが、これはたいへんな誤解である。

こうして火入れの準備が整うと、無風の日を選んでいよいよ火入れが行なわれる。このときにも、山の神に祈って、そのゆるしを乞い、山の神や森に住む生きものたちに退散を願う「唱え言」をいう慣行が、最近まで各地の山村に少しずつ残っていた。だが、五木村では早くそれは消滅したらしく、その「唱え言」を覚えている人はもういない。

とにかく、山の神への祈りがすむと、男たちがそれぞれ長いタイマツをもって、焼畑の上の方から乾いた枝に火をつけてゆく。白煙がもうもうと立ち込め、その中から赤い炎がめらめらと燃え上がる。パチパチと木のはぜる音。焼畑耕地一面に拡げられた伐木を、長い棒で引き寄せ、反転させながら必ず斜面の上から下へと焼き下ろしてゆく。やがて大きな焼畑耕地全体が炎と煙に包まれ、熱気が山肌をおおうと、焼畑の火入れはクライマックスに達する。それはなかなか壮絶なものだ。一回目の火入れが終わったあと、黒こげになった残り木（ホダギ）を拾い集めて、もう一度きれいに焼いておく。五木村ではこれを「キザラエ焼き」とよんでいる。

こうした焼畑の火入れ、焼き払いの方法も、日本の場合と東南アジアやインドの焼畑の場合では、ほとんど変わらない。おそらくいつの時代でも、焼畑の火入れは同じような仕方でやっていたに違いない。

写真4　焼畑の火入れ（高知県池川町椿山、1970年）

焼畑の上縁部に火をつけて、焼き下ろしてくる

では焼畑農耕を営む場合に、どうして火入れが行なわれねばならないだろうか。焼畑農耕のもっとも大きな特色である森林や原野を開墾する手段に「火」を用いるということの効果について、ここで少し考えてみることにしよう。

まずその第一は、木や草を刈り払い、火をつけて燃やしてしまうことが、もっとも簡単な開墾の手段だということである。新しい耕地をうるために、「不要なものはすべて焼き払ってしまえ」というのは、もっとも手っとり早い手段であることには間違いない。この簡単明瞭な事実が焼畑開墾に「火」を用いる第一の理由である。

しかし、焼畑の火入れの効果としては、それによって生ずる「灰」が肥料として重要な意味をもつことが古く

火入れによる地温の上昇	地表	地下5cm	10cm	15cm
	78℃	38	33	30
火入れによる肥料の増加（火入れをしないときを100とした増加の場合）	火入れの温度	アンモニア*	燐酸	カリ
	非焼	100	100	100
	50℃	182	102	166
	100℃	264	132	206

＊：可溶性アンモニア態の窒素を示す

表3　火入れの効果

からの通説となっている。「焼畑農耕は灰を唯一の肥料として……」という説明は、洋の東西を問わず昔からいわれてきた。たしかに「火入れ」をすることによって「灰」がつくられると、有機質が燐酸やカリの形に変わり、肥料効果をあらわすことは事実である。しかし、焼畑の斜面を薄くおおった灰が、長期間にわたってどれほどの肥料効果を持続しつづけているかはたいへん疑わしい。急傾斜の山地斜面では、数回の雨でせっかくつくった灰も、その大半が流れてしまうのが実情である。

それでは、焼畑の火入れには、「灰」をつくるということのほかに、どのような効果があるだろうか。私はこれについては、「焼土効果」と「雑草の根絶」という二つの現象がたいへん重要だと考えている。表3は北海道林業試験場および山形県の農事試験場で実験した結果だが、これをみると、火入れの結果、地表に近い部分の土壌の温度が上昇し、これに伴ってアンモニア態の窒素やカリの量が二〜二・五倍にふえる傾向がはっきり出ている。つまり、火入れによって土壌の温度が上昇すると、これによって、比較的水に溶けにくい形の肥料素が水に溶けやすい形に変わるわけで、水に溶けた養分を根から吸い上げる作物にとっては、これは速効的なききめをもつ現象だと考えられる。

そのうえ、焼畑耕地の地表を十分に焼けば、とうぜん地表や表土中にある雑草の芽や種子をかなり死滅させることができる。これは耕作期間中に生ずる雑草の生育を抑止するうえで大きな効果のあることも否定できない。

焼畑農耕が何故行なわれるのか。この問いに対して、私は「火入れ」がもっとも簡便な開墾法であること、灰の生成や焼土効果によって速効的な肥料効果をあげうること、およびそれが雑草の抑制にかなりの程度役立つこと、の三つの点をとくに注目したいのである。低い技術段階にある農民が森林や原野を開墾して農耕を営む場合、焼畑農耕がもっともそれによく適応した農耕形態としてあらわれるのは、こうした理由によるものと考えて間違いないだろう。

焼畑における輪作の方式

火入れが終わり、そのあとを整理する地拵《じごしら》えの作業が終わると、ひと雨降るのをまって、焼畑では種蒔きや植付けが行なわれる。

梶原地区では、さきにも述べたように、焼畑の一年目につくる作物はソバとムギの二つであり、初年目にソバあるいはムギをつくったあとの二年目以後の作物の栽培順序と栽培法は、それぞれ伝統的に定まっている。この伝統的に固定した作物の栽培順序と栽培法を、焼畑の「作物輪作方式」とよぶことにしよう。梶原地区の輪作方式の概要は図8（一〇四頁）に示した通りである。

まず、焼畑の一年目にもっとも多くつくられるのがソバである。ソバは火入れの終わった直後の八月上旬頃に蒔きつける。一〇アール当たり一～一・五升ほどの種子をバラッと一面に蒔きつけるので、蒔く前に畝《うね》をつくったり、土地を耕したりなどはいっさいしない。蒔いたあとも山鍬

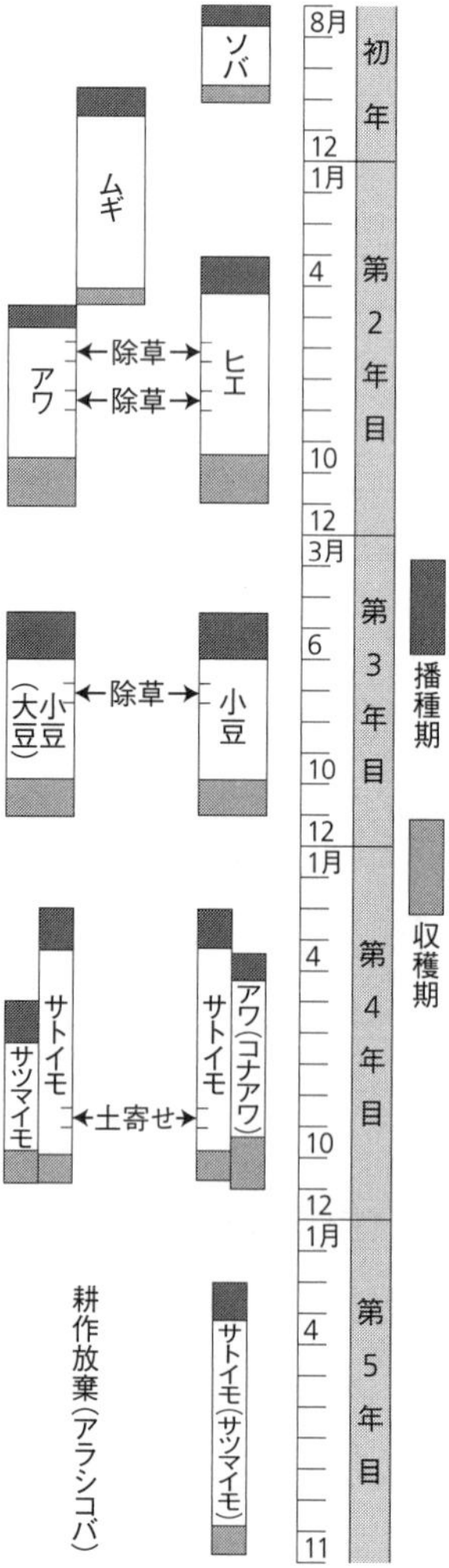

注：初年目にソバやムギをつくらず、ヒエを初年作物とする輪作型もある。ヒエのあとの輪作方式は同じ

図8　五木村の焼畑輪作方式

で、土をかきならす程度で一人一日一〇アール程度の種蒔きは簡単にできる。

焼畑の二年目、三年目のアワ・ヒエや大豆・小豆の種蒔きの仕方もほぼこれと同じで、そのやり方はきわめて簡単なものだ。

「農耕」といえば、すぐ土地の「耕作」を考え勝ちだが、それは焼畑とは別の技術体系をもつ定着な畑作農耕の場合のこと。焼畑農耕ではせいぜい土地をかきならすか、あるいは鍬で耕地を打って、土を種子にかぶせる程度で、一般に土地の「耕作」はほとんど行なわれない。この点は東南アジアやインド、オセアニアなどの熱帯の焼畑でも同じで、そこでは掘棒を用いて土地に播《は》種《しゅ》穴や植穴をあけるだけで農耕を営んでいる。先史時代の石斧を「耕作具」と考え、それをもとに農耕、とくに焼畑の存在を仮定しようとする考え方に、私が疑問をもつのは、このように焼畑農耕ではもともと「耕作」がほとんど行なわれないということと関係している。

八月のはじめに播いたソバは十月の上・中旬頃に成熟する。この間ほとんど何も世話をしないが、それでもたいてい反当たり五～六斗程度の収穫がある。ソバはもともと中国西南部あたりの高地部で栽培化された典型的な照葉樹林帯の作物だが、それは荒れ地に適し、成育期間がたいへん短く、やや冷涼な気候のところでも栽培しうるので、わが国をはじめ温帯山地の焼畑では、もっとも広く栽培されている作物の一つである。

ソバの収穫を終わったあとの焼畑には、翌年の春、四月の上・中旬頃にヒエが蒔きつけられる。ヒエはソバと異なり地力の消耗度がかなり高いが、前年のソバによる地力の消耗が少ないので、二年目のヒエはなかなかよくできる。だが、それとともに焼畑耕地には雑草もよく生えてくるので、その除草がたいへんだ。梶原地区では六月中旬から七月中旬頃に「一番草」、八月上旬から九月上旬にかけて「二番草」とよんで焼畑の草とりが行なわれる。ことに八月から九月にかけて行なう「二番草」はコバ地（焼畑耕地）に雑草がよく繁茂するので、たいへんな手間がかかるといわれている。一〇アール当たり八～一〇人、ときにはそれ以上の人手を要するほど除草の作業はたいへんである。

一般に焼畑耕地は、森林や叢林にとり囲まれているため、まわりから侵入してくる雑草（幼樹を含む）が多く、除草を十分に行なわないと、一年で耕地は雑草におおわれてしまう。だから「除草」は焼畑におけるもっとも重要な労働となり、伐採、地拵えと並んでこの除草に費やされる労働の量は、焼畑の農作業に用いられる労働量の過半を占めているといってよい。それでも焼畑耕地は、まわりから侵入してくる雑草によって毎年その面積を狭められていく。私の調べたところでは、その割合は年に一〇～二〇パーセントほど、しかも、その割合は年々大きくなるため、九州山地では四年目の耕地の面積はたいてい一年目の半分以下になってしまう。

焼畑耕地を継続的に使用することを困難にするもっとも主要な障害は、この雑草の繁茂・侵入だといってもいいすぎではないだろう。高温多湿で植物生産力の高い熱帯では、このような焼畑耕地への雑草の侵入はさらに大きくなり、一〜二年のうちには雑草は耕地をすっかりおおってしまうほどになる。

「焼畑農耕は、一般に灰を唯一の肥料として作物の栽培を行ない、土地の養分がなくなるとその耕作を放棄する……」というのが、焼畑について世間一般に通じている教科書的な見解だ。このうち、前段に当たる「灰を唯一の肥料として」ということが、事実に反することはすでに述べた通りだが、後段の「土地の養分がなくなると……」という部分も、実はたいへん具合の悪い見解である。焼畑耕地が一定の期間で放棄される要因には、表土の流失や地力の減退という条件もあるが、その中でもっとも重要なのは、さきに述べた通り、幼樹を含む雑草の繁茂が著しく、このために地力が十分に残っていても――実際には雑草が猛烈に生えるほど地力はある――現実には作物が雑草に圧倒されてその栽培をつづけることが困難になることである。

焼畑農耕についての世間の常識の中には、くわしい調査もやらないで語られていることが多く、ずいぶん間違ったものが多い。これを一つ一つ正していかなければ、稲作以前の農耕の実態を正確に理解することが難しいのではないだろうか。

さて、もう一度、梶原地区の輪作の二年目にあたるヒエ畑にかえると、ヒエは十月の上旬から十一月下旬頃までかかって収穫する。収穫期間が二ヶ月にもわたっているのは早生種（ワサビエ）と晩成種（オソビエ）のヒエが栽培されているからである。その収穫法は「ヒエチギリ」と

写真5　小型の竪杵を使ってヒエを製粉してダンゴをつくる

よばれるように小型の庖丁型のナイフで穂刈りを行なう。これはちょうど石器時代の石庖丁による収穫を彷彿とさせるようなものだ。収量は反当たり七〜八斗程度。収穫したヒエ穂は、いったん天日で乾燥させたのち、穂のまま穀倉に貯蔵する。

これを必要に応じてとり出し、もう一度よく乾かし、それからむしろの上に拡げて人の足でよくもんで脱穀する。これは東南アジアやネパールの山村で、雑穀の脱穀にときどき使われる方法と同じだ。それからヒキ臼やフミ臼を使って精白する。むかしは、臼と竪杵《たてぎね》を使っていたようだが、いまはほとんど使っていない。アワもほぼ同じやり方で脱穀・精白するが、これらのヒエやアワは小量のコメとまぜて飯に炊いたり、あるいはヒキ臼でもう一度粉にしてダンゴにして食べることも少なくない。

ソバ――ヒエと輪作したあとの三年目の焼畑には、小豆が五月下旬から六月下旬の間に蒔かれる。七〜八月に一回除草を行ない、十一月上旬〜下旬に根から抜きとって収穫する。このあと四年目の焼畑にはアワがつくられるが、ヒエ・アワというイネ科の作物を栽培する中間に、小豆あるいは大豆というマメ科の作物を栽培することは、結果的には土壌の中の窒素分を回復し、地力の維持に良い効果をもたらすことになる。このため、全国の焼畑を営む山村のうち、半数以上の村むらでは、焼畑の三年目（あるいは二年目）に大豆や小豆をつくるという慣行が古くからでき上がっている。五木村もその例の一つだといえよう。

大豆、小豆はヒエとともに、東南アジアの焼畑ではあまり栽培されないが、もともと東南アジアから中国西南部にかけての照葉樹林帯のなかで開発された作物である。これらの雑穀や豆類が日本の焼畑の輪作体系の中で、非常に重要な役割を占めていることは、日本の焼畑の大きな特色の一つであり、同時に日本の焼畑が大陸の照葉樹林帯のそれと系統的につながることを示す大切な事実だといえる。

アワとサトイモ

ここで、梶原地区の各農家が焼畑で栽培する作物の作付面積の割合を示した図9をみていただきたい。これをみてわかることは、この地区でもっとも多量につくられている作物はアワで、ヒエ・小豆がこれについでいることだ。アワとヒエの栽培面積の合計は、この地区の焼畑面積（一戸平均一・八ヘクタール）の約四〇パーセントを占め、この二つの作物が食糧として非常に大きな役割をもっていることがわかる。

第二次大戦中に実施された食糧配給制度は、どんな山奥の村にも米の配給を行なったため、それまで奥地の山村に残っていた伝統的な食糧自給の体制を崩壊させてしまった。しかし、それ以前には、この村でもアワ・ヒエを中心にして、それにソバ・ムギを加えた雑穀類が主食の座を占めていたことが、この統計から容易に想像できる。

アワは、前にも述べたように、ムギコバの二年目でもソバコバの四年目でもつくられる。村人たちは前者をムギアトアワ、後者をコナアワとよんでいるが、その栽培の仕方は、ヒエとほとんど変わらない。しかし、古くから大切な主食作物と考えられてきたので品種の分化がよくすすみ、この地区ではウルチ種とモチ種をあわせて数種類のアワが、昔から栽培されている。なかにはコナアワ専用や、ムギアト専用のアワもあり、焼畑耕地の状態に応じて、厳密な作物の選択の行なわれていることが注目される。

アワは以前には、華北原産の作物と考えられていたが、近縁野生種の存在状態から、いまでは中尾佐助氏らによりインドのサバンナ地帯に原産した雑穀の一種と考えられている〔補注3〕。

現在、インド半島のジャングルに住む焼畑農耕民たちの間では、アワはあまり栽培されてはいないが、アッサム山地のナガ族などではいまも大量に栽培されており、中国中・南部の山地でもかなりのアワがつくられている。さらに台湾の山地焼畑民の間では、アワはもっとも重要な作物となっており、アワをめぐる複雑な農耕儀礼も発達している。これは沖縄でも同様で、沖縄の焼畑では古くからイモ類とともにアワが栽培されていた。またアワは中国中・南部の照葉樹林帯を通って華北に伝わり、黄河流域の古代中国文明の基礎をつくる基幹作物となったものである。このためアワの日本への伝播経路としては、長江流域の照葉樹林帯から九州や朝鮮半島南部へ直接上陸するルート、台湾から南西諸島をへて北上する経路、それに華北から朝鮮半島北部をへて南下するコースなど、いくつかの伝播コースが考えられる。このコースのすべてを経由して日本へ伝わった可能性もあり、アワの日本への伝来経路については、まだよくわかっていない。

日本のアワの在来種を、アジアの諸地域のそれと比較検討したくわしい研究がないので（最近の研究については補注3参照)、このいくつかのコースを通過してきたアワを、それぞれ区別することは、いまの研究状況では非常に困難である。だが、わが国の稲作以前の農耕においても、アワがもっとも重要な作物の一つだったことに間違いはない。五木村の焼畑においても、アワの品種分化がすすみ、在来種の間で厳密な作物選択が行なわれているのは、伝統的な農業におけるアワの重要性を、今日までよく伝承したものとして注目すべき現象だといえる。

ところで、五木村の焼畑においてソバ・ムギ—ヒエ・アワ—大豆・小豆と、雑穀・豆類の栽培を三年間つづけてきた焼畑の四年目、五年目になると、サトイモ・サツマイモなどのイモ類が登場してくる。そうして、このイモ類の栽培を最後にして、焼畑の利用は放棄され、二〇〜三〇年間休閑地として、そのまま放置されることになっている。

図9によると、このイモ類の作付面積はたいしたものではないが、一九五〇年頃の村役場の統計(表4)によると、焼畑で栽培されるイモ類の作付面積はアワ・ヒエや小豆のそれにほぼ匹敵するほどである。

しかも、これらのイモ類のうち、サツマイモは江戸時代の終わり頃になって、この地域の焼畑に導入された新しい作物である。だからこの村では、いまでもただ「イモ」といえばサトイモのことを指すわけで、サツマイモ以前に焼畑でつくられていたイモは、すべてサトイモであったとみてよい。したがって、この統計で「甘藷《サツマイモ》」とあるところは、以前にはサトイモであった可能性が大きい。とすると、ヒエやアワと匹敵するほどの栽培面積をもっていたサトイモは、かつてはこれらの雑穀類と並んで、この村における主作物の座を占めていたと考えられるのである。

いうまでもなく、サトイモは東南アジアでタロイモとよばれているイモの一種であり、照葉樹

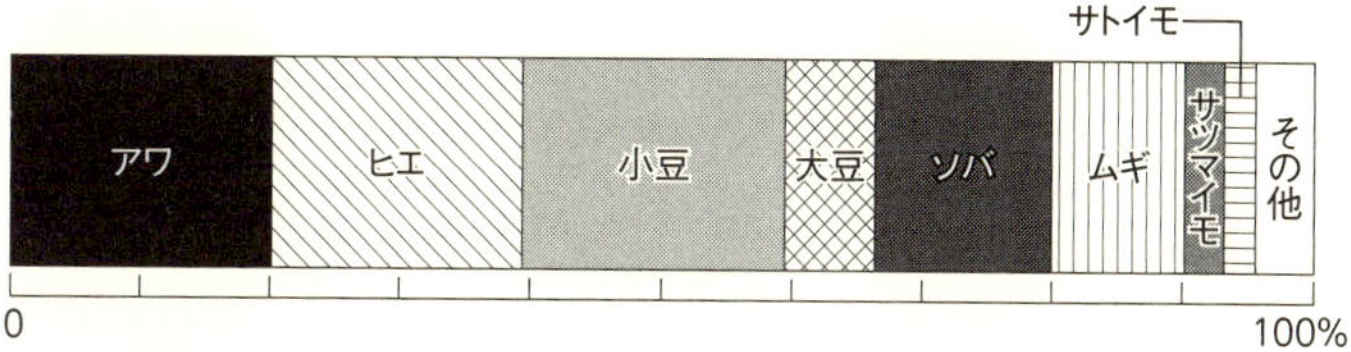

図9　梶原地区の焼畑で栽培される作物（作付面積の割合）

作物名	陸稲	麦類	トウモロコシ	アワ	モロコシ	ヒエ	ソバ
作付面積	1.30町	20.00	12.00	45.00	12.00	45.00	60.00
作物名	**大豆**	**小豆**	**甘藷**	**サトイモ**	**ナタネ**	**エンドウ**	**計**
作付面積	40.00町	52.00	40.00	30.00	15.00	2.00	374.30

表4　五木村における焼畑作物とその作付け面積
『村のすがた』1950年より

林文化が熱帯の根栽農耕文化のもつ多種類のイモ類の中からうけ入れ、早くから栽培していたものである。このサトイモが九州山地の焼畑で最近まで広く栽培されていたという事実は、「稲作以前」の問題を考えるに当たって、きわめて重要な発見だといわねばならない。

梶原地区では、サトイモは三月初旬から四月初旬までの間にイモツボ（たいてい焼畑耕地の付近に掘っておき、収穫後この中にイモを貯蔵する）から発芽しかけているタネイモを選んで植え付ける。ミズイモでない陸生のサトイモばかりだから畑地に植えるが、サコとよぶやや湿ったところに植えるのがもっともよいとされている。植付けが終わった後、秋の彼岸の前後に一度「土寄せ」を行ない、十一月初旬から下旬頃にかけてイモを掘り出して収穫が行なわれる。

このサトイモの栽培には、次の章で改めて述べるように、ある種の農耕儀礼が付随し、またサトイモは古くから儀礼用の作物としても用いられてきた。こうした事実は、根栽農耕文化と深いかかわり合いをもって成立した照葉樹林文化が、わが国に展開した跡を追求してゆくうえで、重要な手掛りを与えてくれるものである。

焼畑農耕と生活のリズム

梶原地区の焼畑の輪作の体系は、いままで説明してきたところをまとめると、第一年目のソバ・ムギにはじまり、二年目以降ではヒエ・アワ―大豆・小豆―アワ・イモ―イモというように作物の栽培を行なうことになる。このほか五木村の他の地区では前年の秋に伐採をすませておき、翌年の春に火入れを行なってヒエを蒔き、その後、二年目にもう一度ヒエをつくり、三年目に大豆・小豆、四年目にイモ類を栽培する輪作の方式もある。

いずれにしても一年目の作物が、春蒔きのヒエか、夏蒔きのソバか、あるいは秋蒔きのムギかという違いはあっても、二年目以下の作物の輪作の方式にはほとんど変化はなく、五木村の焼畑は、古くから例外なくこの輪作方式にしたがって営まれている。

これは五木村ばかりではない。五家荘《ごかのしょう》、椎葉《しいば》、米良荘《めらのしょう》など、九州山地の中央部にある山深い村むらを訪ねて、その焼畑をみても、古くから伝えられてきた焼畑の型式は、いずれも五木村のそれと基本的に同じ輪作の方式をとっている。

ということは、この焼畑の輪作方式が、きわめて安定したものであり、歴史的にもかなり固定したものだということを意味している。それは、村人の生活のリズムと深く結びつき、焼畑を基

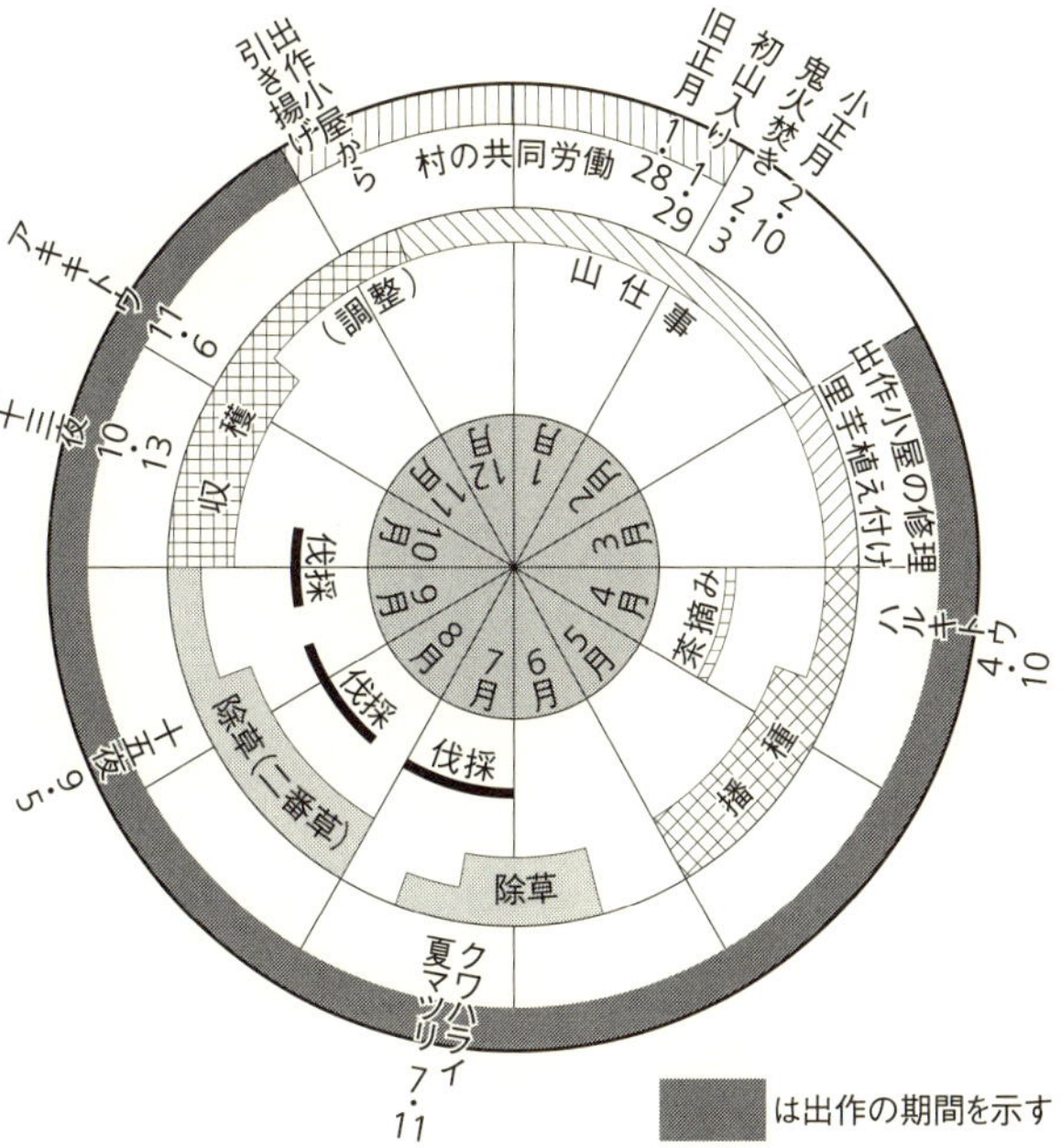

図10 焼畑農耕暦とムラの祭り 焼畑農耕を基礎とする生活の折目折目にムラの祭りがある（欄外の数字は昭和33年の新暦の月日）

軸とする完結した生活の体系を、これらの山村地帯で生み出している。

図10は、梶原地区の一年間の生活歴のあらましを示したものだが、これをみても焼畑の農作業の区切りごとにムラの祭りがあり、村人の生活の折目折目が焼畑農耕のプロセスとみごとに対応していることがわかる。

すなわち、新暦の一月末頃にあたる旧暦の大正月には、「鍬入れ」「山ノ口開け」「柴刈り」「鬼火焚き」というような一連の焼畑作業の開始を象徴する農耕儀礼が行なわれ、これにつづいて旧暦一月十五日の小正月には、焼畑作物の予祝の儀礼が各家で営まれる。これらの行事ひとつひとつの内容については、次の章でくわしく説明することにしたいが、新暦一月の末から二月の中旬頃にかけて営まれる旧正月の農耕儀礼が、焼畑とその作物を対象とするものであることを、ここでは強調しておきたい。この旧正月の行事をすませたあと二月末頃から村人たちは、梶原の集落（本村）から二時間あまり離れた山地の斜面のあちこちに、あらかじめ建てられた出作小屋（デゴヤ）に移動しはじめる。

写真6　出作小屋（デゴヤ）

デゴヤは小屋とはいうが、なかなか立派なもの。太い掘立柱を何本も建て、床を張った大きな部屋をもつ半永久的な家屋で、三月はじめ頃から十一月の末、焼畑の作業があらかた終わる頃まで、村人の多くはこのデゴヤに寝起きして焼畑の作業に従事する。

三月いっぱいはデゴヤの補修と整理とサトイモの植付けに忙しい。デゴヤの整備ができ上がった四月はじめには、村人はいったん本村に引き揚げてきて、村の氏神「妙見さん」の春祭り（ハルキトウ）が行なわれる。各戸からヒエのダンゴと神酒を神前に供えて、むかしは社前で神楽をあげて祭りをしたという。これがすむといよいよ春の作業でもっとも重要なアワ・ヒエ・大豆・小豆などの種蒔きが四月の下旬からはじまり、五月いっぱいはそれにかかる。

焼畑の種蒔きが終わると、各戸でそれぞれ「クワハリャー」（クワハライ）という行事が行なわれる。種蒔きのときにコバウチ（焼畑耕地をかきならすこと）をしたヤマグワ（コバグワ）の使い納めの祝いで、このときはその年の春に蒔いた作物をすべて一緒に煮込み、御先祖に供えるのである。アワ・ヒエ・大豆・小豆など春に蒔いたものは、ほんの一粒ずつでもよいから、必ずすべて同じ鍋《なべ》に入れて煮なければならないという。本村の母屋のまわりに少しばかりある常畑（コヤシという）の耕作に使ったコヤシグワやトウグワに対しては、クワハリャーの行事はまったくやらないというから、この祭りは焼畑農耕にのみ付随した儀礼だといえる。

旧暦六月十八日（新暦七月中旬）には、今度は夏マツリだ。いまではこの祭りはカンノンマツリということになり、観音堂に村人が集まり、酒盛りをすることになっているが、よく聞いてみると、このときは当番が村内のあちこちの祠《ほこら》に祭られているカミサマに、ナツノハツホといってムギのダンゴを供えてまわるのだという。おそらくこれは焼畑のムギの収穫儀礼が、形を変えて伝承されてきたものではないかと考えられる。

七月から九月の上旬頃にかけては、焼畑の伐採や火入れ、それに除草の労働が重なり、村人の労働はピークに達する。山地の急な斜面でやる仕事だから、その労働はたいへんなものだ。

しかし、九月にはいると仕事の峠も越え、十五夜（旧暦八月十五日）、二十三夜サマ（旧暦九月二十三日）の行事を迎える。十五夜の行事は、もともと畑作物の収穫儀礼の意味をもち、それが変形したのだという説がある。私もこの説に原則的には賛成であるが、少なくともこの村では、旧暦八月十五日には、アワもヒエも豆類もまだ成熟していない。むしろ十月初旬の二十三夜サマの日には、ワサアワ、ワサビエ（早生種のアワ・ヒエ）は、たいてい収穫できるので、この日はその年に収穫した初穂のアワ・ヒエやソバでダンゴをつくり、サトイモやカライモ（サツマイモのこと）をお月さまに供えて収穫を祝うのである。そうして旧暦十月十八日（新暦では十一月十日前後）には、氏神の秋祭（アキキトウ）がハルキトウと同じやり方で行なわれ、十一月下旬から十二月はじめにかけ、デゴヤを引き払って家族の全員が本村に引き揚げてくる。

梶原地区の一年の生活の詳細を語るには、このほかに、山仕事（炭焼き、薪炭採取、造林など）のことや村での共同労働（村普請あるいは衆議《しゅうぎ》とよばれている）のこと、あるいは山の神の信仰だの、大地主であるダンナ（地頭）とそれに隷属する山小作人の生活だの、さまざまな問題にふれなければならない。しかし、ここでは村の生活の折目折目に営まれる祭りと、それによって象徴される村人たちの生活のリズムが、焼畑農耕の作業過程の進行とみごとに照応していること、そして焼畑農耕を基軸とする生活の体系が、この山村ではしっかり組み上げられていることを、さし当たってのところは確認しておくだけで十分である。

こうした焼畑を基軸とする生活の体系は、水田稲作農耕を中心として構成された生活の体系とは対照させて考えることのできるものであり、水田稲作農耕生活とは別種の一つの完結した生活文化の体系をもつものということができるだろう。

水田稲作農耕を基軸とする生活とは別種の焼畑農耕を中心とする生活というものを考えるとすれば、この梶原地区の例は、その輪郭をよく示すものだということができる。そうして、この焼畑農耕に基礎をおく生活そのものは、類型的にみれば、山地を舞台とするユニークな生活類型として特徴づけることができるわけだ。梶原地区では、「田の神」の信仰もなければ、「畑の神」も存在しない。焼畑耕地に住むカミはすべて山の神そのものである。この山の神の信仰や旧正月に行なわれる焼畑開始の農耕儀礼のなかには、東南アジアやインドの焼畑農耕民のそれと対比できるような古い習俗もみられる。このことは「Ⅲ章　稲作以前の文化伝統」で改めてとりあげて考えてみることにしたい。

ところで九州地方では、焼畑のことを「コバ」とよんでいるが、九州山地の村むらにみられるソバ・ムギ・ヒエ―ヒエ・アワ―大豆・小豆―アワ・サトイモ―サトイモという複雑な焼畑の輪作方式を、私は「コバ型」とよぶことにしている。このコバ型の輪作方式は、以前には四国山地や中国山地の一部にも広く分布していたらしい。

四国山地の焼畑には、近世以後、トウモロコシの栽培や和紙の原料になるコウゾやミツマタの栽培などが導入され、その輪作方式は大きな変化を蒙った。だが、近世以前の四国山地の焼畑には、九州山地と同じように、ソバ・ムギ・ヒエが一年目に、二年目・三年目には雑穀や豆類が栽培され、そのあとサトイモが大量につくられていたようだ。このことは、十六世紀に土佐の領主であった長曾我部氏が作製した膨大な土地台帳である『長曾我部地検帳』に記載されている焼畑作物を調べてみるとよくわかる。つまり、四国山地における焼畑のオリジナルなタイプは、九州山地のそれとほとんど異ならないものだった、と考えてさし支えないようだ。とすると、西日本の照葉樹林帯の山村地域で古くから営まれてきた焼畑の型式は、「コバ」型の輪作方式をもつものだったと考えて間違いないようである。

それでは、照葉樹林の縁辺に当たる中部日本の山地では、どのような焼畑が営まれてきただろうか。私は中部山地の焼畑の特色を求めて白山山麓の村むらを訪ねてみた。

白山山麓の村むら

北陸地方の山の村では春の訪れはおそい。手取川のせせらぎはすでにぬるんでいるのに、白山の峰々を仰ぎみるここ白峰村は、三月末でもまだすっぽり白銀の世界におおわれている。キャラバン・シューズで一歩一歩、雪の斜面にステップを切りながら辿りついた一軒の農家。板間の大きな炉にはあかあかと薪が燃えていた。

白峰村は古くから出作りの村として知られている。長い冬の間、谷間にある親村、牛首《うしくび》や桑島の集落（ジゲという）で過ごした人々は、春の雪融けをまって一せいに山地斜面に出作りに出てゆく。土地の人のいう「山入り」である。

私が訪れた農家もこうした出作りのために建てられた家屋で、いつもの年より一ヶ月余り早く「山入り」してきた老夫婦が、私を迎え入れてくれた。二階建てのがっちりした家屋で、とても出作《でづくり》小屋というようなものではない。村人たちも、出作期間に住むこの家屋を「ウチ」とよんでいる。ウチのまわりには二〇～三〇アールほどの常畑（ケヤチ）があり、その中に納屋と穀倉と水車小屋がある。一九六五年の夏にここを訪れたときには、ケヤチにはヒエ・シコクビエ・トウモロコシ・サツマイモ・ササゲや蔬菜《そさい》類がつくられていた。それにシコクビエやヒエの苗床もある。

炉端で老夫婦から聞いた伝統的な山の生活の話は、たいへん興味深いものだったが、ここでの生業の中でいちばん重要なものは、やはりナギハタ——北陸の山村では焼畑のことをこうよぶ——の作業だという。

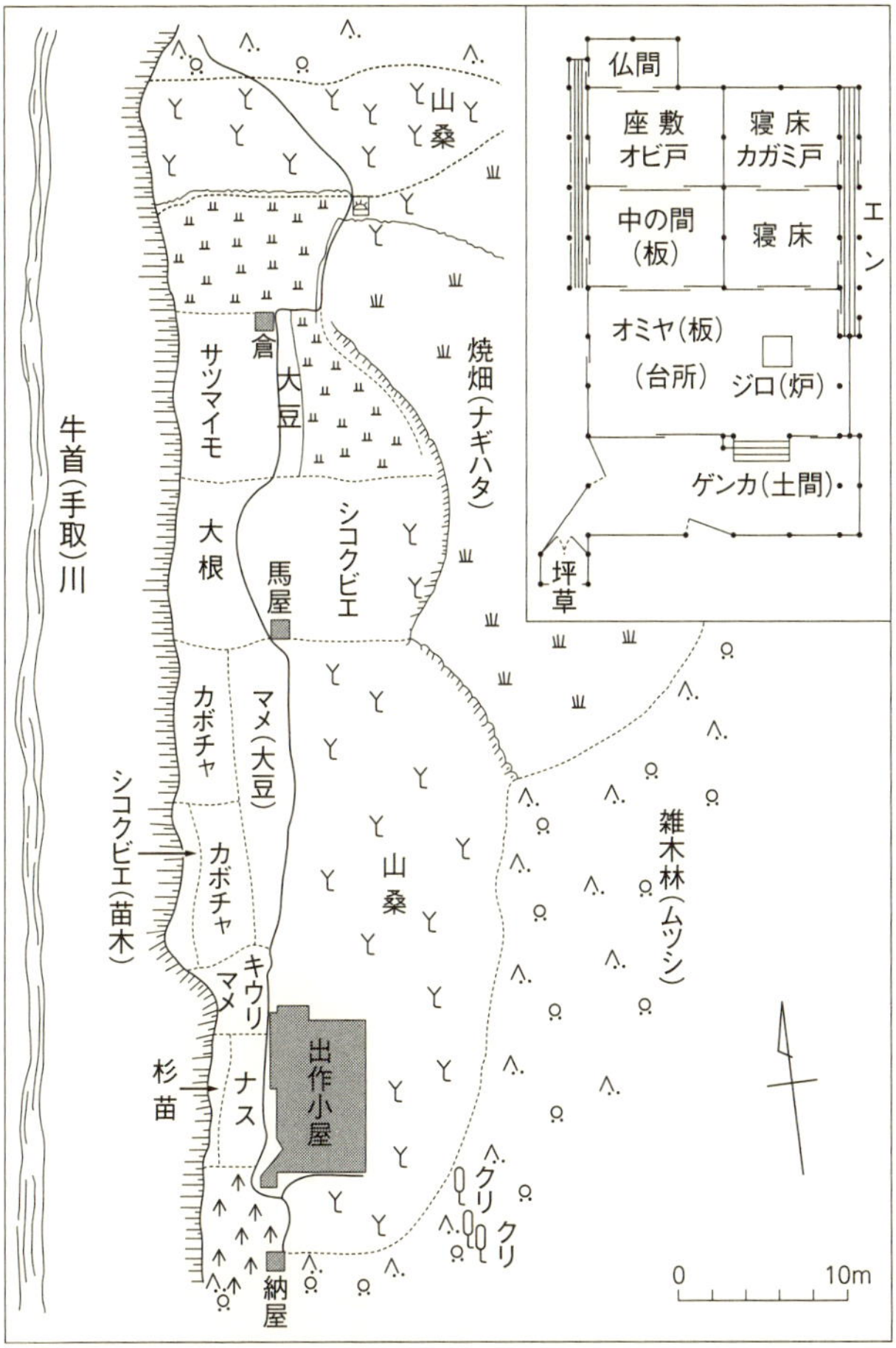

図11　ケヤチと出作小屋(白峰村河内谷T氏、佐々木高明・松山利夫原図)

右上は出作小屋の平面図

北陸の山村では焼畑に適する林地のことをムツシとよぶ。ムツシは林齢三〇年以上のハンノキやナラが茂る雑木林で、焼畑の伐採（ナギハタカリあるいはアラハタカリ）は、前年の九月から十月の頃、木々の葉が落ちる前に行なわれる。ナタ・カマ・ガンド（ノコギリ）などで下生えを伐り払ったのちに樹木を伐り倒す。この村では、伐採したこれらの樹木をさらに四〜五尺ほどの長さに切り、梢《こずえ》を下向きにしておく。そして翌年の五月上旬から六月上旬頃になると、これらの樹木を横に並べて乾かす。こうしてよく乾燥した五月下旬から六月中旬頃の好天の日を選んで火入れ（ナギヤキ）が行なわれる。まわりに防火帯をつくり、斜面の上部から焼き下ろしてくるのは、前述の五木村などと同じである。

火入れの終わった翌日から、すぐに種蒔きにかかる。斜面の下の方からヒエをバラマキにしてゆき、あとから鍬で土をかきならしてゆく。白峰村をはじめ、白山山麓の村むらの焼畑の一年目の作物はたいていヒエである。夏に焼いてソバを蒔くナギハタやカブをつくる菜園型の焼畑のナナギもあるが、その面積はいずれも小さい。

ヒエの種蒔きの終わったあとの農作業でたいへんなのは、やはり除草だ。六月下旬、七月下旬、八月下旬とこの村では三回にわたってヒエ畑の草とりをやる。たいていそれは女の仕事と決まっているという。そのうえ昔は、イノシシやシカの被害が多かったので、以前は焼畑耕地には必ずシシゴヤをつくり、毎夜そこに寝泊りして、ホラ貝を吹いてシシ追いをしたものだという。信州や飛驒の村むらをはじめ、全国のあちこちの村では、獣害をさけるため焼畑のまわりに頑丈な猪垣を設けていた例も少なくない。

とにかく、焼畑の作業というものは、伐採、火入れをして作物の種を蒔けば、あとは収穫をまつだけ、というような簡単なものではない。播種をしたあとでも、除草・管理と、それはなかなか骨の折れるものである。しかも、その収穫は天候や獣害の影響をうけ、ときには皆無に近くなることすらあるというのだから、その労働生産性は非常に低いものとなる。

さて、天候にもめぐまれ、イノシシやシカの害もほとんどこうむらない年には、この地方の村むらでは九月下旬頃からワセビエの、十月下旬頃からオソビエの収穫がはじまる。刃渡り一五センチほどのホートリガマとよばれる小さな鎌で穂刈り（穂摘みともいう）をやる。全国どこの山村でも、原則として焼畑の収穫は穂刈りであるが、水田や常畑では早く消滅してしまった、この古い収穫技術が焼畑と結びついて今日まで伝えられてきたことは注目してよいことだろう。

白山山麓の村むらでは、焼畑のヒエの収穫量は反当たり一〜一・五石ほどといわれている。私がかつて全国の焼畑山村について調べたところによると、焼畑におけるヒエの収穫量の全国的な平均は反当たり一・〇八石程度。農林省の調べでは、常畑のヒエの収量の全国平均は反当たり一・九石前後といわれるから、これに較べても、白山山麓の村むらのヒエの収量はなかなか高いといえる。この地方では焼畑の除草・管理がよく行き届いていることが、このようなよい結果をもたらしていると考えてよさそうだ。

一年目にヒエをつくったナギハタの二年目には、白峰村ではたいていアワをつくる。品種はウルチアワが多く、栽培法はヒエとほぼ同じだが、収量は反当たり七〜八斗とヒエに較べればちょっと少ない。それから三年目は大豆か小豆を栽培し、四年目にはアワ（ここでも二度目のアワはコナアワという）あるいは大豆・小豆・ヒエなどをつくる。さらに五年目までつくるところでは、小豆やアワ・ヒエ・ソバ、それにシコクビエやエゴマ（アブラエ）などが栽培される。

つまり、この村の焼畑の輪作型式は、ヒエ（ときにソバ）—アワ—大豆・小豆とつくり、四年目以後は、各種の雑穀や豆類を輪作するのが基本型だといえる。私はこのタイプの焼畑の輪作型を「ナギハタ型」とよぶことにしているが、ナギハタ型の輪作型は、白峰村だけではなく、越前・美濃・飛騨の奥地の村むらに広く分布している。これをさきに述べた五木村で代表される西南日本の「コバ型」の輪作形態と比較すると、ムギ・イモなどがここでは脱落し、そのかわりヒエ・アワなどの雑穀類をくり返し何度も焼畑でつくることが、この輪作形態の重要な特徴となっている。とくに、輪作の終わりに近い段階で、シコクビエやエゴマといった古い焼畑作物が、つい最近まで栽培されていたことは十分に注意してよいだろう。

白峰村では、シコクビエをカマシとよび、これを栽培するには、あらかじめ苗床をつくっておき、五月から六月頃にその苗を焼畑にウチコんで（移植して）栽培する。『白峰村史』によると、明治三十二年（一八九九）の統計では、全村で二〇〇町歩以上も、このカマシをつくっていたというから、たいした量である。

シコクビエは東アフリカのサバンナに起源する雑穀類《ミレット》の一つで、中尾佐助氏により、雑穀栽培文化の指標作物と考えられた作物である。アフリカでは、それはたいていバラマキしてつくられているが、アジアではインドやヒマラヤの山腹でたくさん栽培されており、そこでは、シコクビエの多くはやはり移植栽培をやっている。だが、シコクビエは穀類としては、食べて非常にまずく、収量もあまりよくない。つまり、作物としてはあまり上等なものとはいえない。この作物としてはあまり上等ではないシコクビエが、インド高原やヒマラヤ山麓地帯と同じように、手の込んだ移植栽培法を用いて白山山麓の焼畑でつくられているということは、おそらくより有利な作物が伝来する以前に、焼畑農耕文化の古い流れとともに、その栽培技術が流入し、それがこの僻遠の山村地域に残存したに違いないと思われるのである。

エゴマについても、シコクビエと同じことがいえるだろう。その種子から油をしぼるエゴマは、ナタネなどの良質の油脂作物に圧倒されて、いまではほとんど姿を消してしまったが、むかしは焼畑でよくつくったものだという。エゴマはシソとよく似た特色をもつ作物である。シソが照葉樹林文化の開発した一つの文化財だということはすでに述べたが、おそらくこのエゴマもシコクビエやアワ・ヒエ・ソバなどと一緒に焼畑農耕と結びつき、作物の一つのセットをつくって日本列島に古く伝来したものと考えられる。それが、この山深い山村地帯にまで伝わり、永く残存してきたのだと考えてよいのではなかろうか。

稲作以前の食事文化

ヒエ・アワ・ソバ・シコクビエなど、ナギハタ型の焼畑では雑穀類の栽培の比重が非常に高い。「米が戦時中、配給になるまではね。三度の食事といえばヒエかアワにきまっていたのですよ」老夫婦の話してくれた言葉をまつまでもなく、このタイプの焼畑に依存して生活していた出作地帯の農民の主食は、ひとむかし前までは雑穀類を主とするものだったことは容易に想像できる。食事文化に関する限り「稲作以前」が、つい戦前までこの村ではつづいていたといえる。

白峰村における「コメ以前」の食糧の中心はヒエだった。刈りとってきたヒエの穂は、出作小屋（ウチ）の庭さきや二階に拡げてよく乾かす。このほか、たいていの出作農家ではアマボシ台とよぶ木製の大きなヒエ穂の乾燥具（図12上）をもっていて、屋内に置いたこの台の下で火をたいて、台の中に入れたヒエ穂を乾燥させていた。雪の早いこの山村では、自然のままでは大量の雑穀を乾燥させるのがむずかしい。アマボシ台はそのような条件を克服するため、この地方の農民が考え出した生活の知恵といえるだろう（補注4）。

乾燥しあがるとつぎは脱穀だが、これには「臼ガチ」と「ヨコヅチガチ」の二種類がある。カチ臼とよばれる大きく平たい木臼にヒエ穂を入れ、餅つき用と同型の横杵でよく叩いて脱穀するのが「臼ガチ」。それからヤツメカゴという網目一センチほどの篩《ふるい》にかけて粗いごみをとり、さらにトーシにかけて穂がらをとる。そうしてもう一度トウミを用いて選別したのが、ガラビエ（稗籾《ひえもみ》）とよばれる。このガラビエを俵に入れて貯蔵するわけだ。

これに対して、ヨコヅチガチは、ヒエ穂を出作小屋の床にひろげ、男も女も老いも若きも、手

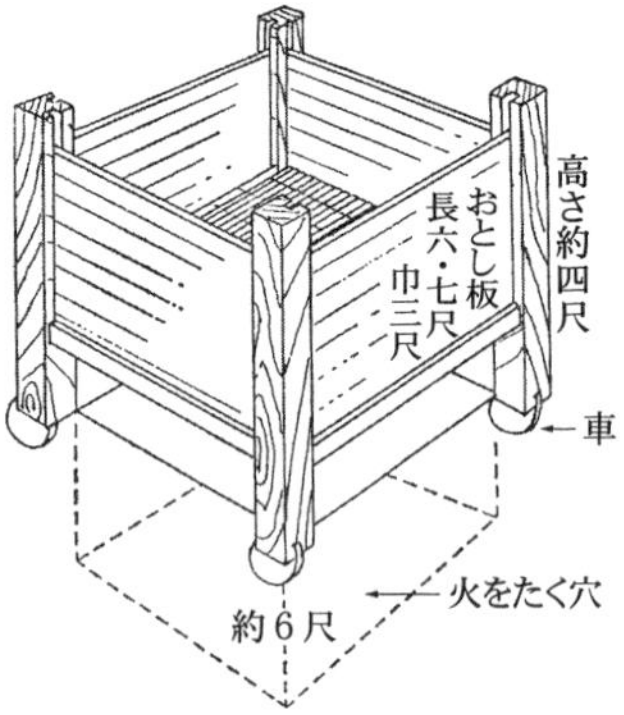

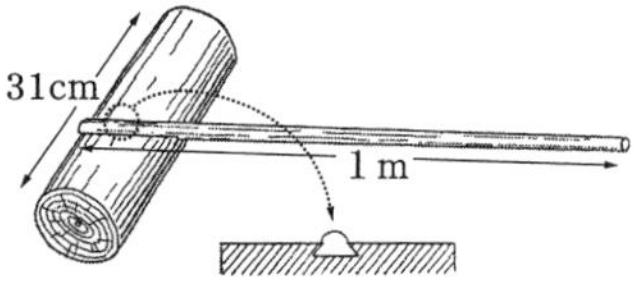

図12　アマボシ台（上、『白峰村史』による）とヨコヅチ（下）

ヒエ穂を床に拡げ、このヨコヅチでたたいて脱穀する

に手にヨコヅチ（図12下）をもって円陣をつくり、調子をそろえてヒエ穂を打って脱穀する。そのあとヤツメカゴやトーシにかけて選別するのは、臼ガチと同じである。

しかし、手に手に一メートルあまりのヨコヅチをもち、家族が円陣をつくって脱穀をする、というこの方法は、どうみても本来は屋内でするものではなく、屋外の作業だったに違いない。インドから東南アジア、台湾、沖縄に至る温暖な地域では、いまもこれとよく似た方法で雑穀類の脱穀作業を屋外でやっている。温暖な照葉樹林帯に起源した雑穀類の栽培が、この雪深い山村にまで伝来し、本来は屋外でやっていた脱穀の作業が屋内にまで持ち込まれた姿を、このヨコヅチガチの中によみとることができるのではないだろうか。

写真7　臼ガチ
大きく平たい特有の臼が使われる

アワやシコクビエも、ヒエとほぼ同じ方法で脱穀・調製する。なかでもヒエとアワは、この地方の村むらでは、たいていメシに炊いて食べていたようだ。だが、同じメシといっても「米のメシ」とはよほど違ったものである。

「稲作以前」の食事文化の中心をなす雑穀食の内容は、いったいどのようなものだったろうか。『白峰村史』の中には、村人の伝統的な食制についても、くわしい調査が行なわれている。そこでこれを参考にしながら、「コメ以前」の雑穀食の特色をかいつまんでみることにしよう。

まずヒエメシをつくるには、俵からとり出したガラビエを石臼でひき、篩でよくふるう。そのヒエの実を、もう一度トウミにかけて選別し、残ったものをまたひき、またふるう、というふうにくり返し細かくひいたのが一番上等のヒエノミという。しかし、これは村落の上層の人や幼児や病人などが食べるヒエメシの材料で、普通はガラビエを石臼でひいて、篩にかけただけのヒエをヒキヌギとよぶが、一般の家庭では、このヌカとヒエの実の混ざったヒキヌギをメシに炊いて食べていたのだという。また、ヒエメシの炊き方は鍋に湯をわかし、煮えたったところにヒエノミやヒキヌギを入れ、ゴロギャという細長い板でよくかきまわし、そのあと蒸してメシにするというのである。でき上がりは灰色の少しべたついた固いカユのようになる。昔、このヒエメシばかり食べていた出作地帯の農民が、たまたま平野の村にやってきて、コメの飯を振舞われても、「蛆《うじ》の煮たものを食べるようでうまくない」といったという話も伝わっている。

何のことはない。このヒエメシのつくり方は、ネパールの山村やインドの農村で、私たちがよく食べさせられたシコクビエやトウモロコシのメシとまったく同じ調理法ではないか。

日本のコメの調理法の主流をなすものは、いうまでもなく粉食ではなく粒食である。これにはコメ粒を甑で蒸して調製するコワイイ、鍋を用いて炊くヒメイイ、それにカユの三つの種類があるといわれている。ヒメイイが、今日われわれが食べている普通の飯《めし》に当たるが、日本のメシの炊き方は、「炊き干し法」といわれるもので、誰でも知っているように、初めに適量の水を加減しておき、その中に米を入れて炊き上げてしまうものである。これに対し、さきほどのヒエメシのつくり方は粒食ではなく一種の粉食であること。その調理法も「炊き干し法」ではなく、あらかじめ煮え立てた湯の中にくだいた穀粒を入れて炊く「湯立て法」とよばれる方法が用いられることに注意していただきたい。つまり、ヒエメシの調理法には、わが国における伝統的なコメの調理法とは異なった方式が用いられていることを、ここでは注意しておきたい。

　実は、ヒエばかりではない、白峰村ではアワもほぼ同じやり方でメシに炊いていたという。ただ、ヒエよりも白くておいしいので上等のメシだとされている。

　このほか雑穀類は、荒びきにしてカユや雑炊に炊いたり、粉にしてモチやダンゴにつくったりして食べていた。

　また「暇じゃというてイリコ三杯もろた、かこかねぶろかぞろによか」と歌にあるイリコもつくられていた。

　イリコというのは、カマシ（シコクビエ）の穀粒をよく炒《い》ってから、石臼でひき、目の細かい篩にかけたものである。木製の飯鉢（メンバ）に入れ、熱湯をかけてかきまぜて食べる。私たちが子供の頃よく食べたハッタイ粉に似たものだと思えばよい。似ているといえば、チベット高原やヒマラヤ山麓のチベット人の主食になっているツァンパは、材料がオオムギだが、これとそっくりのものだ。このほか、白峰村にはカマシのイリコにソバをまぜたソバイリコ、ミヨーシ（アワあるいはヒエの半熟のもの）をまぜた、ミヨーシイリコなどもあって、同じようにかいて食べる。また越前の山村で聞いたところでは、ヒエもイリコにして食べていた。「かこかねぶろかぞろによか」とあるところをみると、イリコはほかにねぶったり、雑炊に炊いたりしても食べていたものらしい。

　イリコは炒って粉にするが、炒らずに粉にしたものはナマコという。イリコと同じようにかいても食べるが、ナマコは水で練ってダンゴにつくり、湯の中に入れて煮て食べることが多かったといわれている。

このような、さまざまな雑穀類の調理の体系は、白峰村だけではなく、典型的なナギハタ型の焼畑の輪作体系が分布する越前・美濃・飛騨の山村地域に、最近まで広く分布していた。これは焼畑における雑穀栽培に基礎をおく文化のもつ主食の調理体系というべきものである。脱穀に用いる木臼と杵、荒挽きしたり粉をひく石臼、竹製の篩、湯をわかす深鉢と穀粒を炒るための浅鉢、そしてメシを盛る木鉢。これだけの道具建てがあれば、この雑穀の脱穀から調製・調理までのすべてができ上がる。さきにも述べたように、これは水田稲作文化に伴う日本のコメの調製・調理体系や麦作農耕文化のそれとは、まったく異なるものなのである。

しかも、この調理体系はヒマラヤ山麓の照葉樹林帯などにみられる主食の調理体系とぴたりと一致している。この事実は、このナギハタ型の焼畑で象徴される雑穀栽培に基礎をおく生活様式が、本来、照葉樹林帯の焼畑農耕文化に属していたことをよく示すものだろう。

山の幸・森の幸の利用

ところで、中部山地の焼畑を営む村むらの食生活は、雑穀食によって特色づけられるばかりではなく、もう一つ大切な特徴がある。それは、トチの実やナラの実（ドングリ）、クルミやクリ、クズやワラビなど、数多くの山の幸、森の幸の利用が非常に盛んなことである。

『白峰村史』に収録された幕末頃のものと思われる「御触」につぎのようなものがある。

一、わらび

一、くすね

是は凶年節、夫食助成ニ可相成品ニ候へば、作所刈先は格別、基余猥り豊年之砌《ママ》掘取不申、飢歳之備ニ可致候事。

ワラビの根やクズの根は飢饉のときの救荒食になるから、いつもはみだりに掘ることを禁止するというわけである。

この「御触」には、さらにつづけて、

一、ならの実、一、とちの実、一、かやの実、一、くりの実なども右同断之義にて……

とある。つまり同様に救荒食になるから、豊凶にかかわらず平生から貯めて置き、トチやクリの木などはみだりに伐ってはならない。むしろ保護、育成すべきことを命じ、さらに、くみ・やまのいも・かたこなどについても保護と貯蔵をすすめている。

その当時、この山村地帯で食糧として採集・利用していた野生植物は、このほかにも、もっとたくさんあったに違いない。おそらく「御触」はその中で、重要なものを拾いあげてその保護と貯蔵を村人に命じたものと思われる。

いまでも、トチの実、ナラの実（ドングリ）は村の救荒食に数えられ、ワラビやクズの根の利用法をよく知っている村人は少なくない。なかでも、トチの実は隔年結果の影響が少ないので収穫が安定し、またドングリやクリに較べ保存がよくきく。一度よく水さらしをやり、熱を加えて、乾燥させると五～六年はもつといわれている。このため、中部山岳地帯の村むらでは、昭和のはじめ頃まで、トチの実を主食の一部と考えていたところが少なくない。

ただ、トチの実でやっかいなのは、その苦味（アク）を除き、純良な澱粉を得るのに、入念な水さらしと灰を使う加熱処理など高度な技術を必要とし、二週間以上もの長い時間を要することである。

越前と美濃の国境地帯にある旧堺村（現今庄町）では、トチの実はつぎのような方法で加工していた。九月の中旬頃、山から拾ってきたトチの実は、外皮をとり、天日でよく乾かす。乾し上がったものを、桶のぬるま湯の中に入れ、一日おいては流し、静かに二日ほど温める。そうすると内皮がういてくるので皮をむく。歯のよいものは歯でむくし、トチノミムキという簡単な道具を用いることもある。この皮をむいた実をもう一度桶に入れ、水にひたすと白い泡が出るが、この泡が出なくなるまで毎日桶の水を替えて、一〇日から一五日ほどの間、水さらしを行なう。

泡が出なくなったところで、トチの実をひきあげ、大きな鍋の中で静かに四〜五時間温める。ただし、ここで煮たててはだめになるが、トチの実の中までしっかり温めてやることが必要だ。実を一つ二つとり出し、それを割って耳にあてがってしらべてみて、中までよく温まっていればよいという。こうして、トチの実がよく温まったところで、ソバガラの灰を鍋の中に入れてやる。はじめは実が下に沈んでいるが、やがて浮いてくる。ここで頃合いを見計らって木灰を、水が見えなくなるまで入れ、蓋をして静かにさましながら、二日ほどかけて渋抜きを行なうわけである。でき上がったものをもう一度、水洗い、水さらしをし、蒸してモチにしたり、乾かして粉にひいて貯えておく。

トチの実のアク抜きの仕方については、この越前の山村のそれと、白峰村で聞いたもの、奥美濃や信州でのやり方など、細かい点では少しずつ違っているが、加熱→水さらし（一〇〜一五日）→灰を加えて加熱、という基本的な方法は異ならない。「二十日たって灰がき」という言葉があるように、トチの実のアク抜き法は、二〜三週間という長い期間を必要とし、かなり高度な技法を要する。それは照葉樹林文化の中で開発されたアク抜き技法のクライマックスに当たるものといえるかもしれない。と同時に、こうした複雑で長期にわたるアク抜き技法は、移動生活を行なう採集・狩猟民の生活の中からは生まれてきたとはちょっと考えられない。

トチの実の利用が、最近までさかんで、それを主食の一部としていた村むらが、ほとんど例外なくナギハタ型の焼畑を営む村であったことは、こうしたトチの実をアク抜きして食糧とする慣行が、雑穀栽培型の焼畑の経営と早くから結合していたことを暗示している。トチの実のほかドングリやワラビ・クズなど、水さらしを必要とする野生植物の利用と焼畑における雑穀栽培の両者が、相互に補完し合いながら、一つの生活体系を形づくっているところに、照葉樹林型の生活類型の特色がみとめられる。このことは、前にも強調したところだが、「稲作以前」の食生活の具体的イメージを、私はこうした食事文化の中に見出せるものと考えているのである。

焼畑の拡がり

九州と四国の山地には、私が「コバ型」と名付けた、一年目にソバ・ヒエ・ムギをつくり、二年目にヒエ・アワ、三年目に大豆・小豆、そして四・五年目にサトイモを栽培する焼畑が広く分布していることは前にも指摘した。また中部山地では「ナギハタ型」とよぶ、ヒエ・アワ・大豆・小豆を主体に、これにシコクビエやソバ・エゴマなどを加えた典型的な雑穀栽培型の焼畑が、山村の人たちのもっとも重要な生業として営まれていることも明らかになった。

戦後、その労働生産性の低さの故に、急速に消滅するまでは、焼畑農耕は全国の山村でかなり広く営まれていたものである。ナギハタ型と同型の焼畑の輪作方式は、濃越山地のみではなく、飛騨山地から東海地方にも及び、赤石山地や丹沢・秩父山地にもみとめられる。

大井川上流の井川村などでは、前年の秋に伐採を行ない、翌春三月から四月にヒエを蒔く焼畑と八月に伐採・火入れしてソバをつくる焼畑がある。その後、二年目にはアワやヒエをつくり、三年目には豆類とサトイモがつくられる。西南日本からひきつづきこのあたりまで、焼畑においてサトイモ栽培のみられることが注目されるが、かつてはこの種の焼畑が村人の生活を支える大切な生業であった。いま村役場にただ一冊残っている大正末期の『村誌』をみても「広範たる切替畑式焼畑を作り、穀菜を栽培して日常生活における唯一の資料とす」と記されている。

奥秩父の山地でも江戸時代には、同じような雑穀栽培を主とする焼畑が営まれていた。『新編武蔵風土記稿』(一八二八年)には、

「焼畑なるものは山の中腹又は山頂にあり粟・稗・大豆・小豆・蕎麦《そば》を作れり……」

というような記録が随所にあり、ここでは伐採の時期により「春伐りを応《おう》と云、周年の秋蕎麦を作が為《ため》にす、秋伐りを差《さし》と云、来年粟・稗・豆等を作が為にす」と記されている。「むさし」の「さし」をはじめ、東京周辺にたくさんある「さす」「さし」のつく地名が、いずれもかつて焼畑農耕の営まれたあとを示すものだということは、すでに柳田国男氏によっても指摘されている。

一方、近畿地方周辺の山村でも、いまではほとんど痕跡がなくなっているが、以前には「ナギハタ型」の雑穀栽培を主にした焼畑が営まれていたらしい。三重県飯南郡森村では、一年目にヒエ・ソバ、二年目にアワ・キビ、三年目には小豆やブンドウマメをつくる焼畑が、むかしは盛ん

に営まれていたといわれている。さらに同じような雑穀栽培型の焼畑は、王朝時代には、大和盆地の周辺の山々でもみることができたらしい。

平安朝の歴史を記した『三代実録』の貞観《じょうがん》九年（八六七）三月二十五日の条に、つぎのような記録がある。

「大和国に令して、百姓が石上《いそのかみ》の神山を焼き、禾豆《かとう》を播蒔《はじ》するのを禁止せしむ」

禾豆は雑穀や豆類を意味するから、大和盆地の周辺、こともあろうに石上神宮の神山で、農民たちが雑穀と豆類を播《ま》いて焼畑を営んでいたことがわかる。それをときの政府が禁止した記録だが、当時の日本の先進地域であった大和盆地のすぐかたわらの丘陵で、焼畑が営まれていたことは確かである。とすると、古代・中世には、今日われわれが想像するよりも、はるかに広い地域に焼畑が分布していたと考えても、たいした誤りではないだろう。

だが、近世以前の焼畑については、断片的な史料はいくらかあるけれど、全国の焼畑について語ってくれるような史料は何もない。

「稲作以前」の農耕として焼畑を考え、「稲作以前」の文化を焼畑農耕文化の特色の中から復原しようと考える私にとって、全国にどの程度焼畑が分布し、その特色はどのようなものかを押さえておくことは是非とも必要である。歴史的な資料では無理だとなると、新しい資料に頼るしかない。

戦前の昭和十年に農林省の山林局が行なった『焼畑及切替畑に関する調査』と、戦後、農林省の統計調査部の手で行なわれた『一九五〇年世界農業センサス』は、全国の焼畑の分布を知るうえで重要な手掛りを与えてくれるものである。

戦前の山林局の統計では、全国の焼畑面積は約七万町歩とされている。ただ、この統計では郡市別の集計と焼畑面積一〇〇町歩以上の町村の統計が公刊されているだけで、くわしいことがわからない。その上、明らかな調査上のミスがあり、その信頼度は必ずしも高くない。これに対し、戦後の『一九五〇年世界農業センサス』の統計は、全国の市町村ごとに焼畑の面積と焼畑を経営する農家の数を示すただ一つの統計で、戦前の山林局の調査にくらべれば信頼度はやや高い。

これによると、一九五〇年（昭和二五）には全国で九、五五三町歩の焼畑が一一・〇五万戸の農家によって経営されていたことになっている。ただし、この統計の焼畑面積は、私がその後、各地の山村の実態調査で確かめたところと比較すると、実際の面積よりかなり小さく報告されている。例えば、前に述べた五木村では、『一九五〇年世界農業センサス』では、わずか七七・六町歩しか焼畑の面積が報告されていないが、実際にはその数倍に当たる四〇〇〜五〇〇町歩の焼畑が存在していた。白峰村で調べてみても、実際の焼畑面積は『センサス』の約四倍、北但馬の一山村でも現実には『センサス』の五〜六倍の焼畑が営まれていたことがわかっている。このようないくつかの例から判断すると、一九五〇年当時、全国では『センサス』に記載されていたものの数倍に当たる五〜六万町歩に及ぶ焼畑が営まれ、山村における重要な生産手段となっていたことがわかる。

この焼畑の分布状態をもう少しくわしくみるために、『一九五〇年世界農業センサス』の「市町村別統計表」の中から、一つの郡・市ごとに五町歩以上の焼畑のあるものを抜き出し、その分布図を描いてみた。一三五頁の図13である。この地図をみると、わが国における焼畑の分布は、東北地方では太平洋側の北上山地の一部と奥羽山脈の日本海側斜面や出羽丘陵などにかなりみら

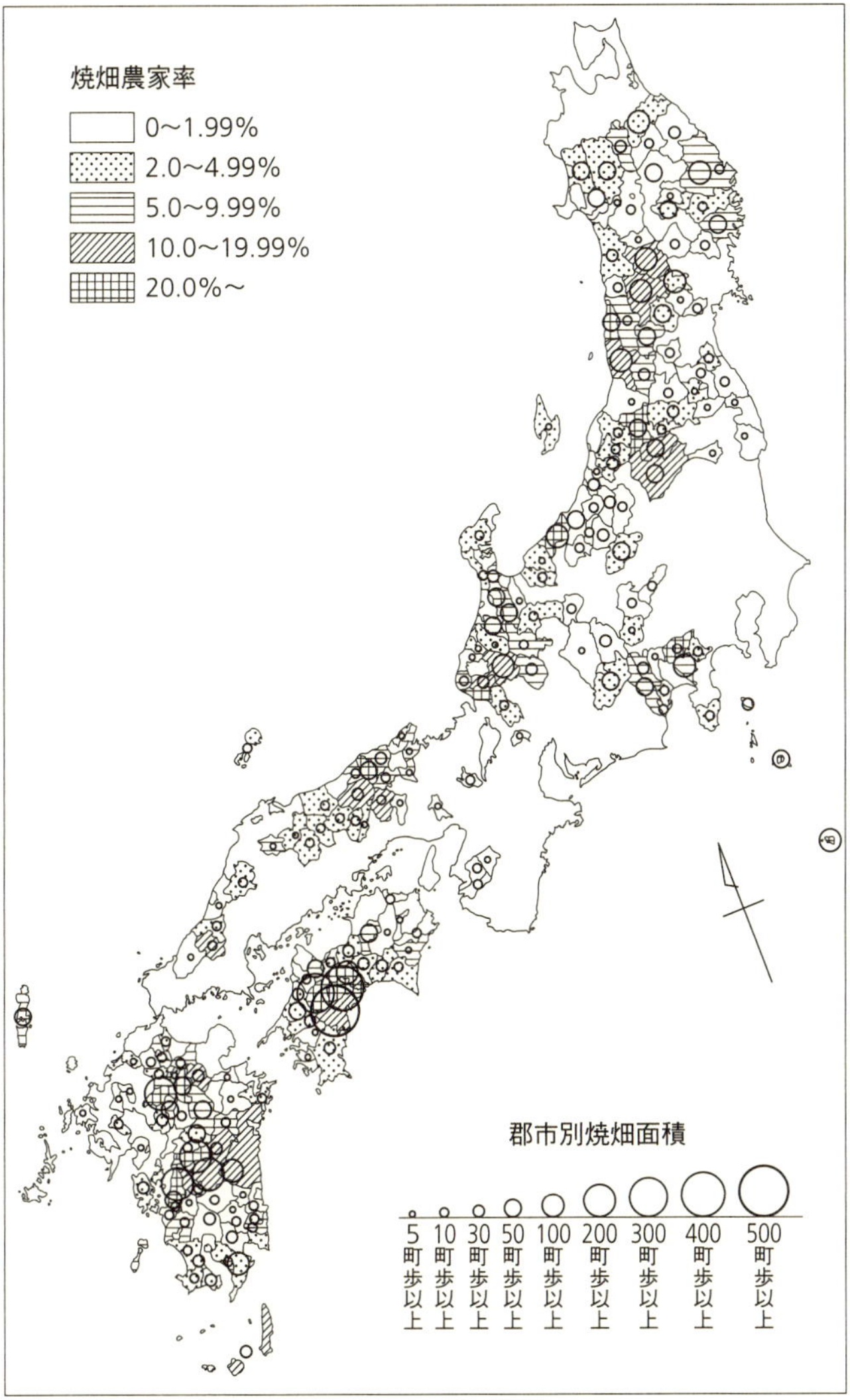

図13　日本における焼畑の分布

れる。また奥会津の山地から新潟県の頸城《くびき》山地にかけても焼畑が点々と連なり、この日本海側の焼畑の集団は石川・福井両県を中心とする飛濃越山地に一つのまとまりをつくり、さらに西の方に向かっては山陰山地を経て断続的に本州の西端近くにまで達している。また中部地方の太平洋側では赤石山地を中心にやや小さい焼畑の集団が分布している。

このように本州における焼畑の分布は、中部地方と東北地方の日本海側斜面を中心に、さして大きな集中地域を形成することなく断続的に分布しているのに対し、四国・九州の山地では、それぞれその西部と中部に大きな焼畑の集団がまとまって分布していることが注目される。この四国・九州の両地域の焼畑面積を合計してみると、それはわが国の焼畑面積の過半を占めている。このことから日本の焼畑の分布は、その密度からみれば、西南日本に集中する傾向が非常に顕著なことがわかる。

この四国山地・九州山地に集中する焼畑では、私が「コバ型」と名付けた、アワ・ヒエ・ソバ・大豆・小豆にムギ・サトイモを加えた、たいへん複雑な輪作方式をもって作物の栽培が行なわれていたことは、すでに説明した通りである。この焼畑は典型的な照葉樹林型の作物構成をもつうえに、わずかながら北方系農耕の影響も受けていたらしい。そのことは宮崎県や熊本県の一部で日向燕麦《えんばく》という北方系のエンバクが在来種として残存していることでも証明できる。

中部日本から東北日本へ

この典型的な照葉樹林型の焼畑の分布する地域の東側、すなわち中部地方の山地では、コバ型のそれからムギやサトイモなどを脱落させた、雑穀栽培のウェイトの非常に高い焼畑が分布することは前にも述べた通りである。だが、その高距限界については、ナラやクリを主とする暖帯落葉広葉樹林の範囲におさまり、ブナを主体とする温帯落葉広葉樹林帯にはほとんど達していない。例えば白峰村では、海抜高度一〇〇〇メートル付近に「ツクリザカイ」とよばれる焼畑耕作の限界線が走っているが、これはブナ林の下限とほぼ一致する。

つまり、中部山地のいわゆる「ナギハタ型」の焼畑は、一方では相対的に冷涼な気候に適するヒエ・ソバなどに栽培の重点をおき、他方ではより温暖な気候を好むサトイモや冬ムギ（冬季の積雪が栽培の障害となる）などを、その作物構成の中から脱落させることによって、照葉樹林帯から暖帯落葉広葉樹林帯へ、その経営形態を適応せしめていった焼畑の類型とみなすことができよう。しかも、シコクビエやエゴマなどの古い作物が、その焼畑の中に長く保持されてきたことは、落葉広葉樹林帯への進出・適応の時期が、決して新しいものではないことを示している。おそらくそれは水田稲作文化の展開によって、照葉樹林文化の特色が決定的な変容をこうむる以前の段階のことであったに違いない。

それでは中部山地よりもさらに北にある東北地方の焼畑にはどんな特徴があるだろうか。簡単にその特色をいえば、奥羽＝出羽山地ではカブ・ソバ―大豆・小豆・アワ―大豆・小豆。北上山地では大豆・アワ―アワ・大豆―大豆・アワ―ソバというアワと大豆を主とする比較的単純な輪作方式を特色とする。しかも、奥羽＝出羽山地のうち、焼畑の集中する山形県から新潟県北部にかけての地域では、焼畑は一般に「カノ」とよばれているが、このタイプの焼畑は、経営戸数が多いわりに、その面積がたいへん小さく、一年目にカブを栽培する、いうならば菜園型のものが多い。この傾向は、すでに江戸時代にもみられるもので、この地域の焼畑は、もともと主穀生産を積極的に行なうというより、水田の補助耕地としての役割をもっていたものらしい。この点、中部山地や西南日本の山地の焼畑とは、その趣きを異にしているものだ。

これに対し、秋田県北部から北上山地の焼畑は「アラキ」と一般によばれているが、一戸当たりの経営面積が大きい反面、経営戸数は相対的に少なく、その経営の仕方がきわめて特殊である。岩手県や青森県の例では、伐採・火入れののちに大型の踏み鋤（アラキスキ）で耕起して畝立てをやり、肥料を投入するものもある。輪作の期間が長く、いったん焼畑で開墾した土地の中で、良好な場所はそのまま常畑として利用し、永久的に耕作する例も少なくない。

つまり、この《アラキ型》の焼畑は、辺境地帯における開墾の伝統をよく伝えるものと考えられるわけで、その歴史は中部地方以西の焼畑に較べれば新しいものとみられる。輪作方式の単純なことも、こうした特色と関連して理解できるだろう。とすれば、この《アラキ型》や《カノ型》の焼畑は、「稲作以前」の伝統をもつ古い焼畑の型式を伝えるものかどうかはあやしくなる。むしろ「稲作以前」の農耕を問題にする場合、東北地方の焼畑はいちおう除外して考えたほうがよいのではないかと思われる〔補注5〕。

ただ、東北地方の日本海斜面の焼畑では、さきにも述べたように、カブをはじめ北方系の蔬菜の古い品種がかなり保存されており、また、この地域から北上山地の一帯にかけては、北方系のW型のオオムギの在来種が多く分布する地帯でもある。

このようなことを考えると、前の章で述べた北方系農耕のある系統が、かなり早い段階に、この地方に伝わった可能性もでてくる。だが、それが西日本における稲作以前の時代にまでさかのぼりうる古さをもつか、どうかについては、私はいまはむしろ否定的である。ただ、現在の研究の段階では、北方系農耕の伝来の時期や経路については、くわしいことはほとんどわかっていないから、結論は留保しておくことにしよう〔補注5参照〕。

「照葉樹林帯北辺型」の焼畑農耕文化

以上、日本の焼畑の特色を「稲作以前」の問題とからみ合わせながら述べてきたが、焼畑に生業の基礎をおく、山村の生活は一つのまとまった体系をもち、それが水田稲作農耕に支えられた生活の体系とは、別種の生活類型を形づくっていることが明らかになったと思う。

また、いままでの説明で、くり返し述べてきたように、日本の焼畑でつくられる作物のうち、もっとも広く栽培されているものは、アワ・ヒエ・ソバ・大豆・小豆の五つの作物である。私はこの五つの作物を日本の焼畑の「基幹作物」とよぶことにしている。輪作方式の事例を集めることのできた全国七二ヶ村の焼畑を営む山村のうち、五〇ヶ村（ヒエのみは四二ヶ村）以上で、この五つの基幹作物が、焼畑で栽培されており、これらの作物は、いずれも歴史的にきわめて古くから日本の焼畑で栽培されていたものと思われる。*3

しかも、この五つの基幹作物のうち、ヒエ・ソバ・大豆・小豆の四つは、すべて西南中国の照葉樹林帯において開発された作物である。またアワは、すでに述べたように、その起源地はイン

＊3　ヒエについては、その後の研究で日本列島北部での起源説が有力になった。補注3参照。

ドのサバンナ地帯だとされているが、焼畑作物として重視されているのは、アッサム以東の東南アジアや中国の南部や中部、あるいは台湾の山地部などにおいてである。その限りでアワも照葉樹林帯の農耕ときわめて親近性の高い作物だといえる。西南日本の焼畑に広く栽培されていたサトイモについても、照葉樹林文化との関連を同じように指摘することができる。

こう考えてくると、日本の焼畑の特色が、基本的には東南アジアから中国大陸の中南部に至る照葉樹林帯のそれに系譜的に連なることは、もはや疑えなくなる。このことは、すでに幾度か別の角度から強調してきた点だ。

それでは問題はこれですべて解決したかというと、そう簡単にはいかない。というのは、ヒエ・大豆・小豆は、日本では焼畑の基幹作物として広く栽培されているが、東南アジアの北部山地から中国南部に至る照葉樹林帯では、これらの作物は、日本の焼畑におけるほどの重要性を示していないという事実がある。ことにヒエや小豆の焼畑農耕文化の中に占める役割については、中国大陸とわが国の焼畑の間で大きな差のあることをみとめねばならない。

つまり、日本の焼畑の基幹作物は、系譜的には、たしかに中国中南部の照葉樹林帯に連なるものだが、その原産地ではそれほど重要な機能を荷ってはいなかったものが、日本の焼畑では基幹作物の一部になっているというわけだ。ということは、これらの作物が、焼畑の作物として重要性をもつに至ったのは、日本あるいはその周辺の地域で、焼畑の輪作体系が再編成された時期があって、それ以後に焼畑の基幹作物の座を確保したものと考えざるをえなくなる。

いうまでもなく、わが国は東アジアに分布する照葉樹林帯の北辺に位置している。そのうえ、稲作以前のある時期には、中国東北部（旧満州）や朝鮮半島を経由する北方系農耕の影響をうけ、他方では南から伝わった根栽農耕文化の影響もうけた可能性も考えられる。このような複雑な文化の交流の中で、焼畑で栽培される主作物の選択と編成が少しずつ進行し、日本の自然に適応する形態の焼畑の輪作方式と基幹作物の編成が行なわれたものと考えられる。このような意味で、日本の焼畑農耕文化は、照葉樹林タイプの焼畑のなかでも、とくに《照葉樹林帯北辺型》と名付けてもよい性格を一部に備えていると私は考えている。

しかも、この場合、見落としてはならないのは、さきにも少しふれたように、東南アジアの焼畑ではもっとも多く栽培され、いまもその栽培領域を拡大しつつあると判断されるオカボが、日本の焼畑ではほとんど栽培されていないことである。オカボを焼畑でつくっている事例は、日本では九州の一部でノイネとよんでそれをつくっていたのと、関東地方の一部でわずかにみられるだけで、全国的にその例はきわめて少ない。

日本の焼畑輪作方式の中で、このようにオカボがほとんど欠けているという事実については、二つの考え方ができる。その一つはわが国の焼畑における基幹作物の選択と輪作方式の編成が、オカボを東南アジアから受容する以前、すなわち東南アジアにおいてオカボが焼畑の主作物として広く栽培される以前の時期に、すでに完成していたとする考え方。他の一つはオカボがいったん焼畑の主作物となったが、その後、水田稲作文化の拡大に伴って、主としてイネが水田でつくられるようになったため、オカボが焼畑作物の中から脱落したという考え方である。

しかし、水田のまったくない四国山地や九州山地中央部の典型的な焼畑村においても、むかしからオカボを焼畑で栽培していた痕跡はほとんどない。例えば、十六世紀の四国地方南部の焼畑の作物構成をよく知らせてくれる『長曾我部地検帳』の記載をみても、オカボの比重はきわめて小さく、水田稲作農耕がこの山間地帯にそれほど普及しなかった当時でも、それが主作物として栽培されていたとは、とうてい考えられない。このような点から、私は、もともと日本の焼畑にはオカボが主作物に加えられていなかったと考えている。

つまり、その輪作体系の中に、もともとオカボを欠くという、わが国の焼畑の作物構成上の特色は、日本の焼畑の成立が「稲作以後」のものではないことを示す有力な証拠の一つといえるだろう。弥生時代における水田稲作農耕受容の後に、わが国の焼畑農耕が成立したとすれば、焼畑作物の中で収量のもっとも高いイネ（オカボ）が、必ずその主作物として受け入れられたに違いないと考えられるからである。

水稲も陸稲も同じ栽培種のイネ（*Oryza sativa*）であり、弥生時代の稲作技術の水準の高さからみれば、干地性のイネ（陸稲）を水稲の中から淘汰・選別することは、それほどむずかしいことではない。古い品種の中には水陸両用のイネもあり、稲作文化受容後に、日本で焼畑農耕が発展すれば、オカボをその主作物にすることは、きわめて容易なことであったはずである。

にもかかわらず、日本の焼畑にオカボがほとんど栽培されなかったという事実は、オカボを伴わない日本の焼畑の輪作体系の特色が、かなり古い時代に形成されたものであることを暗示する。それは、おそらく東南アジアでオカボが焼畑の主作物として急速に拡大する以前のものであり、また弥生時代の水田稲作農耕の受容以前に、すでにこの農耕方式が、わが国において成立していたことを示唆するようである。

日本の焼畑農耕の特色をめぐる試論は、とうとう東南アジアのそれと対比して、その系譜を考えるところまで発展してきた。それでは、いったい東南アジアの諸地域では、どのような焼畑が営まれ、日本のそれと較べ、どのような特色がそこにみられるだろうか。日本の焼畑の系譜を追って、つぎに私たちも東南アジアの焼畑の特色について考えてみることにしよう。

二　東南アジアの焼畑——焼畑農耕文化の源流をたずねて

焼畑農耕生活の舞台

東南アジアの地図をひろげてみよう。

メコン、チャオプラヤの二つの大河がつくった平野が、インドシナ半島のほぼ中央に大きく拡がり、そのまわりをとり囲むように、幾条もの山地が南北に走っている。ベトナムからラオスにかけての山地、あるいは北部タイやビルマの国境地帯の山々である。このうちタイ・ビルマ国境の山地は、さらに西に拡がってシャン高原をつくり、イラワジ川の平野をはさんで、インドとの国境を走るアラカン山脈に対している。

この幾重にも重なり合ってつづく東南アジアの山地。これらの山々はいずれも、高温でモンスーンの雨にめぐまれている。このため、その斜面は深い熱帯森林でおおわれ、緑濃い森の世界をつくっている。そうして、この山々と森は、北部ビルマからさらに中国へ延び、雲南・貴州の両省にまたがるいわゆる雲貴高原の重畳たる山地に連なっている。だが、そこまでゆくと、もはや年中気温の高い熱帯ではなくなる。海抜高度が高いせいもあって、平均気温はやや低くなり、暖温帯とよばれる気候をもつ地域となる。そこでは熱帯森林にかわって、カシ・シイ・クス・タブなどの仲間で構成される樹林があらわれ、われわれにも親しみやすい照葉樹林が形成されている。この照葉樹林地帯の中心部にあたる雲南山地の一帯こそは「照葉樹林文化のふるさと」ともいうことのできる地域である。

一方、ボルネオ・スマトラ・ジャワ・セレベスなど、おもにインドネシアに属する南の島々やルソン島をはじめとするフィリピンの島々は、いずれも高温で雨の多い典型的な熱帯気候を呈する。人口密度が高く、早くから開発がすすめられたため、森林がひどく破壊されたジャワ島を除けば、これらの東南アジア島嶼部の島々の内陸山地の大部分は、いまなお熱帯特有の密生した大森林でおおわれている。

飛行機の窓からこれらの密林地帯を見下ろしてみると、ただもうそれは「樹海」という言葉がピタリと当たるようなものだ。樹海の間に一筋、二筋光る水路。見えかくれする細い道。こうした大密林の中にも、ところどころに小さな島のように森の開かれたところがみえる。たぶん焼畑農耕民の村だろう。東南アジアの焼畑農耕民は、こうした森林地帯を舞台にその生活を展開しているのである。

アメリカの地理学者スペンサー J. E. Spencer が最近推計したところによると、東南アジアでは毎年森林を伐採してつくられる焼畑の面積は約二〇〇〇万エーカー（五〇〇万ヘクタール）、インド・パキスタンでは約一五〇〇万エーカー、中国西南部山地で四五〇万エーカーにのぼるという。今日でも焼畑に依存して生活している人たちの数は、これらの諸地域をあわせてほぼ五〇〇〇万人に近いということだ。どの国でも焼畑についての正確な統計などあるわけではないから、この数値がどこまで信用できるかは問題だが、とにかくインドから東南アジアの大陸部の地域、それに中国西南部やマレーシアからメラネシアにかけての島嶼部の地域では、現在でも焼畑農耕がさかんに営まれている。これらの地域では焼畑農耕が主要な生業形態をなし、膨大な人口がそれに依存して生活していることは事実である。

しかし、東南アジアからインドに至るこの広い地域の焼畑農耕は、栽培する作物も相互に異なり、必ずしも同じような特色で彩られているというものではない。各地域の自然条件や民族文化の歴史的条件の差異を背景に、焼畑農耕民の農業や文化には、かなりの地域差がみられる。

二つの問題点

ところで、このような東南アジアやインドの焼畑農耕民の農耕と文化を、「稲作以前」の問題と関連してとりあげるときには、おおよそつぎのような二つの点が問題になると私は考えている。まずその第一は、いまなお「稲作以前」の文化が生きている東南アジアやインドの焼畑農耕民のもとにおいて、その農耕とそれによって支えられた社会や文化が、どのような特色をもっているかを考えてみる問題。いわば稲作以前の農耕文化の原型をさぐる問題である。東南アジアやインドに現存する稲作以前の農耕と文化の諸特徴を、前述の日本のそれと比較検討してみれば、おそらく日本における稲作以前の農耕文化を復原するうえで、重要な手掛りが得られるに違いないと思われるのである。

第二の問題点は、日本の焼畑の系譜に直接かかわる問題である。東南アジアの焼畑には、いくつかの類型が存在するが、その特色を整理・検討してゆけば、日本のそれと地域的にも連接し、その特色においても、きわめて類似した焼畑の類型が見出されるに相違ない。私は、前章で日本における稲作以前の農耕を焼畑と考え、作物構成の特色などから、その焼畑の系統は東南アジアに連なるものだという考えを展開してきた。日本における稲作以前の農耕の源流を、このように東南アジアに求めるとすると、今までにくり返し推測してきたところからみれば、東南アジアの照葉樹林帯の中に、そうした日本の焼畑の原型に当たるものが見出される可能性がたいへん高いといえる。とにかく東南アジアにみられる焼畑の諸類型を検討し、こうした日本の焼畑に系譜的に連なる類型を発見することが、われわれの第二の課題である。

まず、第一の問題から順を追って、考えてゆくことにしよう。

(一) 焼畑農耕文化の特色をさぐる――パーリア族の焼畑とその生活文化

インド高原の焼畑民・パーリア族

インドはカルカッタのハウラー駅。ヨーロッパ風に大きなドームになったその中は、いつも旅立つ人、見送る人、そして物売りや荷運びのポーターでごった返している。熱気と喧噪《けんそう》につつまれたそのホームのひとつから、真白な蒸気を吐きながら、いまデリー行きの急行が、ゆっくり動きはじめた。カルカッタの町を貫流するフーグリー川の川面に夕映えが美しく映える時刻であった。列車は夕闇迫るガンジスの大平原を一路北へ。単調な鉄路の響きを残しながら、やがて夜のとばりの中にその姿を消していった。

インドの地図をみると、ヒンドスタンの大平原をうるおして西から流れてきたガンジス川が、東西方向から南北方向へ彎曲する大きな屈曲点がある。ちょうどこのあたりへ、南の方から突出してきている低い丘陵がみられる。インド半島の大部分を構成する高地の最北端を構成する丘陵で、ラジマハール丘陵と名付けられている。この丘陵のジャングルの中に、サウリア・パーリア Sauria Paharia 族とよばれる種族が居住し、原始的な焼畑農耕を行なっていることは、かなり以前からわかっていた。私がインドで調査の対象として選んだのは、このパーリア族だった。

カルカッタを夕方に出た列車は、翌朝早く、ラジマハール丘陵のすぐ北にあるサヒブガンジの町につく。人口二〜三万ほどの典型的なインドの地方町だ。町のはずれには大きなバザール（露天市）がある。このバザールを通り抜けて、町のうしろ側に出ると、急な斜面の丘陵が迫っている。比高三〇〇メートルばかりの丘陵だ。

この丘陵は、インド高原の最北端を区切るものだが、この丘の急坂をのぼり切り、ラジマハール丘陵上のジャングルの小道を縫うように進むと、もうそこはパーリア族の世界になる。「文明」と「未開」がこのように近接して存在していることは、驚くべき事実というほかない。

パーリア族は、北部インドに広く流通する公用語であるヒンディ語とは言語系統を異にするドラヴィダ語（南インドに主として分布する土着の言語）を話す。そして焼畑農耕を主要な生業手段として、それに大きく依存して生活する典型的な焼畑農耕民である。かれらの生活文化の中には伝統的な種族文化の特色が今日でもよく保たれているといわれている。

写真8　ダパニ村を南から望む
大きな焼畑耕地の下に小さな民家が並ぶ

ラジマハール丘陵の北端から、ジャングルの中を、約半日ほど行ったところにあるダパニ村という小さな村を選び、私は一九六四年の一月から二ヶ月あまり、このパーリア族の調査を行なった。ダパニ村は草葺・竹壁の小さな民家が二五戸、行儀よく四列に並び、そのまわりをマンゴーの大木や竹藪で囲まれている典型的なパーリア族の村である。人口は一一〇人ほど、私は村はずれの大きな焼畑耕地の下に、持参した大型のテントを張って住むことにした。

この村におけるフィールドワークの記録は、『インド高原の未開人――パーリア族調査の記録』（古今書院　一九六八年）という書物にまとめたことがあるので、くわしい内容はそれにゆずるが、南アジアにおける稲作以前の文化の伝統をよく保持する典型的な焼畑農耕民の一つの例として、彼らの農耕と生活の特色を、まずみておくことにしよう。

パーリア族の焼畑

ダパニ村には、村の東の尾根と北の尾根を中心に計三一筆のクルワがある。クルワというのは、パーリア語で《焼畑》あるいはその耕地のことだ。丘陵斜面に拡がる暗緑色の森林の中に、ポッカリと浅黄色に区切られたクルワは、日本の山村によくある萱原を遠望したのとよく似ている。しかし近づくと、彼らの焼畑《クルワ》耕地というのは、なまじ「耕地」という言葉を使わないほうがよほどぴったりするようなものだ。森を伐り開いただけでまわりには柵もなく、畝もない。大きな立木があちこちに残っているただの丘陵の斜面に、トウモロコシとモロコシが雑然と一緒に生育しているのが、彼らの《耕地》である。

写真9　パーリア族の焼畑
斜面いっぱいにトウモロコシなどがつくられている

「チャンドウ　キ　クルワ（チャンドウの焼畑ですよ）」。私がこの村の村長に連れられて最初に訪れたクルワは、村の南の端にあるテブロ・チャンドウという男のクルワだった。クルワの下の小道から耕地を見上げた村長は、ヒョイヒョイとトウモロコシの間をかきわけるように身軽に登っていく。もう五〇の坂をいくつも越えたはずのこの老村長のあとについて、斜面を登るのがたいへんだ。モタモタしているうちにトウモロコシの葉陰に彼の姿がみえなくなる。フゥフゥいって私たちは、クル

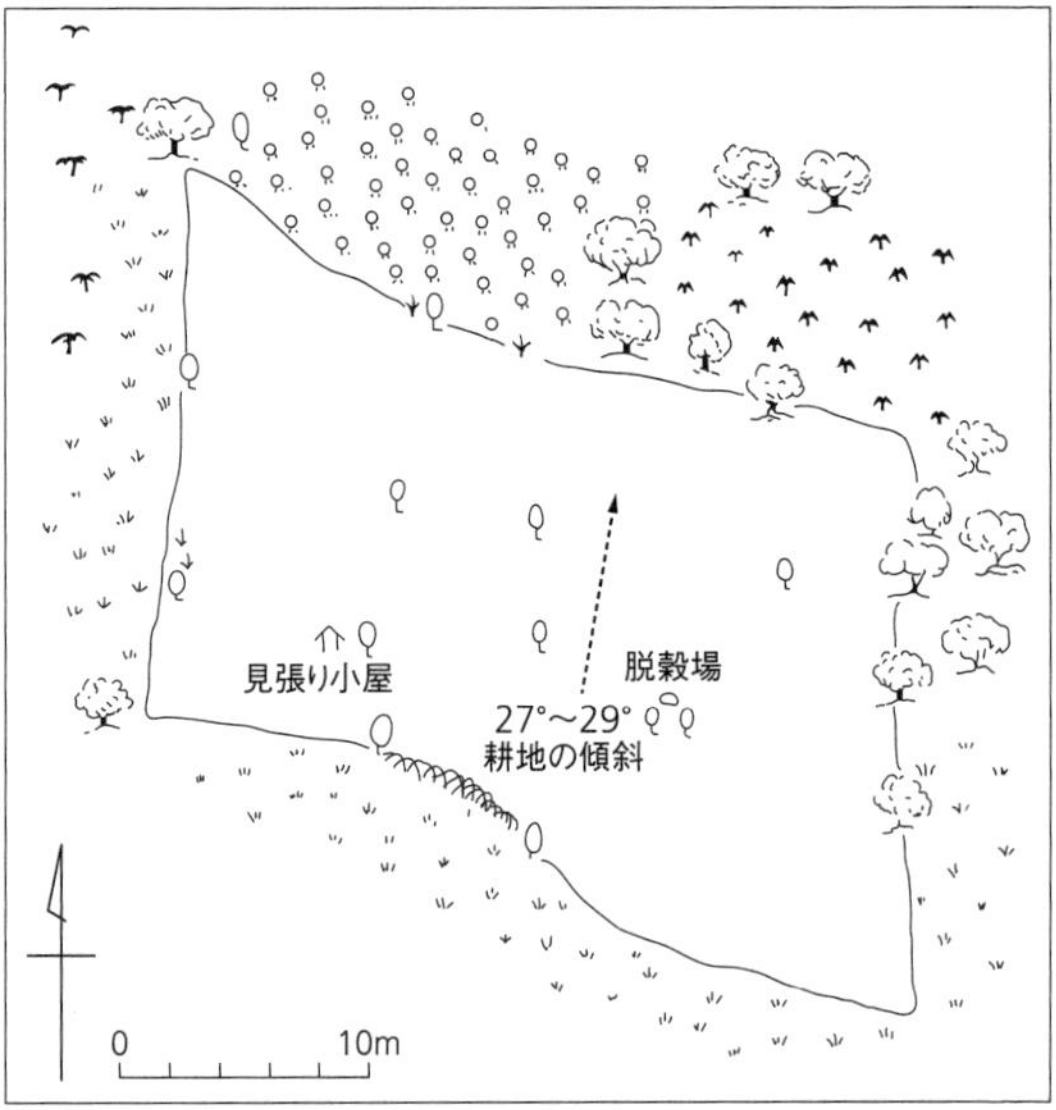

図14　パーリア族の典型的な焼畑耕地の一例

ワの一角につくられた見張り小屋（ダンダという）のところで待っていてくれた彼にやっと追いつく。流れ出る汗をふきながら、改めてクルワ全体を見渡してみた。なかなか広いものだ。二町歩近くはあるだろう。穂を刈りとったあとのトウモロコシとモロコシの茎が、熱帯の乾季特有のジリジリ照りつける太陽のもとでカサカサに乾いて一面に残されている。この二つの作物が彼らの焼畑の中心になる作物らしい。

　私はこれから調べることになるパーリア族の焼畑耕地を、感慨をこめてじっとみつめていた。

焼畑の伐採と共同労働

　パーリア族では、このような焼畑をつくる作業は、ジャングルの伐採からはじめられる。伐採は、乾季の終わりに当たるヒンドゥ暦のマーグ月（一月）からファグン月（二月）に行なわれる。

道具は斧と大きな鎌――いまは斧も鎌も大型の鉄製のものを使っている――でもって、ほぼ林齢一〇年ぐらいの二次林を伐採して、一世帯当たり、おおよそ一・〇～二・五ヘクタールほどの焼畑を毎年造成する。

私の調べたダパニ村の場合、平均すると毎年伐採されるジャングルの面積は、一世帯当たり一・六ヘクタールほどになる。けれども、これだけの面積の森林の伐採作業を、家族のメンバーだけでやっていては、実は二ヶ月ほどもかかってしまう。だから伐採の作業は共同労働でやることが多い。

写真10　ブタ肉の分配

共同労働の前ぶれになるのが、この村の全員へのブタ肉の分配だ

この伐採の共同労働には、他の世帯から少数の労働力の援助を得てやる世帯レベルの小規模なものと、全村の男・女が参加する村レベルの大規模な共同労働とがある。なかでも全村の共同労働で伐採をやるときには、あらかじめ焼畑を経営するものがブタを一頭屠《ほふ》り、その肉を全世帯――といってもダパニ村は二七世帯だが――に分配しておかねばならない。

当時のフィールドノートを読み返してみると「一九六四年一月三十日に村人の一人がブタを村の広場で屠り、その肉を均等に分けて各戸へ配分した」とある。その翌日には六〇人ばかりの村人が彼の焼畑の伐採へ大挙して出かけていっている。これはダパニ村におけるその年の共同伐採のはしりに当たるものだが、六〇人といえば総人口一一〇人ほどのこの村では、可働人口のほとんどすべてといえるだろう。文字通り全村あげての共同労働である。このときには、村長も村の司祭役もすべて平等の資格で参加する。

パーリア族では男も女も伐採をやる。若い男は斧で比較的大きな木を伐り倒し、女・子供や老人は鎌で枝を落とし、下生えを刈る。ジャングルでの伐採作業はなかなか骨の折れるものだ。だが、この共同労働に私も参加してみて感じたことは、仕事は辛くとも、そこでかもし出される雰囲気は実におおらかで楽しげなものだということだ。村人のほとんど全員が集まり、かけ声をかけ、笑声を森にこだまさせながら行なう共同伐採の作業に、「閉ざされた共同体」のもつ秩序と平和を私は感ぜずにはおれなかった。パーリア族ではこのほか、伐採したジャングルの火入れや播種の労働、あるいは収穫の際にも同様に共同労働が行なわれる。

このように、北インドの焼畑農耕民の村では、伐採・播種をはじめ焼畑の労働が共同労働で行なわれる例はきわめて多い。共同労働の単位をなすものは、この例のように、村落共同体そのものの場合もあるし、さらに村落内に分出した小集団の場合も、特定の親族集団の場合もある。だが、いずれにしても焼畑の経営は、ムラあるいはその内部に形成された共同労働集団の伝統的な機能を背景にして営まれるものが多い。したがって、彼らの村落社会も多くの場合、ほとんど社会階層の未分化な構造を示しているものが少なくない。後に述べるように、こうした焼畑農耕民の社会の中で社会階層の分化があらわれはじめるのは、水田稲作農耕の受容か、あるいは外来文化との接触を契機とすることが多い。「稲作以前」の農耕は、まずこうした顕著な階層構造をもたない村落社会を基盤に成立していることを、その第一の特色としてあげておきたい。

雑穀を主作物とする焼畑

さてパーリア族の村では、伐採・火入れが終わった五月の中旬頃、雨季が到来するのをまって焼畑の播種がはじまる。現在、彼らの焼畑で栽培される主な作物は、テカルーとよばれるトウモロコシ、ナントーとよばれるモロコシの二つである。このほかササゲ・ブンドウマメ・キマメという三種の豆類も栽培されるが、いずれもトウモロコシやモロコシの種子と混ぜて一緒に焼畑に蒔かれる。種蒔きの日には、男が掘棒（長さ一・五メートルほど、いま使っているものには先端に小さな鉄の刃先がついている）をもって、焼畑耕地に小さな播種穴をあけ、その中にいくつかの作物の種子を一度に蒔きつけるのである。

パーリア族が焼畑で用いる農具は、この掘棒と収穫用の鎌だけで、鍬《くわ》もなければ、犂《すき》もない。だから、焼畑耕地を「耕作」したり、畝をつくったり、あるいは盛土してそこへ播種するようなことはいっさいやらない。

ところで、パーリア族の焼畑で栽培される作物の種類については、ダパニ村以外のデータもいろいろ調べてみたが、さきにあげた五種類以外のものはないようだ。後にも述べるように、東南アジアの焼畑でもっとも広く栽培されているオカボをはじめ、アワ・キビ・シコクビエ・ハトムギ・ソバなどの雑穀類、あるいはタロイモ・ヤムイモなどのイモ類などは、彼らの焼畑ではまったく栽培されていない。東南アジアやインドの他の焼畑農耕民のもとでは、後にも述べるように、数十種以上の作物をつくっている例も珍しくないが、これに較べればパーリア族の焼畑の作物構成は非常に単純である。

とにかくこの五つの焼畑作物のうち、食糧として重要なのはトウモロコシとモロコシで、なかでもトウモロコシのもつ重要性がいまではとくに大きい。だが、トウモロコシは、いうまでもなく、十六世紀以後に新大陸から伝わってきた作物である。ダパニ村付近でもそれは固有の名前をもたず、もともと「イネ」を意味していたテカルーという言葉が、いまではそのままトウモロコシを意味する語になっている。

これに対して、ナントー（モロコシ）は、古い土着の作物と考えて間違いない。モロコシはヒンディ語でジョワールとよばれるが、これは中・南部インドの畑作地帯で非常に古い時代から広く栽培されていた作物である。インド政府の農業統計をみても、モロコシは今日でもイネにつぐ広い栽培面積をもっている。いわばインドの雑穀生産の王座を占める作物である。

モロコシは、もともとアフリカのサバンナ地帯に起源した作物であり、同じくアフリカのサバンナ原産のシコクビエやトウジンビエなどとともに、雑穀栽培を主とする農耕文化の中心となる作物である。中尾佐助氏などによると、この雑穀栽培型ともいえるサバンナの農耕複合体には、ササゲを代表とする多種類の豆類、あるいはゴマをはじめとするいくつかの油脂作物が加わっているのが特徴だといわれるが、古い時代にこの雑穀栽培文化は、アフリカから中・南部インドのサバンナ地帯に拡がったものと考えられる。インドでは、このほかにキビ属に分類される多種類の雑穀やアワなどが栽培化され、いっそうその作物構成は複雑になったが、もともとこれらの雑穀類の栽培は、焼畑農耕の形態をとっていたものと考えて誤りはないようだ。

現に、インド半島の高原地帯に住む焼畑農耕民の多くは、いずれも雑穀の栽培を主にするものである。例えば、オリッサ州高地に住むボンド族では、初年目の焼畑にはシコクビエ・アワ・サマイをはじめモロコシ・トウジンビエなど多種類の雑穀を、同時に焼畑に散播（バラマキ）して栽培する。そうして、二年目にはシコクビエ・アワなどをつくるという。また同じオリッサ州のブイア族では、焼畑にオカボもつくるが、そのほかアワをはじめ、トウモロコシ・シコクビエ・サマイなどがたくさん栽培され、焼畑の立木にはマメ類がその蔓をからませているという。このほかバイガ族・マリア族・カーリア族・ジュアン族などインド高原において多種類の雑穀を主作物とする焼畑農耕民の例をあげればきりがない。

このように、インド高原に広く分布する焼畑の多くは、多種類の雑穀を主作物とする典型的な《雑穀栽培型》の焼畑だといえる。パーリア族の焼畑も、こうしたインド高原に広く分布する典型的な雑穀栽培型の焼畑の一部を構成するものだということができる。

掘棒＝穴播栽培の問題

しかし、ここで一つ問題になるのは、パーリア族の「掘棒耕作・穴播栽培」という耕作と播種の形態である。というのは、一般に雑穀栽培地帯で広く行なわれている播種方法は、耕地一面に作物の種子をバラ播く「散播法」であり、耕地に掘棒で穴をあけ、その中に植物体の一部を植付ける「穴植法」は、本来イモ栽培を主とする根栽農耕文化に付随する栽培法だと考えられる。そうして、掘棒を使う穴播きの技術は、おそらくこの穴植の方法と関連をもつものと思われる。つまり、パーリア族をはじめ東南アジアにも広く分布する穴播き栽培法は、古い根栽農耕文化の穴植法から、その技術が導き出されたのではないかという疑いがもたれるわけだ。

そういえば掘棒という農具も、本来はイモの植付け、掘り起こしに用いられたものと考えられる。現に、パーリア族では掘棒のことをジョグリあるいはカンタとよんでいるが、インド高原の焼畑農耕民の間では、焼畑の植付けやイモの掘り起こしに使う掘棒をカンタあるいはクンタとよぶ例が少なくない。しかも、それはオーストロアジア語系の種族でも、トラヴィダ語系の種族でも、同じようにそうよばれている。語族の差異を越えて掘棒の名称が広い範囲で一致をみせているという事実は、中部インドの高原に、古くからカンタ（あるいはクンタ）とよばれるイモ耕作用の掘棒が広く分布していたことを示す一つの証拠ではないだろうか。

このように考えてくると、パーリア族もずっとむかし、雑穀類を主作物として栽培する以前にはタロイモ、ヤムイモなどのイモ類を主作物とする根栽農耕文化の特色をもっていたのではないかという疑いもでてくる。彼らの焼畑作物が単純なのも、イモ類などの古い焼畑作物がいつの間にか脱落してしまったからだと、考えることができるかもしれない。

いずれにしても、東南アジアやインドの焼畑農耕民の農耕技術や文化は、それぞれ長い歴史と伝統とを背負っているものである。だから彼らの生活や文化が、一見単純にみえても、その背後には民族文化の交流と変遷の歴史がひめられていることをよく心に留めておかねばならない。

もちろん、その歴史はくわしくみれば、種族ごとにも、村ごとにも非常に異なるものである。しかし、東南アジアやインドにおける焼畑農耕文化の変遷のあとを、小さな差異には目をつぶって、ごく大まかにみると、《根栽型》のそれから《雑穀栽培型》あるいは《陸稲栽培型》の焼畑へと、一つの方向性をもって変化してきたといえるのではないだろうか。

前にも少し引用したスペンサーも、『東南アジアの焼畑農業』（一九六六）という近著の中で、同じような見方を示し、古い時代には東南アジアの大陸部では《根栽型》の焼畑が広く分布していたが、その後、《雑穀栽培型》の農耕の展開によって、作物の転換がすすめられ、現在では典型的な根栽農耕文化は、マレーシア東部からメラネシアの地域に残存するにすぎないことを明快に論じている。この場合、根栽型の焼畑が、雑穀栽培型のそれによって置き換えられた年代については、かなり古い時代に属するに違いないと思われるが、いまのところ、それを積極的に証明するデータは、ほとんどないといってよい。

いずれにしても、東南アジアやインドにおけるもっとも古い焼畑の作物は、イモ類（タロイモ・ヤムイモなど）であり、それについで雑穀がかなり古い時代からつくられていたと考えて間違いはない。

めし・だんご・おかず――採集・狩猟＝栽培民の食事文化

少し話がパーリア族の焼畑からそれてしまったようだ。このへんでもう一度、パーリア族の焼畑の問題に話を戻そう。ここでは雨季のはじめに当たる五月に播種された作物は、乾季に入った十一月から十二月のはじめにかけて収穫される。その間、彼らの焼畑の農作業でもっともたいへんなのが除草の作業である。このことは前にも少し述べたが、男も女も子供まで動員して、焼畑の除草が行なわれる。手で草を抜くか、短い掘棒を使うぐらいで、ここでは除草のための特別の道具はない。とにかく、ダパニ村で調べたところでは、村人たちの雨季における労働時間の大半は、この除草に費やされている。

しかし、高温多湿な熱帯地域での雑草の成育はものすごい。だから、一年間の耕作を終えたあとの耕地は、結局のところ、また雑草におおわれてしまう。このためパーリア族の焼畑は一年で作物の栽培を放棄して、毎年新しい耕地を拓《ひら》くことになる。除草にたいへんな手間をかけて、無理に二年目に作物を栽培しても、収穫が得られないことが多いからだ。一九六四年の私の調査では、ダパニ村で利用されていた三一筆の焼畑耕地のうち、輪作二年目のものはわずか四筆にすぎず、しかも、その面積はいずれもきわめて小さいものだった。また、この村における各世帯の焼畑経営面積にはかなりの差がみられるが、これもよく調べると、各世帯の除草に従事しうる人数と焼畑の経営面積とはほぼ比例していることがわかってきた。除草の労働力が不足すれば、大きな焼畑をつくっても結局だめになるということだ。このような事実は、熱帯における焼畑の経営は、まさに「雑草との闘い」に終始するものだということを端的に物語るものであろう。

さて、このようにジャングルを伐り開き、雑草と闘い、時には天候の不順に悩まされながら、秋の穫り入れを迎えるわけだが、この時に得られる焼畑の収穫は、ダパニ村の場合には、日本の単位に換算してトウモロコシで反当たり五〜六斗程度である。その労働生産性はたいへん低いものだ。それでも常畑耕地が、全村でわずか約三ヘクタールしかないこの村では、主食のほとんどすべてを、この焼畑の収穫に頼っているといってよい。

昼下がりの村の中を歩くと、あちこちの戸口で女たちが、木臼と竪杵《たてぎね》を使ってトウモロコシや・モロコシを搗《つ》いている。「お月様のウサギが餅を搗く時に使う」と私たちが子供の頃教わった、あの臼と杵にそっくりのものだ。乾いた穀粒に少し水を含ませ、家の前で一人でせっせと搗いている女もいるし、三人、五人と集まり、にぎやかにおしゃべりしながら、仕事をしているグループもある。臼と杵でよく砕いたトウモロコシやモロコシの実は、天日でよく乾したあと、今度は石臼でひく。手まわしの石臼だ。こうしてつくられたトウモロコシやモロコシの粉の調理の仕方には二つの方法がある。

もっとも普通のやり方は、広口で胴の張った素焼きの土鍋に熱湯をわかし、そこに荒挽きした粉を入れ、よくかきまぜながら煮る。出来上がりはトロリとしたツブガユ状になる。これをジャッグーという。ジャッグーは雑穀の調理法としてはもっとも普遍的な「湯立て法」でつくられるわけだ。これに対し、粉をよくねって木の葉に包み、熱湯の中に入れて煮るのがピッタンである。トウモロコシやモロコシのダンゴと思えばよい。このほか土器に湯をわかし、口の部分に布をおき、この上にダンゴを並べてフタをして蒸す方法も行なわれている。この方が湯の中へ入れるより少し味はましだが、手間がかかるのであまりやらない。いずれにしてもパーリア族では主食はカユ（ジャッグー）か、ダンゴ（ピッタン）のどちらかの形に調理される。

写真11　竪杵による脱穀・精白作業

この主食に対するオカズのほうはどうだろうか。焼畑で栽培されるのはトウモロコシとモロコシ、それに豆類だけだから、主食にするものはあってもオカズにするものがない。もちろん、彼らは私たちほどたくさんオカズ

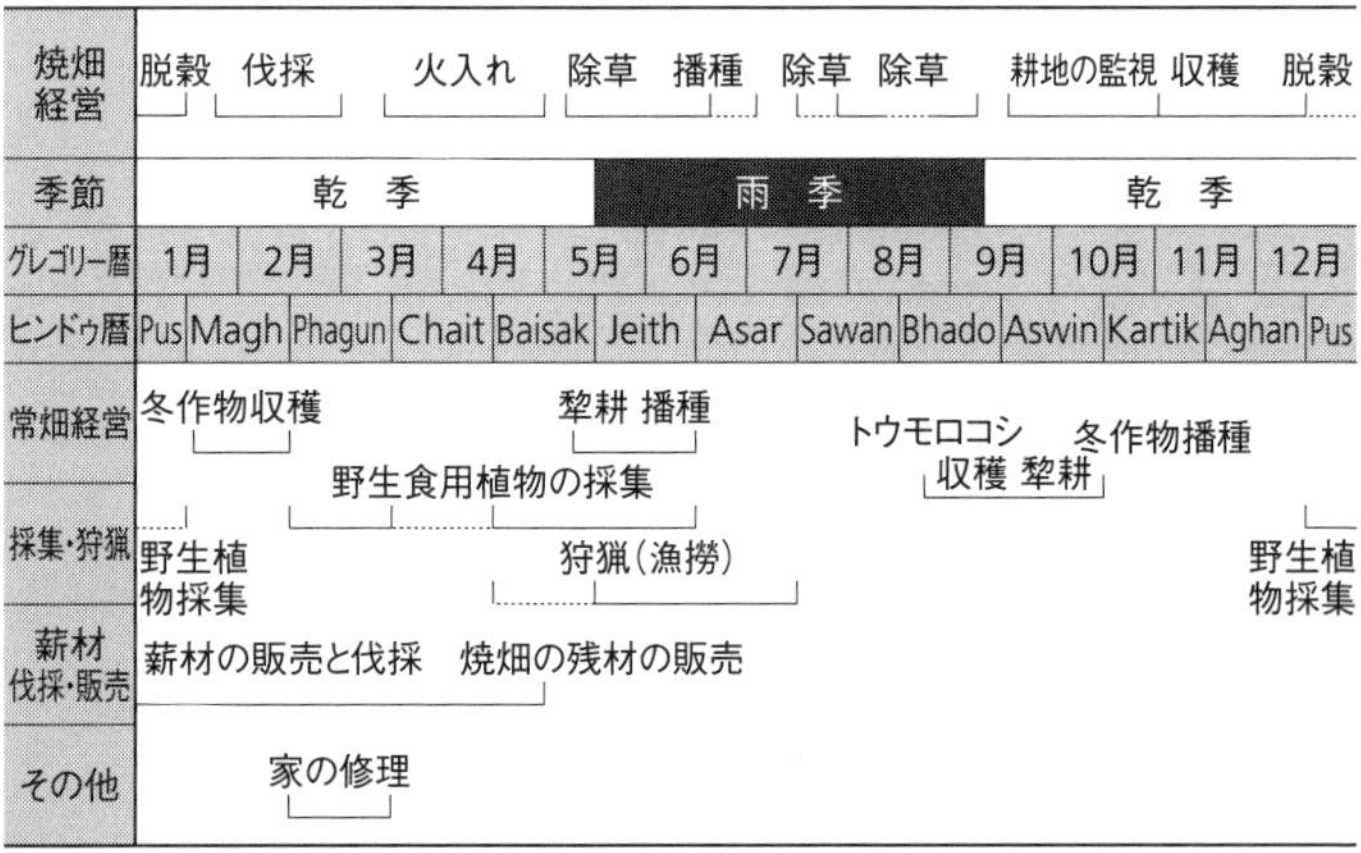

図15 パーリア族の生活暦 雨季と乾季の季節のリズムにしたがって、彼らの生活は展開する

は食べないが、それでも何もなしというわけにはゆかない。食事の時にちょっと家の中をのぞくとタマリンドの実の皮を料理したり、何やら木の葉を煮たりしている。要するにオカズは「森の幸」に頼っているわけだ。

ある日の夕方、村の広場にたむろしている男たちに聞いてみた。

「ダデ（森）の中にある食べられるものの名前をいってみてくれないか」

すると、四、五人の男が口ぐちに植物の名前をたてつづけに並べはじめる。

「まあ、待ってくれ、実を食べるものからいこう。……」

というわけで、この村で利用される野生植物のリストをつくってみると、ざあっと調べただけで、果実を食べるもの、樹葉を食用に供するもの、酒をつくるもの、油脂をとるもの、それにイモを食べるものなど、食用に利用する野生植物の種類だけでも五〇種類をはるかに越えている。このほかに工芸用や

写真12　獲物をねらう村人
右がグヌタ、左がエレトゥ

薬用その他に利用する植物もたくさんあり、かれらが利用する有用野生植物の数はたいへんなものだ。世にも珍しい花酒がつくられるマフアの花が咲き、マンゴーやパルミラヤシの大きな実がたわわにみのる雨季のはじめは、採集活動の最盛期だ。男も女も、老人も子供も森へ採集にゆく。

一般にパーリア族の生活暦は、乾季と雨季という季節のリズムにしたがって展開されている。それは、図15に示した通りだが、このうち乾季の後半に行なわれる森林の伐採、雨季になって行なう焼畑の播種と除草、さらに乾季の前半にやる収穫と脱穀作業などが、彼らの年間労働の中で大きなウェイトを占めることは間違いない。だが、このほかに乾季の後半から雨季の前半にかけ、ほぼ五ヶ月の間、連続して行なわれる採集活動も、彼らの生活や労働の中で、かなり重要な部分を占めていることを見落としてはならない。

採集活動のほか、パーリア族の男たちは狩猟もさかんにやる。各世帯には、エレトゥという普通の形の弓やグヌタというパチンコ式に石を飛ばす弓などが、必ず数張りずつ備えてある。男たちは森へ行く時には必ずこれをもってゆく。主にねらう獲物は、ジャングルにたくさんいる鳥だ。また、トラやイノシシなどの大型獣を倒す二メートルあまりの大きな弩弓《どきゅう》もある。大きな鉄の鏃《やじり》に矢毒をベッタリぬって、夜の間に、これをジャングルの草むらに仕掛けておく。このほか、大小さまざまのワナがあちこちに仕掛けてあり、小動物や小鳥を捕えている。また、雨季になると渓流にヤナをしかけて漁撈をやることも少なくない。

パーリア族の生活は、たしかに焼畑農耕を基礎にして成立している。けれども、彼らの生活が焼畑農耕のみに依存していると考えることは誤りである。森林における採集・狩猟によって得られる食糧は、彼らの貧しい食生活には欠かすことのできないものだ。それが具体的にどれほどのウェイトを占めているかを示すことは難しいが、焼畑農耕民パーリア族の生活が、森における採集・狩猟の活動をはなれては基本的に成り立たないことは疑うわけにはゆかない。

同様のことは程度の差こそあれ、他の東南アジアやインドの焼畑農耕民のすべてについてもいうことができる。森林を舞台とする山地焼畑民の生活は、本質的に採集・狩猟活動と結びつき、それによって経済生活の一部が補完されているところに、大きな特色の一つがある。このことは前の章でも少し述べたが、「稲作以前」の生活の基本的な形態は、焼畑農耕を中心にしながら、採集・狩猟の活動によってこれを補い、《採集・狩猟＝栽培民》的といえるような生活類型の特色を示す。私はこの点をとくにくり返し強調しておきたいと思う。

稲作以前と以後

私の調査したダパニ村は、いままで述べてきたように、食糧生産のほとんどすべてを、焼畑に依存する典型的な焼畑村落であり、ラジマハール丘陵の周辺の平地に住む水田稲作農耕民の文化的影響はまだ十分に及んでいない。その意味では、いまも「稲作以前」の段階にとどまる村だといえる。ところが、このダパニ村にも、よく調べてみると、村内に小さな水田が二つだけある。村の泉場から少しはなれた小さな谷の源流部に近い所に、自然石を無造作に積み上げた粗末な石垣に囲まれ、二〜三畝歩ほどの湿田が二枚連続してひらかれている。

上流部の水田はこの村の村長の所有田、下流部の水田は他の村人の一人が所有している。これらの水田がいつつくられたか、その正確な時期は不明だが、一世代前の頃につくられたといわれ、それほど古いものではない。またその面積も小さなものだから、さし当たって焼畑に依存するこの村の経済に与える影響は、ほとんどないといってよい。

しかし、たった二枚の小さな水田だが、この二つの水田の存在は、「稲作以前」から「稲作以後」へ、この村の生活文化が変化してゆくプロセスを考える場合には、たいへん興味ある存在だと思われる。ことにこれらの水田の所有と利用の関係については、伝統的な焼畑耕地の場合と異なって、家族を単位とする私的経済のレベルで展開していることに私は注目したい。

ダパニ村では、焼畑用地になるダデ（森）の所有は、いちおう私有のタテマエになっている。村人と一緒に森に行き、「イエーハン・キスカ・ダデハイ（ここは誰の森ですか）」と聞くと、「チャンドウ・キ（チャンドウの）」とか「ルッパ・キ（ルッパの）」とか必ず固有名詞のあとに、所有を示す後置詞の「キ」をつけた答えが返ってくる。その限りでは、この村では森（土地）の私的所有関係は、かなりはっきりしているといってよい。

ところが、現実にこの森を伐採して焼畑耕地をつくるとなると話はやっかいになる。というのは、村人ひとりひとりがつくる焼畑の位置は、その人が決めるのではなく、村のシャーマン（デマノ）が神がかりして語る「神のお告げ」によって決められるからだ。

「焼畑のトウモロコシが一メートルばかりの大きさになった七月の終わりか八月の初め頃、村中のすべての男たちが、村のシャーマンであるデマノの家に集まり、儀礼を行なう」。このような書き出しで私のフィールドノートには、ダパニ村における焼畑の位置を決定する儀礼のことを、つぎのように記している。

「まずそこでは、村の司祭役であるマンジーが低い声で、精霊ゴサインに神のお告げを依頼する祈りの言葉を唱える。そして一羽のハトを屠り、その鮮血がデマノ（シャーマン）の家の床に注がれる。これとともに横にひかえた村の若者たちがタイコをドドン・ドドンと打ち鳴らす。このタイコの音が高まるにつれ、やがてデマノは正気を失い、身をふるわせ、髪をふりみだして、神がかりの状態になる」

「デマノが完全に神がかりになったのを見届けると、こんどは村の副村長兼副司祭役をつとめる男が、神がかりになったデマノに、村人ひとりひとりが翌年につくる焼畑の位置を尋ねるのである。デマノが答え、その言葉を副司祭役がもう一度、村人ひとりひとりに伝える」

このように、ダパニ村では村人の翌年つくる焼畑の位置は、すべて神がかったシャーマンの語る精霊ゴサインの「お告げ」によって決められている。そこには村人個人の自由意志の働く余地は、まったくみとめられない。だから森（土地）の所有はいちおうは私有のタテマエをとってはいても、現実にゴサインの「お告げ」で定まる焼畑の位置は、個人の土地所有関係とまったく無関係に決まることになってしまう。現実に自分の所有地で他人が焼畑をつくり、自分はまた他人の所有地で焼畑の耕作を行なっているというような実例がたくさん出てきて、一時は調査している私たちのほうがたいへんな混乱に陥ったほどである。要するに神の「お告げ」で決められた場所には、誰でも焼畑が自由につくれるわけだ。

ということは、この焼畑農耕民パーリア族の村においては、土地（焼畑用地）の私的所有の観念はすでに発生してはいるけれども、現実の土地利用（焼畑の経営）は、村落を単位とする土地共有制の原理にしたがって展開していることを意味する。私的土地所有のもつ意義は、この村においては、実際にはシャーマンの「神託」の中に埋没してしまい、土地共有制の原理の中に、その機能を解消せしめているということができる。

ところが、谷間に拓かれた二つの水田の場合には、事情がまったく異なっている。文字どおり猫の額ほどの小さな水田だが、これは一枚ずつ、それらの水田を造成した家族によって、はっきりと私的に所有されている。おまけに村長の所有する水田は他の村人に、もう一つの他の村人の所有する水田は隣村のある男に貸しつけており、それぞれ二〇〜四〇ルピーという彼らの社会ではかなり高額の賃貸料をとっている。

要するに、村落を単位とする土地共有制の原理によって支配されている焼畑耕地と異なり、水田については、土地の私的な所有関係が明瞭になり、それにもとづくはっきりした貸借関係が、個々の家族を単位にして成立しているのである。

焼畑から水田へ。つまり「稲作以前」から「それ以後」への変化は、一般に生産力の著しい上昇と安定をもたらす。このことは誰でもすぐ思いつくことだが、このほかに、焼畑から水田への変化は、稲作以前の社会の共同体的なまとまりを、根本的に変革する大きな影響力をもつものだということを見落とすわけにはゆかない。

焼畑から水田へ、その変化の図式

東南アジアやインドの全域にわたり、焼畑農耕民が水田稲作農耕をうけ入れ、やがては稲作農耕民に転化していった例はきわめて多い。例えば、私も訪れたことのある中部インドのムンダ族では、いまは焼畑農耕をほとんど営んではいない。けれども、彼らの常畑（ゴラ）の開墾の際には、まず原野の灌木や雑草を伐り倒し、これを運んできて積み上げて燃やし、その灰を犂によって畑に埋め込むという過程が必ず伴っている。こうした慣行は、古い時代の焼畑の技術的伝統を伝えるものだということは明らかである。かつては彼らも山地の斜面で焼畑を営んでいたが、人口が増加し、しだいに開墾がすすむにつれて、焼畑耕地のうち条件に適したものは二〜三年の休閑期間をおいて、くり返し耕作されるようになり、やがては畝立てや施肥も行なわれて、それは階段状の常畑耕地に変えられてきた。

さらに、この斜面につくられた常畑耕地のうち、低いところにあって水利条件にめぐまれたところには、石垣をきずき、畦がつくられ、水をひき、やがては常畑から水田（ロヨン）に変化したものも少なくない。そうして、今日では水田稲作が彼らの生業のもっとも重要な手段になっているのである。だが、ムンダ族の文化の中には、むかしの焼畑農耕の時代の記憶が今日でもはっきり残っている。後に述べる「火祭り」や「儀礼的共同狩猟」の慣行など、焼畑農耕文化に属する古い文化要素が、今も彼らの中には数多く残存するといわれている。

このような例を東南アジアやインドであげればきりがない。その例は無数にあるといえる。しかも、焼畑から水田へと生業が変化すれば、これに伴って古い社会の組織にも大きな変化が生じてくることがよく知られている。

例をもう一つだけあげておこう。場所はフィリピンのルソン島の北部。そこに住むサガダ・イゴロット族は、いまでは丘陵の斜面に階段状の水田をつくり、比較的定着的な農耕生活を営んでいる。しかし、もとはイモ類を主作物とする焼畑を営む典型的な焼畑農耕民であったらしい。彼らはむかしは非単系的な親族集団を組織し、この親族集団が耕地の用益権をもち、共同労働の集団としての重要な役割を果たし、また政治や儀礼の単位にもなっていた。ところが、隣接する稲作農耕民であるボントク族との文化的接触が密になるにつれ、ボントク族から水田稲作をうけ入れるものがふえてきた。こうなると、「サガダ・イゴロット族の社会には大きな変化があらわれはじめた」と、この種族を調査したイリノイ大学のエッガン F. Eggan はいうのである。

すなわち、サガダ・イゴロット族は、ボントク族から水田を受容するときに、古い親族集団とは関係なく、個人個人で水田や灌漑水路を構築したため、それらはいずれも旧来の親族集団の存在とは無関係に、各個人の所有になってしまった。このため水田稲作を受容したのちは、伝統的な親族集団による共同労働の必要性はすっかり薄れてしまった。しかも、水田の生産力は、従来の焼畑に較べるとずっと安定しているので、彼らの間では水田稲作受容ののちには人口がどんどん増加してきた。この増加した人口を養うためには水田稲作への依存度をますます高めることになる。こうして水田化がいっそう進むにつれて、各世帯の経済的独立性はますます高くなり、今日では古い親族組織はまったく解体し、社会階層間の富の分化がいっそうはげしくなり、富める者と貧しい者との差が、今日でははっきりしてきたといわれている。

焼畑から水田へ。東南アジアやインドの諸地域では、古くからこの過程は絶え間なく進行してきたし、現在でも、このプロセスは現実に各地で進んでいる。さきにあげたパーリア族は、この水田稲作化の第一歩をちょうどふみ出したものであり、ムンダ族やサガダ・イゴロット族は、それがより進行し、焼畑から水田への転化をほぼ終わったものの例ということができよう。

この場合、この焼畑から水田への変化は、おおまかにみれば、どの地域でもほぼ同じような過程をたどり、同じような社会の変化を導き出していることが、注目されねばならない。すなわち焼畑農耕民が、水田稲作農耕を受容したときには、まず、より安定した生産条件が保障され、人口の増加を導く。それは家族レベルの経済の発展を促し、私的な土地所有制の確立を促す。その結果として社会階層の分化が生み出され、ついには古い社会組織の解体を招くのである。

ごく一般的にみれば、これは焼畑農耕から水田稲作農耕への展開過程における、ある種の「公式」だといえよう。しかも、この場合、東南アジアやインドの全域において、水田から焼畑へと逆方向の変化が進行した事例はまったくみられないことも、ここで注意しておきたい。

当然のことながら、焼畑農耕は、技術的に低い水準にあり、水田稲作農耕に較べれば、その生産力もはるかに劣っている。焼畑によって維持される社会の構造も水田稲作民のそれに較べれば、相対的には単純なものであり、このような意味で、焼畑農耕は常に水田農耕に対しては、先行する農耕形態として特徴づけることのできるものである。つまり、焼畑から水田への変化は、現実に無数の例を指摘できても、その逆の変化が大規模におこる可能性は理論的にもほとんどないといえる。このことは、一つの「定理」といえるだろう。とすれば、わが国の場合にも同様の定理があてはまるに違いない。

前節でも述べたように、わが国の場合、焼畑農耕が水田稲作農耕に先行していたという考古学的な証拠は、いまのところ見出せない。けれども、伝統的に一つの生活様式としてのまとまりをみせる、わが国の焼畑農耕文化は、いままで述べてきた東南アジアやインドの焼畑農耕民の生活や文化とさまざまな点で類似する特徴を示している。しかも、この焼畑農耕文化は、焼畑と水田の関係を示す「定理」に照らしてみても、それが何らかの意味で「稲作以前」の伝統をひくものだとみるのは、もっとも素直な見方であろう。

パーリア族の一つの村を例証にしながら、「焼畑農耕文化の特色をさぐる」という第一の課題の検討にやや手間どってしまったようだ。しかし、前の節で述べたわが国に残存している焼畑農耕文化の諸特徴が、このダパニ村で代表される東南アジアやインドの「稲作以前」の農耕文化と、基本的には一致する点の少なくないことが、これでいちおうは、はっきりしたことと思う。

そこで、つぎには、さきに述べた第二の問題――東南アジアの焼畑の類型を検討して、そのなかで日本の焼畑に直接連なるタイプを検証する問題――の分析にとりかかることにしたい。

(二) 東南アジアの焼畑農耕――その類型と特徴

東南アジアの焼畑の諸類型

まず、東南アジアにおける焼畑の類型を検討する資料として、この地域における主な焼畑農耕民の栽培する主要な作物とその輪作方式を表5にまとめてみた。この表(一七〇～一七一頁)を一瞥して気がつくことは、東南アジアの焼畑農耕民のもとで栽培されている作物の中で、もっとも主要なものはオカボだということだ。もっとも、この表のなかには比較のために示したインド高原の焼畑農耕民（さきに述べたパーリア族やボンド族・バイガ族など）、あるいは東南アジア北部の山地民の一部（カチン族やナガ族の一部、それに台湾の原住民など）のように、雑穀類を主作物にして、オカボをあまりつくっていない例もある。これらのインド高原の例などを除くと、東南アジアのたいていの焼畑農耕民のもとではオカボが栽培されている。それも多くの場合、焼畑ではもっとも土地生産力の高い、火入れ後の一年目の耕地でオカボが栽培されていることが特

	休閑期間	備　考	報告者
	5〜10年		岡田謙, 1942
	5〜10年	ときに5年目にアワ	岡田謙, 1942
	8〜15年	第4年目以降、自然状態でバナナの採取をつづける	Conklin, 1957
	13〜16年	サゴヤシの栽植も行なう	Freeman, 1955
	18〜19年	第2年目にアワ・シコクビエ・モロコシもつくる	Stübel, 1938
	12〜15年	アワ・ハトムギ・シコクビエ・モロコシを少量栽培	Izikowitz, 1951
	8〜10年	ほかにキビ・トウモロコシ・サトウキビ・ケシをつくる	Bernatzik, 1946
		ティン族も同じ	Credner, 1935
	12〜15年	亜熱帯モンスーン林	Leach, 1954
	12〜15年	松・灌木林帯	Leach, 1954
	5〜10年		Fürer-Haimendorf, 1938
	10〜12年	東へ向かうほど、ハトムギの機能大きくなる	Hutton, 1921
	12〜15年		佐々木, 1965
	10年		Elwin, 1948
			Elwin, 1950
	10〜12年	第2〜3年目につくる雑穀の種類は多い	Nag, 1958
	20〜30年	第5〜6年目にサツマイモ・サトイモをつくる	佐々木, 1963

地域	種族名	初年作物	第2年作物	第3年作物	
台湾山地 中部	ブヌン	アワ・サツマイモ（トウモロコシ・小豆）	アワ	――	
台湾山地 南部	パイワン	タロイモ・アワ	サツマイモ・タロイモ・アワ	サツマイモ（第4年目豆類）	
フィリピン・ミンドロ島	ハヌノー	オカボ・トウモロコシ	タロイモ	バナナ	
北部ボルネオ	イバン	オカボ	オカボ	オカボ	
華南・広東省	ヤオ	オカボ・トウモロコシ	サツマイモ	タロイモ	
北西ラオス	ラメット	オカボ	――	――	
北部タイ	アカ	オカボ	オカボ	――	
北東タイ	カムック	オカボ	――	――	
北部ビルマ	カチン(A)	オカボ	――	――	
	カチン(B)	アワ・ソバ・豆類・トウモロコシ	（雑穀）	（雑穀）	
アッサム地域	コニャク・ナガ	オカボ・タロイモ	雑穀・タロイモ	――	
	セマ・ナガ	オカボ・ハトムギ	アワ・モロコシ・シコクビエ	――	
北部インド	パーリア	トウモロコシ・モロコシ・豆類	（モロコシ）	――	
中部インド	ジュアン	豆類・オイルシード	オカボ・雑穀	――	
	ボンド	シコクビエ・アワ・サマイ・モロコシ	シコクビエ・サマイ	――	
	バイガ	サマイ・ゴトラ・モロコシ	雑穀・豆類	雑穀・豆類	
西南日本	五木村	ソバ・ムギ・ヒエ	ヒエ・アワ	小豆・大豆（第4年目アワ）	

表5　東南アジアの焼畑の輪作方式

徴的である。つまりオカボは、今日では焼畑の作物として、もっとも主要な地位を占めていることがわかる。このようなことから、東南アジアの焼畑では、オカボが主作物として非常に高い機能をもつことがその第一の特色として指摘できるようだ。

表5に示したラメット族は、北西ラオスの熱帯モンスーン林に住む、オーストロアジア語系の言葉を話す焼畑農耕民だが、ここでは焼畑に栽培される主な作物はオカボに限られている。かれらのもとでは白米・赤米・黒米など、穀粒の色や成熟期の長短によって区別される数種類のオカボがつくられているが、このオカボのほかには、わずかの雑穀類や疏菜類がつくられているにすぎない。しかも、これらの作物は焼畑のまわりやオカボの株間にほんの少しつくられる程度で、ラメット族の焼畑ではオカボの占める比重は非常に大きい。またラメット族では一年間耕地を利用すると、雑草の繁茂が著しくなるので、その耕地を放棄して毎年つぎつぎに新しい焼畑耕地を造成する。そうして、そこでもまたオカボがつくられる。

このようなオカボの比重のとくに大きい焼畑の輪作型を、私は《オカボ卓越型》と名付けることにしているが、このラメット族と同じようにオカボを主作物として一年間だけ焼畑の経営を行ない、毎年つぎつぎに耕地を移動させてゆく型式の焼畑を営むものは、東南アジアの大陸部には少なくない。北ビルマのカチン族やリス族の一部、タイの北部や西部に住むアカ族、カムック族、ラワ族など、いずれもこうしたオカボ単作型の焼畑を営むもので、これらはすべて《オカボ卓越型》の焼畑の類型に分類できる。

さらに、このような《オカボ卓越型》とよべる焼畑の類型は、東南アジアの島嶼の部分にも拡がり、ボルネオ・スマトラ・セレベスなどの島々では、その例をいくつもみることができる。表

5に示したイバン族はその典型的な例の一つだといえる。

イバン族は、ボルネオ北部のサラワク地方に住むダヤク族の一派で、長大な共同大家屋に住み、熱帯降雨林を伐り開いて焼畑をさかんに営むことでよく知られている。このイバン族の焼畑のくわしい調査を行なったイギリスの人類学者フリーマンJ. D. Freemanによると、ここではサゴヤシが低湿地で少し栽培されるほかは、焼畑ではほとんどオカボばかりをつくっている。しかも、焼畑を伐採した初年目の耕地にも、二年目にも、ときには三年目にまでわたって、オカボを連作することが大きな特色となっている。また、このようにオカボへの依存度がたいへん高いという事実とあいまって、ここでは栽培されるオカボの品種の分化も非常にすすんでいる。イバン族の各家族は、それぞれ十五種類以上の異なった品種のオカボをもち、これらの多種類のイネを一定の順序にしたがって播種してゆく。一般にもっとも早く蒔きつけるのはモチ種や早稲《わせ》種のオカボであり、つづいて常食用のウルチ種が蒔かれ、最後に儀礼用の「聖なるイネ」の播種が行なわれる。これらのオカボの播種の期間は一ヶ月以上にも及んでいるといわれるほどである。

いずれにしても、このようにオカボへの依存度が著しく高く、二年あるいはそれ以上にわたって、オカボを連作する焼畑の型式は、イバン族のほかにも、同じくボルネオの陸ダヤク族やスマトラのバタック族などでもみられ、その分布はかなりの拡がりをみせている。東南アジアの大陸部から島嶼部にかけて、このようにオカボを主作物とし、その他の作物はきわめてわずかしか栽培されない《オカボ卓越型》とよべる焼畑が、広い範囲に分布していることは十分に注目されてよい現象だろう。

しかし、東南アジアやインドの焼畑の輪作方式のすべてが、《オカボ卓越型》の類型に属するというのではない。さきにも述べたように、インド半島の高原地帯のジャングルに住む焼畑農耕民の多くは、たくさんの種類の雑穀類や豆類を主作物とする典型的な《雑穀栽培型》の焼畑を営んでいる。私の調査したパーリア族の焼畑もその一部を構成していることは、さきにも書いた通りだ。表5に示したボンド族・バイガ族などいずれも、この《雑穀栽培型》の輪作方式をもつものであり、同じ表にあるジュアン族のように、オカボをその輪作の中にとり入れている例は、インド高原の焼畑農耕民の中では、むしろ例外に属するといってよい。この点、インド高原の焼畑農耕民の作物輪作方式の特色は、アラカン山脈以東の東南アジアの地域に広くみられる《オカボ卓越型》のそれに対して、かなり異なった特色をもつものだといえる。

ところが、アラカン山脈以東の東南アジアの大陸部においても、《オカボ卓越型》の焼畑が分布するよりも北側の地域、すなわちアッサム東部から北ビルマ・雲貴高原の一部を経て江南山地に至る、海抜高度のやや高い山地地域では、焼畑でオカボを栽培せず、雑穀類を主としてつくるという例が少なくない。

アッサム・北ビルマ山地の農耕について総括的な研究を行なったドイツの民族学者カウフマンE. Kauffmannも、すでにこのことに気付いていて、アッサム山地のなかでも、高地部に住む東部ナガに属するいくつかの種族ではオカボに代わってハトムギが大量に栽培されていること、またチン族ではアワとモロコシが、ビルマ雲南国境地域の山地民（北マル・ラシ・ワ・ロロ・リス・北ラウなどの諸族）のもとでは、ソバとトウモロコシが焼畑の主作物としてたいへん重要な役割を果たしていることを指摘している。さらに中国側に入っても、貴州省・四川省の山地に住むロロ族やミャオ族でも、ソバやダッタンソバ、それにモロコシ・トウモロコシなどの雑穀類が、焼畑作物として大きな役割を果たしていることが報告されている。

これらの東南アジア北部の高地地帯は、この章の最初に述べたように、照葉樹林帯に属する地域である。この地域で《雑穀栽培型》の特色をもつ焼畑がひろくみとめられるということは、わが国の焼畑の特色と較べてみて、たいへん興味ある事実だといえる。だが、この点については、あとでもう一度よく検討してみることにして、ここではもう少し東南アジアの焼畑の類型についてみておくことにしよう。

私は、いままでに、東南アジアの焼畑には《オカボ卓越型》と《雑穀栽培型》の二つの類型のみられることを述べてきたが、ちょうどこの二つの類型が相接する地域には、両者の中間形態に当たる《オカボ・雑穀型》とよべるような輪作の特徴をもつ焼畑の類型がみられる。

さきの表5にあげた例でいえば、アッサムの西部ナガ諸族に属するセマ・ナガ族がそれに当たり、また華南から北タイに至る山地に住むヤオ族の焼畑もそれに該当する。いまこれらの各種族の焼畑についてのくわしい説明は省略するが、いずれも照葉樹林帯よりもいっそう温暖な亜熱帯モンスーン林地域に居住し、焼畑の一年目にはオカボを主として栽培するのに対し、二年目・三年目には、アワやシコクビエ・モロコシなどの雑穀やタロイモ・サツマイモなどのイモ類など、多種類の作物を栽培する点に重要な特色がみとめられる。この種の輪作の形態は、おそらく雑穀栽培型の焼畑の輪作の一年目に、後になってオカボが導入されたので形成された、その意味では混合型の輪作の形態だと考えて大きな誤りはないと思われる。

そういえば、表5に示したフィリピンのミンドロ島に住むハヌノー族の場合も、初年目にオカボをつくり、二年目以後はタロイモやバナナの栽培に切り替えられている。ただ、このハヌノー族の焼畑が、セマ・ナガ族やヤオ族のそれと異なる点は二年目以後にほとんど雑穀類が登場せず、イモ類やバナナなど、いわゆる根栽農耕を構成する主要な作物があらわれてくることである。このような点から、私はこのハヌノー族のそれによって代表される焼畑のタイプを《オカボ・根栽型》とよぶことにしたい。さきの《オカボ・雑穀型》と同じように、おそらくこの場合にもオカボ栽培が古い《根栽型》の焼畑の中へ浸透してきて、もっとも土地生産性の高い輪作の一年目に、それが定着したのだと考えてよさそうである。

いずれにしても、フィリピンをはじめマレーシアの島々の焼畑の中には、この類型に属するものが少なくない。オカボを栽培する焼畑は、こうした《オカボ・根栽型》の焼畑の類型を中間にはさみながら、メラネシア・ミクロネシア地域に、現在も広く分布している典型的な《根栽型》の焼畑につながってゆくことは、ほぼ確かな事実だとみてよいだろう。

四つの類型の分布

さて、いままで表5の資料をもとに、東南アジアとインドにおける焼畑の類型について、主として作物の輪作形態を目安にして検討してきた。その結果、この地域には《オカボ卓越型》《オカボ・雑穀型》《雑穀栽培型》および《オカボ・根栽型》の四つのタイプの焼畑の類型のあることが明らかになった。これをまとめて地図に描いてみると図16のようになる。

私はかつて、この四つの焼畑類型の分布について、その特色を各地の自然条件と関連させながら、つぎのように述べたことがある。

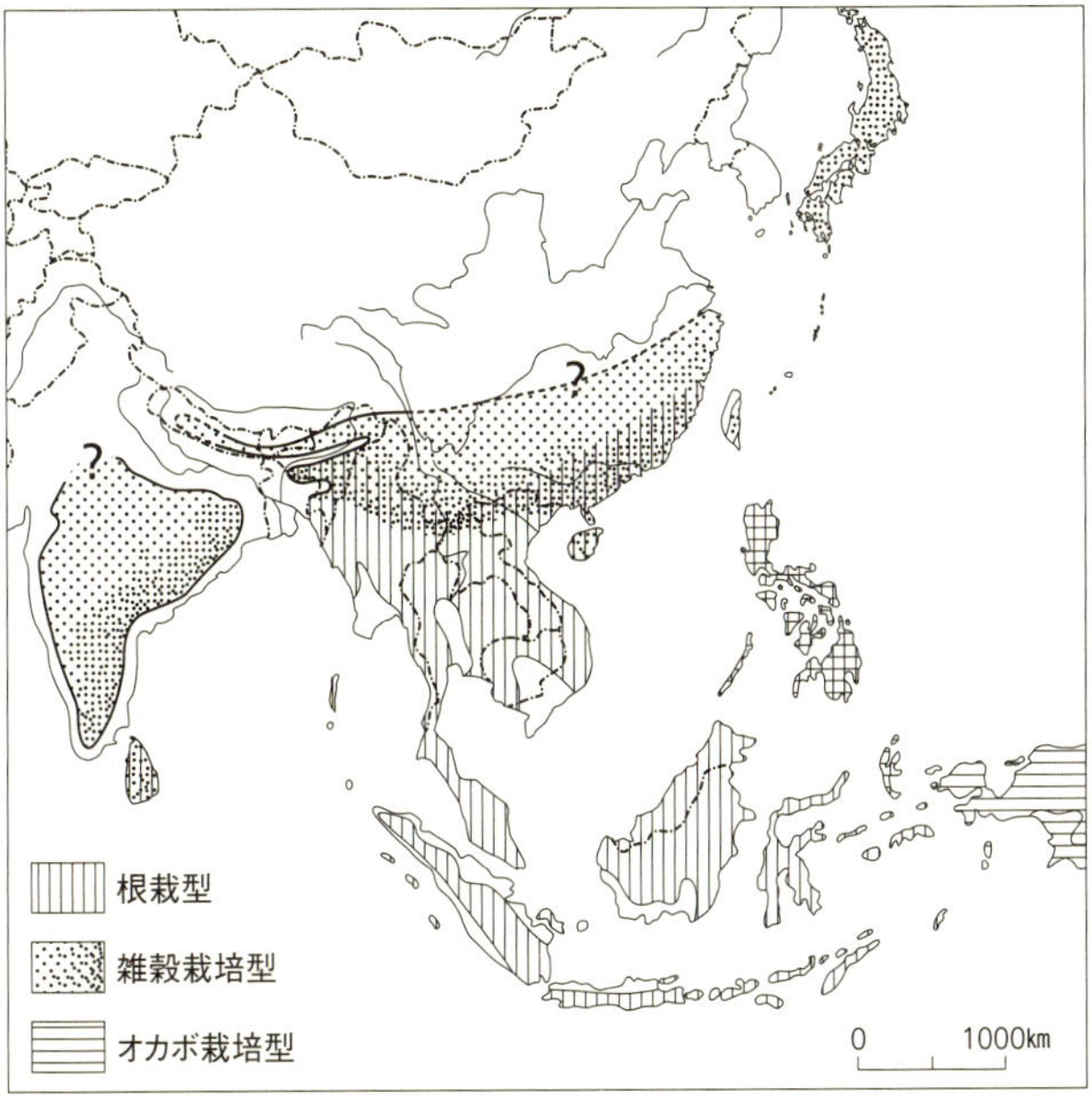

図16　東南アジア・インドの焼畑類型

「オカボへの依存度のきわめて高い《オカボ卓越型》はインドシナ山地からマレーシアの島嶼部の熱帯・亜熱帯林地域に分布するが、インドシナ山地では一年間耕作して耕地を放棄するオカボ単作型の焼畑がみられるのに対し、島嶼部ではオカボの連作が行なわれている。また、オカボ・イモ類の輪作を特色とする《オカボ・根栽型》は、主としてマレーシアの島嶼部の熱帯降雨林地帯に分布するが、おそらく、この種の焼畑は、古い《根栽型》の焼畑から《オカボ卓越型》へ移行する中間的形態を示すものにほかならないと考えられる。

　これに対し、東南アジア大陸部の亜熱帯から暖温帯の森林地帯に広く分布するものは《オカボ・雑穀型》の焼畑であり、この種の焼畑では輪作の二年目の作物に豊かなバリエーションが認められるようになる。そうして、これらの東南アジア・プロパーの焼畑農耕地帯を包むように、インド半島のサバンナ地帯や北ビルマから西南中国にかけての暖温帯山地（照葉樹林の分布帯とほぼ一致する）には、オカボを欠く典型的な《雑穀栽培型》の焼畑が分布する」というのである。

また「わが国の焼畑農耕の特色は、基本的には、この東南アジアの暖温帯林（照葉樹林帯）に広く分布する典型的な《雑穀栽培型》のそれが主体をなしているとみてさしつかえない」ということも指摘したことがある（『熱帯の焼畑』一九七〇年　三九頁）。

東南アジアの焼畑の類型とその特色についてのまとめは、ほぼ、この引用の文章でつきているように思える。ただ、ここで、日本の焼畑との関係を考えようとする場合には、若干の問題が残るように思われる。

その一つは日本の焼畑では、ほとんどみられなかったオカボが、東南アジアでは広範に分布しているという事実についてである。その意味をどう考えればよいかということ。その二はわが国の焼畑と直接の連関をもつと予測される照葉樹林帯の焼畑、とくに中国西南部を中心とする地域の焼畑の特徴をめぐる問題である。このあたりで、その特徴について、いちおうの見極めをつけておくことが必要だろう。しかも、この二つの問題はいろいろな点で関係をもっている。

まず、順序として第一のオカボの問題からとりあげてゆくことにしよう。

オカボ化現象の進展

ラオス北西部に住むラメット族は、さきにもあげたように、オカボを焼畑の主作物として一年間耕作を行なう典型的な《オカボ卓越型》の焼畑を営む種族である。このラメット族のくわしい調査を行なったスウェーデンの民族学者イチコヴィッチ K. Izikowitz の報告書を、くわしく検討すると、つぎのような注目すべき事実が見出される。

彼らの焼畑では、数種のオカボがおもに栽培されているが、その耕地のまわりには、よく注意すると、シコクビエ・アワ・ハトムギなどの雑穀類やタロイモなどのイモ類、そのほかキュウリ・タマネギ・トウガラシ・落花生などが少しずつつくられているという。このシコクビエ・アワなどの雑穀類は、いまではおもに酒の醸造原料に使われているが、むかしは食糧としても重要なものだったらしい。

「シコクビエやアワは、むかしは今よりもずいぶんたくさんつくっていましたよ。それは主食として食べていたのです」

ある村の老婆は、調査に当たったイチコヴィッチにこのように語っている。

ということは、ラメット族において、オカボの栽培が今日みるように、焼畑の唯一の主作物として卓越するようになったのは、それほど古い時代のことではないのではなかろうか。オカボがこのように卓越化する以前のラメット族の焼畑を考えると、おそらくそこでは、現在は畑のまわりやオカボの株間に、少量ずつしか栽培されていない雑穀類やイモ類が、オカボと並んで焼畑の主作物の座を占めていたのだろう。

とすれば、その当時、オカボはシコクビエやアワと同じ価値をもつ雑穀類《ミレット》の一種としてあつかわれていたと考えることが正しいようだ。そうして、このラメット族では、数多くの雑穀類の中から、オカボがただ一つ選び出され、それがやがて他の雑穀類を圧倒して卓越化していったものと思われる。その原因としては、たぶんオカボの単位面積当たりの収量が他の作物より多く、しかもコメは他の雑穀類よりはるかに食べてみて「うまい」という条件にもとづくものと私は考えている。現に、東南アジアの諸地域においては、こうした意味で、コメがもっともすぐれた作物だという価値観は、きわめて広く行きわたっている。

現在、東南アジアに広くみられる《オカボ卓越型》の焼畑は、おそらくこのラメット族と同じような条件に支えられ、ほぼ似たようなプロセスを経て、その特色を生み出してきたものと考えて大きな誤りはないだろう。

このほか、たとえばさきに《オカボ・雑穀型》の例にあげた、アッサム山地の西部ナガ族の場合にも、やはり「ミレット（雑穀）類がもっとも古い作物である」ことが、ナガ族研究の第一人者、ハットンJ. Huttonによって指摘されている。

いま例証を西部ナガの一つセマ・ナガ族に求めてみると、そこでは一月に火入れを行なって造成する初年目の耕地には四月にオカボが掘棒を使って穴播きされる。このオカボの間にはハトムギが蒔かれることが少なくないし、その耕地の一部にはタロイモやトウモロコシ、それにヒョウタン・カボチャ・キュウリなどの蔬菜類が作付けされることもある。これに対し、二年目の耕地では二〜三月頃にアワ・モロコシ・シコクビエなどの雑穀類や数種類の豆類が播種される。これらの二年目の雑穀や豆類は七月の初旬にはたいてい成熟するので、それまではもっぱらこの古い二年目の耕地の除草や管理が行なわれる。その後、七月以降になって新しい初年目のオカボの除草・管理にうつり、九〜十月（ときには十一月までかかる）にその収穫が行なわれている。

このように、セマ・ナガ族の初年目の焼畑では、必ずオカボが栽培され、これが主作物として経済的にも重要な役割を果たし、また宗教儀礼の面でも、今ではそれがもっとも重視されている。だが、それにもかかわらず、二年目の耕地はすべてアワ・モロコシ・シコクビエなどの雑穀類の栽培にあてられ、彼らの農業労働の半ばがこの雑穀栽培にふりむけられている。

しかも、同じセマ・ナガ族の中でも、その東部に住むグループでは、海抜高度が高くなり、気候条件がだんだんイネの栽培に適さなくなることもあって、オカボの重要度が著しく低くなり、それにかわって雑穀——とくにハトムギ——の機能が大きくなる傾向がはっきりみとめられる。

このような作物分布の状況と輪作様式の特色から判断して、おそらく古い時代には、ハトムギ・アワ・モロコシ・シコクビエなどの雑穀類を主作物とする典型的な《雑穀栽培型》——それは古くはインド高原の焼畑にまで連続していたと思われる——の焼畑が、セマ・ナガ族でも営まれていたと推定される。

ところが、その後、気候条件の良好なセマ・ナガの西部グループなどでは、オカボの重要度が著しく増加してきて、やがてこれが初年目の耕地で優占的に栽培されるようになり、経済的にも宗教的にも重要な作物とみなされるようになったとみられる。さきに初年目の焼畑のオカボの間には、ハトムギが栽培される例の多いことを述べたが、このハトムギはかつてのセマ・ナガ族の初年目作物の姿を今日に伝える一種のレリクト・クロップとみることもできるだろう。

以上、ラメット族とセマ・ナガ族の例をあげて、東南アジアの焼畑におけるオカボ栽培の問題を考えてきたが、少なくとも東南アジアの大陸部では、雑穀栽培が卓越していた時代よりも後の時期に、それに置き換わるようにしてオカボが展開してきたことを明らかにできたと思う。この場合、オカボの栽培は、前にも記したように、焼畑における土地生産力のもっとも高い、初年目の耕地で栽培されることが多い。そうして、古くからつくられていた在来作物を輪作の二年目に押しやるほか、耕地の周囲や間作物の中にそれらを残存させる傾向がしばしばみとめられる。この事実は逆に言えば、これらの残存した作物を手掛りとして、古い焼畑の輪作様式を復原する可能性のあることを示唆するものともいえるだろう。

初年目にはオカボとトウモロコシをつくるが、輪作の二年目・三年目にはもっぱらタロイモやバナナの栽培に切り替えるフィリピンのミンドロ島のハヌノー族の焼畑も、このような原則に照らして考えると、古い《根栽型》の焼畑の上に、オカボとトウモロコシの栽培が新しくかぶさった焼畑の型式だとみることができよう。このことはすでに記した通りだが、そのほかフィリピンでは、同じような例をいくつかあげることができる。

東南アジアの大陸部では、オカボ化現象〔補注6〕――オカボ栽培が他の雑穀類や根栽類の栽培にかわって優占的になる現象をこのようによぶことにする――の進行は、《雑穀栽培型》の焼畑の上にかぶさるようにして展開してきたのに対し、島嶼部では、こうした雑穀栽培型という中間層をほとんどはさまずに、直接、《根栽型》の焼畑の中へオカボの栽培が浸透した点に大きな特色がみとめられる。しかも、この種のオカボ化現象の進展は、フィリピンやインドネシアなどでは、いまも現実に進行しつつあることは、いくつかの例によって知ることができる。

ミレットとイモと

さて、さきに示した図16をみていただいてもわかるように、焼畑におけるオカボ化現象が著しく進展したのは、東南アジアの大陸部においては、主として海抜高度が低く、気温と降水量にめぐまれた熱帯森林地域においてである。この熱帯森林地域のさらに北側に連なる暖温帯の照葉樹林帯を中心とする地域の焼畑は、一部にオカボ化現象の影響がみられるが、基本的にはアワなどの雑穀類やイモ類を主作物として栽培するものである。その地域は同じ図16にみられるように、北ビルマ、雲南・貴州の山地から華南（中国南部）の山地を経て江南地方（長江流域の南側一帯の地域）に至り、わが国の焼畑に連なるように分布している。

この地域の焼畑の実例の一つとして、華南の広東省始興県の傜（ヤオ）族の例をとりあげてみよう。ここでは焼畑の耕作は三年間行なわれている。初年目にはオカボとトウモロコシ、二年目にはサツマイモ、三年目にはタロイモがおもに栽培されている。トウモロコシやサツマイモという新大陸原産の外来作物が、このヤオ族の焼畑にはとり入れられており、その限りでは伝統的な輪作方法がすでに大きく変わってしまっている。だが、戦前に、このヤオ族の調査を行なったスチューベル H. Stübel の報告書をよく読むと、ここでは初年目・二年目の耕地には、アワ・シコクビエ・モロコシなど各種の雑穀類やヤムイモなどが、オカボやトウモロコシの間に少しずつ栽培されていたという。

一般に焼畑農耕民が新しい有利な作物をうけ入れた場合には、前にも説明したように、在来の古い作物は、新しい主作物の株間や畑地の周辺に残存する例が非常に多い。いま、この原則をこのヤオ族の焼畑に適用して考えると、トウモロコシやサツマイモが導入される以前の彼らの焼畑の古い姿は、おそらくオカボとともにアワ・シコクビエ・モロコシなどの雑穀類やタロイモ・ヤムイモなどが、焼畑の主作物として栽培されていたに違いない。とすれば、イモ類と雑穀類――オカボも古くはアワ・シコクビエ・モロコシと並ぶ雑穀の一種としての機能を有していたと思われる――は、華南山地の焼畑では、以前には今日以上の重要性をもっていたのではないかと考えられる。

また、最近、中国の地方史誌類を資料にして、中国中南部の焼畑の特色について興味ある論文を発表した愛知大学の千葉徳爾氏も、ほぼ同じような結論を述べている。

同氏の引用した『鳳凰庁志』(一八二四年)という地方誌には、湖南省西部の山地に住む苗(ミャオ)族の焼畑について、つぎのように記されている。

「苗の居住地は山多く田が少ないから稲穀はいくばくも産せず、雑穀を山の傾斜地に栽培している。そのうち包穀すなわちトウモロコシがもっとも多く、アワと濠子すなわちシコクビエ、さらにソバとコウリャン(モロコシ)がこれにつぐ作物である。そのつぎは麻・豆類・薏苡すなわちハトムギがある。これらは籔地を伐り開いて火をつけて焼き、すっかり灰になった後を開墾する。これがいわゆる刀耕火種で、三~四年作物を栽培したのち捨てて他地をひらく。このようにするのは土地が痩せているからである」

十九世紀初頭の頃、湖南省西部山地のミャオ族たちが、「刀耕火種」、つまり焼畑でアワやトウモロコシなど雑穀類をさかんに栽培していたことがわかる。

また『辰州府志』(一七六五年)にも、ミャオ族がやはりアワ・ムギ・豆・トウモロコシ・コウリャン・ソバ・麻を栽培することがみえ、さらに同地のヤオ族についても、「傜（ヤオ）の農民は麻・アワ・ムギ・豆・トウモロコシ・モロコシ・ソバ・ハトムギなどの雑穀類を栽培する。やはり刀耕火種を行ない、三～四年で土地をかえて作る。数年たって地力が回復すればまたそこを墾《ひら》く。そのほか、茶・漆《うるし》などを栽植し、また他の農家の小作人となる。小作料は年に鶏二羽か漆を桶に一杯、あるいは茶を一、二觔《こく》などが普通である」

という（引用文はいずれも千葉徳爾氏による）。

ここに描かれたミャオ族やヤオ族の経済生活には、いくらかの差はあるが、いずれにしても典型的な《雑穀栽培型》の焼畑が、十八～十九世紀頃には湖南・貴州両省にまたがる山地地域で営まれていたことを知ることができる。

このほか千葉氏は、『金華府志』などの記載をもとに、浙江省から福建省山地にかけ、オカボや雑穀類のほか、タロイモの栽培も行なわれていたらしいことを推定している。また、民族学者の沈作乾氏は、戦前に浙江・福建両省を中心とする江南山地に広く分布する畲（シャ）族のくわしい調査を行なったひとだが、その報告の中にも「畲の民が、もっとも多く食べるのはイモであり、トウモロコシがこれについでいる。米を食べることは、はなはだ少ない」と述べている。このような事実を総合して考えると、江南山地の伝統的な焼畑農耕は、雑穀栽培とともにイモ栽培も盛んに行なっていたという点に、一つの特色のあることがうかがえるだろう。

照葉樹林型の焼畑農耕文化

長江の南のいわゆる「江南」の地から西南中国におよぶ山地帯は、もともと漢民族の居住域ではない。シャ族をはじめミャオ族・ヤオ族・ロロ族そのほか、数多くの少数民族の住む世界である。そうして、これらの山地を舞台に生活を展開してきた諸民族が営む焼畑農耕の型式は、基本的には、わが国、とくに西南日本の山地で営まれる焼畑とよく類似したものであった。

上智大学の白鳥芳郎氏は、華南（中国南部）の少数民族の生業形態を手際よく整理した好論文の中で、この事実を的確に指摘している。

同氏によると、華南の少数民族は、その居住地域の条件と生業形態から、つぎの三つに大きく分類できるという。

(1) 華南の全域からインドシナ半島に至る山地に広く分布する高地栽培民
(2) 華南の河口デルタ地帯から沿岸平野に分布する平地農耕民
(3) 右の山岳地帯と平野地帯の中間の山麓・丘陵・高原地帯に分布する諸民族

このうち(1)に属する民族は、イモとキビ・ヒエ・アワ・モロコシなどの雑穀類を主作物とする焼畑農耕を行なう民族で、彼らは移動生活を営み、ときには採集・狩猟を行なっている。その多くは、民族の神話的祖先を犬だとするいわゆる槃瓠《ばんこ》神話をもつ。すでに例にあげた傜（ヤオ）・苗（ミャオ）・畲（シャ）族などが、このグループを代表する民族である。

(2)に属する民族は、水田稲作農耕を行なう米食民族で、彼らの多くは洪水神話をもち、水神としての竜蛇の神話とその信仰をもつ。主としてタイ系の諸族と若干の漢民族が、このグループの代表である。

(3)に属する民族は(1)と(2)の間の中間的・複合的な性格をもち、生業形態や文化のさまざまな面で、山地焼畑民と平地水田稲作民の特色を共有する。だが、民族ごと、あるいは地域ごとに、その生業形態や文化の特徴には大きな差がみとめられるという。

白鳥氏のこの研究は、華南の少数民族の生業形態を、自然環境との関係を分類軸にして整理されたユニークな民族区分の学説として注目すべきものだが、とくに華南全域にわたり、山地の焼畑農耕民と平地の水田稲作農耕民という生業形態を異にする二つの民族が広く分布することを、みごとに描き出した点にすぐれた特色がある。なかでも、シャ・ヤオ・ミャオなどの山地焼畑民の農耕が、本来イモ類と雑穀類を主作物とするものであり、その生活は狩猟や採集活動とも強く結びつくものだという指摘は、これまでに私が述べてきた、この地域の焼畑農耕文化の特色ときわめてよく符合するものといえる。

また、これらの華南山地の焼畑農耕民であるシャ・ヤオ・ミャオらの諸民族は、いずれも自分たちのことをム・アンあるいはモンと称している。白鳥氏は、この事実から華南の山地諸民族は、もともとは一つの民族集団をつくるものであった。かれらは焼畑農耕を営みながら、移動生活を行なって、尾根から尾根へ伝わる長い「山の道」をきりひらいてきた。この山の道は、西はチベット高原から東は華南の山地を経て、東シナ海沿岸の山地にまで達し、南は雲南高地からインドシナ半島を南北に走るアンナン山地の南部にまで達していたとしている。

これらの山地民がもともと一つの民族集団を形成するものだったかどうか、という点については、なお疑問の点が残るが、とにかくチベット高原から雲南・華南の地域を経て江南地方に至る山地地域とその周辺に、古くから雑穀とイモ栽培を行なう焼畑農耕に基盤をおくユニークな生活類型が展開していたことは、たしかにみとめることができる。

しかも、この尾根から尾根へ通ずる「山の道」によって結ばれた焼畑農耕民の文化の拡がる範囲が、さきにも述べた照葉樹林帯の分布とほぼ一致していることは、ここで改めて指摘するまでもないだろう。

このようにみてくると、アワ・シコクビエ・モロコシやキビ・ソバなどの雑穀類やタロイモ・ヤムイモなどのイモ類、それに若干の豆類を加えた作物の組み合わせによって特徴づけられる焼畑農耕の類型は、北ビルマから雲貴高原を経て華南・江南山地に連なる照葉樹林の地帯に、かなり古い時代から、広く分布していたと考えられる。戦前に「高砂族」という名でよく知られていた台湾山地の焼畑農耕民も、雑穀の中でとくにアワを重視するという特徴を示すが、類型的には江南山地のそれに連なる照葉樹林型の焼畑を営む人々である。

このタイプの焼畑は、少なくともその作物構成の特色からみる限り、前の節で述べた日本の焼畑における伝統的な作物構成ときわめて近いものである。また、その地理的分布の近接性という点からみても、わが国の焼畑ともっとも連続する可能性の高いものである。「稲作以前」のある時期に、わが国に伝来した焼畑農耕の系譜をアジア大陸に求めるとすれば、おそらくこの中国西南部に広く分布していた焼畑の類型が、その祖型にもっとも近いものとして浮かび上がってくることは間違いないだろう。《照葉樹林型》ともよべるこの焼畑の類型こそ、「稲作以前」の日本列島の農耕文化と深い関係をもつものだと、私は考えるのである。

さらにもう一つ、江南山地の焼畑農耕民の生活において重要な役割を演ずる採集活動についても、重要な事実をつけ加えておかねばならない。それは照葉樹林内に野生するクズやワラビやコンニャクイモなどが、そこでも大切な食糧の一部として採集・利用されていたことである。

さきにも千葉徳爾氏が引用した、中国西南部の照葉樹林帯の地方誌には、「ワラビは根が紫で内に白粉があり、搗《つ》きただらして水で洗い、下に沈んだ粉をとる。これをワラビ粉といい、モチにしたり、かゆのようにして食う。凶年には饑をふせぐが、多く食すると脚力が弱くなる。いまこの地域では、これを採取して常食にするものが多く、凶年のみ食物にするのではないが、これは山多く耕地が少ないからである」と記されているという。ワラビの採集が、単なる救荒食ではなく、常食の一部になるほどの重要性をもっていたことがわかる。

いずれにしても、華南や江南の山地と西日本の山地における生業形態の類似は、おどろくほど精度の高いものである。

この事実をめぐって二つの解釈が成り立ちうる。その一つはこうした類似を、ただ同一の環境に対する文化的適応の結果と理解するものであり、他の一つは両者の間に文化の系譜的な連関の存在を積極的に考え、その結果、西南中国と西日本の焼畑農耕文化の間に著しい類似が生み出されたとする考え方である。こうした二つの解釈のうち、単なる適応の結果として両者の類似を説明しようとする考えには、私はどうしても賛成することはできない。両者の間には、単なる適応の結果としては片付けられない多くの文化要素の類似がみられるからである。ことに生業形態の類似ばかりではなく、次の章で改めて述べるように、宗教や儀礼の面でも、両者の間にある種の対応関係が見出されるとすれば、西南中国と西日本の照葉樹林帯の焼畑農耕文化の間に、何らかの文化的な連関を想定しうる可能性がたいへん高くなるように思われるのである。

だが、こうした宗教儀礼の面における「稲作以前」の問題の分析に入る前に、いままでの検討とは、少し角度をかえて、東南アジアにおける焼畑農耕が、一般にどの程度の人口を養うことができるかという問題について、もう少し検討を加えておきたい。というのは「稲作以前」と「以後」の問題を理解しようとする場合、こうしたやや定量的な面からする考察が、たいへん重要な視点を私たちに与えてくれると思われるからである。

焼畑の生態学

稲作以前の生活が、焼畑農耕によって支えられていたことを、私はいままでにくり返し述べてきた。だが、一般的にこの焼畑にたよって生活してゆこうとする場合、焼畑での収穫量と一家族が必要とする焼畑経営面積は、どの程度のものだろうか。この焼畑の生産力と人口支持力の問題を、私はこれまでにほとんど明らかにしてこなかった。これは反省すべき点の一つだ。

そこで、すでに述べたいくつかの東南アジアの代表的な焼畑農耕民の例をとりあげ、一家族(この場合、家族の成員は五人として考える)当たり、平均してどの程度の大きさの焼畑が経営されているかについて少し考えてみることにしよう。表6はそのデータである。実は焼畑の経営面積を正確に計測した調査報告というものは意外に少ない。このため、事例の数が必ずしも十分ではなく、またその大半がオカボを主作物とするものの例になったが、少なくともこの表から、次のようなたいへん注目すべき事実を見出すことができる。

地　域	種族名	1家族当たり焼畑平均経営規模		報　告　書
		（エーカー）	（ヘクタール）	
台湾山地	タイヤル	3.4	1.45	『高砂族調査書』,1937
	ブヌン	5.0	2.00	『高砂族調査書』,1937
	パイワン	4.5	1.80	『高砂族調査書』,1937
フィリピンミンドロ島	ハヌノー	4.4	1.75	Conklin, 1957
北部ビルマ	カチン	2.5〜3.0	1.0〜1.2	Leach, 1950
北西ラオス	ラメット	3.5	1.4	Izikowitz, 1951
北部ボルネオ	陸ダヤク	3.5	1.4	Geddes, 1954
	イバン	4.0	1.6	Freeman, 1955
北部インド	パーリア	4.6	1.84	佐々木, 1965
西南日本	五木村	3.4	1.45	佐々木, 1963

（家族の規模はすべて成員5人として換算した）

表6　1家族当たりの焼畑経営面積とその比較

すなわち、東南アジアの焼畑農耕民の多くは、一家族当たり一・四〜一・八ヘクタールの焼畑を経営している。この面積は作物構成や自然環境の相違などとはほとんど関係なく、だいたい一定しており、日本の焼畑もその例外ではない、ということである。

一般に、焼畑の経営については、伐採や播種を共同労働でやっても、それ以後の農業経営は家族（世帯）単位で行なうものが多い。それ以後の農業経営のなかで、もっとも大きな労働力が投下されるのは、前にも述べたように、除草の作業である。したがって、家族の中でこの除草に従事できる人数が、実際にはその家族の焼畑の大きさを規定する重要な要因になっている。このことを、私はさきに述べたように、パーリア族の調査でたしかめることができた。

パーリア族では、除草に従事できる労働力一人当たりの焼畑面積は、ほぼ〇・四〜〇・六ヘクタールで家族ごとの差はほとんどみられない。つまり除草というもっとも手のかかる作業に家族労働力のすべてを投入しているわけだが、その結果、除草に参加できる家族員数によって焼畑の経営面積にある種の制約がみられるわけだ。このことが一家族当たりの焼畑面積に大きな差異を生み出すことのない主な原因だと私は考えている。フリーマンも同じようなことを、イバン族の調査報告の中で述べている。

けれども、例え労働力の面からする制約があるとしても、それぞれの家族で、自分たちの経営する焼畑で食えなければ話にならない。そこで一家族当たりの焼畑面積の平均値を、大まかに一・五ヘクタール程度と考え、この程度の大きさの焼畑で食糧の自給が果たして可能かということが次の問題になる。

一般に焼畑の収穫量は、その年々の天候の具合に支配され、年ごとの偏差がはなはだ大きい。また作物によってもその収穫量が異なってくる。したがって、正確な値を知ることは、焼畑経営面積の場合よりもいっそう難しい。しかし、フリーマンは東南アジアの焼畑のオカボの収量をいろいろの資料によって算出し、これを比較したデータ（表7）を示している。この資料を参考にすると、東南アジアの焼畑におけるオカボの収量は、大づかみにみて反当たり約八斗（二〇ブッシェル／エーカー）ほどと考えることができる。また、雑穀の一種であるアワについては、私が前に計算したところでは、台湾の山地焼畑民の場合で反当たり五〜九斗、日本の焼畑の場合には反当たり八斗程度とみてほぼ間違いないようである。

地　域	単位収量〔ブッシェル／エーカー〕		反当収量〔斗／反〕	
	最高・最低差	平　均	最高・最低差	平　均
マラヤ	18〜43	—	7.7〜18.3	—
マラヤ〔ケランタン〕	43以下	27.5	18.3以下	11.6
北ビルマ	15〜40	—	6.4〜17.0	—
セイロン	15〜50	—	6.4〜21.3	—
北ラオス	—	24.0		8.9
北ボルネオ〔サラワク〕	7〜32	—	3.0〜13.6	—
	7〜31	15.0	3.0〜13.2	6.4
	8〜43	15.0	3.4〜18.3	6.4

〔Freeman J. 1955の資料による〕（反当たりの収量の換算は筆者が行なった）

表7　東南アジアの焼畑におけるオカボの単位収量

明治年間まではわが国でも、山間のちょっと悪い水田では、その水稲の収穫量は反当たりせいぜい三俵（約一二斗）程度だったわけだから、八斗／反という焼畑の収量も、それの三分の二ほどで、さして見劣りするものではない。焼畑の場合には、出来のよい年には常畑（永久畑）をはるかにしのぐ収穫量をあげることもしばしばある。

いま東南アジアの焼畑におけるオカボの反当たり収量を八斗とし、一家族当たりの焼畑の経営面積を一・五町歩とすると、各家族ごとの一年間のオカボの生産高は一二石ほどとなる。念のため、北西ラオスのラメット族について調べたイチコヴィッチの報告によると、ここでは年間一家族当たり約九〇〇キロ、すなわち約六石のオカボが食糧用として消費されている。また、北ボルネオの主としてオカボをつくる焼畑農耕民イバン族について、さきのフリーマンが調べたところによると、そこでは一家族（成員五人として）年間の玄米消費量は、食糧用として四四〇ガロン（九・四石）、その他（種モミ、儀礼用など）が一三〇ガロン、合計五七〇ガロン、「石」に換算して一二・四石ほどと推定されている。

つまり、一家族当たり平均一・五町歩（一・五一ヘクタール）という東南アジアの焼畑の経営面積は、彼らの食糧の必要量をまかなう上では、ギリギリの限界に近い値だということができる。おそらく「稲作以前」の古い時期に、日本で焼畑が営まれていたとしても、一家族当たりの経営面積は、この東南アジアの焼畑民の例とさして変わらないものであったに違いない。では、この主食の生産に必要なギリギリいっぱいの焼畑を毎年経営してゆくとして、そのためにはどれだけの土地が必要だろうか。

さきにも述べたように、東南アジアの焼畑の作物栽培期間は一年限りというものもあれば、三年も四年も栽培をつづけるものもある。しかし、ごくおおまかにみると、二年というのが標準的である。休閑期間も同じように偏差が少なくないが、平均してみると八～一五年ほどである。だから、平均一二年と考えておこう。一家族当たりの焼畑経営面積は約一・五町歩（一・五一ヘクタール）だから毎年伐採される焼畑の面積は〇・七五ヘクタール。全土地面積に対する可耕地の割合を、いまコンクリンの意見にしたがって、全土地の三分の二とすると、この種の焼畑を維持するに必要な面積は、0.75ha × 14 × 2/3=15.75ha すなわち約一六町歩ほどになる。

これらの値をもとに計算し直すと、この種の焼畑では、一平方キロ当たり約六・二家族、三一人強の人口を維持できることになる。このほかに、たいていの焼畑農耕民は、小さいながら常畑を少しずつもっているし、採集・狩猟活動による食糧生産の量も無視できない。だから現実の人口支持力はもう少し大きくなるが、一平方キロ当たり四〇人を超えるようなものではない。

現在、東南アジアで行なわれている標準的な焼畑の人口支持力は、だいたいこの程度のものである。日本のような温帯では、雑草の生育量が熱帯に較べればやや少なくなるので、輪作の期間は、前節でも示したように四年から五年と長くなるが、休閑期間のほうもやはり長くなる。このため、以前に私が計算したところによると、典型的な焼畑農家が、その経営をつづけるに必要な林野面積は一五〜二〇町歩（約一五〜二〇ヘクタール）程度という値をえている。要するに、全体としての人口支持力は、熱帯の焼畑と較べてさして変わらないとみてよい。

ところが、もし、この適正人口密度の限界を超えて、焼畑農耕社会の中で人口が増大するとどうなるだろうか。これは焼畑の生態学にとってたいへん重要な問題である。

そのときには、たいてい食糧増産の必要性から、焼畑の面積がまず拡大される。このために伐採される森林の面積がどんどん拡大してゆくが、一方では休閑期間が短縮されてゆき、森林伐採の頻度が高くなり、豊かな森林が再生してくる前に、再び伐採と火入れが行なわれるようになる。こうなると焼畑用地の植生の状態が悪くなり、それに伴って土壌条件も悪化してくる。こうして良好な森林が失われると土地に対する人口圧がますます大きくなり、焼畑面積の拡大・休閑期間の短縮・植生の悪化という悪循環がくり返されて、ついには焼畑農耕民の生活の基盤となる森林そのものが失われてしまうという例が少なくない。

私の調べたパーリア族でも、この過程は急速に進行していた。一九世紀の中頃に、パーリア族を訪ねたダルトン E. Dalton というイギリス人の記録によると、彼らの村は「緑濃い深い森林によってとり囲まれている」ということだった。しかし、私の調査したときには、森林はすっかり少なくなっていた。ことに丘陵上の平坦面の部分などでは、森林がすでに完全に破壊され、短い一年生の草しか生えないサバンナに変わってしまっていた。調査したダパニ村の人口密度は、一平方キロ当たりに換算して約四四人。明らかに適正密度を超えるものであり、土地と人口のバランスはすでにパーリア族では破られてしまっている。

土地と人口との間の生態学的バランスを失った焼畑農耕民の運命はどうなるのか。新しい天地を求めて移動するか、あるいは新しいタイプの常畑農耕あるいは水田農耕をとり入れて定着農耕民に転化するか、この二つの道のいずれかを選ぶしか方法がない。

さきに述べたヤオ族やミャオ族のように、尾根から尾根への「山の道」を移動する生活形態をとるものは、前者の道を歩んだものであり、ムンダ族のように焼畑から常畑へ、さらに水田農耕へと、その生業形態を変化させたものは、後者の例といえるだろう。東南アジアやインドでは、後者の例のほうがはるかに多いようである。

この場合、土地と人口との間の生態学的バランスの喪失が、焼畑農耕民を定着農耕民に変化させる重要な要因の一つになっていることは注目してよい。かつてアッサム地方のいくつかの農耕民の村落を調査した東京大学の中根千枝氏が、焼畑農耕を放棄して、水田稲作へ移行しつつある村では「人口増加に伴う《ジャングルの減少》と《より多い安定した収穫》の二つの誘因」によって生業形態の変化がひきおこされていることを指摘したのも、同じような点を強調したものといえる。

いずれにしても、焼畑から水田稲作への変化の背景には、焼畑農耕自体のもつ人口支持力の生態学的な限界の問題とそれを超えて人口が増加した場合に、土地と人口のバランスの回復をめざす社会的な適応現象の存することを、見落とすわけにはゆかない。

(二) 東南アジアの焼畑・日本の焼畑

東南アジアの焼畑の特色をめぐる検討は、ほぼこれで終わることにしたい。最後にこの東南アジアの焼畑と日本の焼畑の関係についてもう一度、要点の整理を行なって、この章のまとめにしておくことにしよう。

① 東南アジアの焼畑のもっとも主要な特色の一つは、オカボが焼畑の主作物として重要な役割を演ずることである。ことに気温と降水量にめぐまれた熱帯森林地域では、その傾向が強いが、このオカボの卓越化——オカボ化現象——の進展は、それほど古い時代のことではないらしい。

東南アジアの大陸部では、もっとも古い焼畑の文化層としてはイモ類を主作物とする《根栽型》のそれが考えられるが、その上にインドのサバンナに起源したと思われる《雑穀栽培型》の焼畑が拡がった。さらにこの雑穀栽培型の焼畑の文化層をおおって《オカボ卓越型》の焼畑がのちに展開したものとみられる。これに対し、東南アジアの島嶼部では、この《雑穀栽培型》の中間層をほとんどはさまずに、直接《根栽型》の焼畑の上に《オカボ卓越型》の焼畑が展開したと考えられる。これらの島嶼部の一部では、オカボ化現象は、現在もなお進行しているとみることができる。

②日本の焼畑の作物構成の特色は、基本的には、《雑穀栽培型》の特徴を示し、これにイモ類とムギ類の栽培が加わっている。ということは、日本の焼畑は、その作物構成の特色からみる限り、東南アジアの島嶼部の焼畑との直接的な連関は稀薄で、大陸部のうち、オカボ化現象の進行していないタイプの焼畑と深い関係をもつとみることができる。

その類型としては、北ビルマから雲貴高原の一部を経て華南・江南の山地に至る地域に分布する焼畑がそれに当たるだろう。そこではアワ・ソバ・モロコシ・シコクビエなどの雑穀類とタロイモ・ヤムイモなどのイモ類と豆類が主作物として栽培されるが、これはわが国の焼畑の作物構成と基本的に一致するものである。おそらく、その中でも江南の山地に分布する焼畑が、その位置的な近接性から考えて、わが国の焼畑農耕と系譜的にはもっとも関連の深いものだと推定できる。

③ところで、この江南の山地に広く分布する焼畑農耕文化は、主として照葉樹林をその生活の舞台とするものであり、採集・狩猟活動も広範に営む点に、その特色の一つをみとめることができる。ということは、その焼畑文化が照葉樹林型の生活類型の特徴に強く彩られていたと考えて間違いあるまい。しかも、その生活文化の諸特徴は、西南日本の焼畑村落に最近まで残存していたものときわめてよく類似したものであった。

これらの焼畑農耕文化が、わが国に伝播した絶対年代を明らかにすることは、現在の研究の段階では不可能であるが、華南から江南地方に至る山地帯の焼畑では、今日ではオカボ化現象がかなり幅広く進行している。ところが日本の焼畑は、基本的にはオカボを欠く点にその作物構成の特色があるといえる。したがって、江南地方からわが国への焼畑農耕文化の伝播の時期は、少なくとも、江南山地においてオカボ化現象が急速に進行する以前の時期でなければならない。また、水田稲作文化が、日本に伝来した以後に、この種の焼畑農耕文化が、わが国に伝わったとすれば、その途中で稲作文化との接触によって、焼畑の作物構成の中にオカボがとり入れられる可能性がきわめて高いとみることができる。

このように考えてくると、江南山地から日本列島へ焼畑農耕文化が伝わった時期は、弥生時代の水田稲作文化の伝来に先立つ時期であったという可能性がきわめて高くなる。

④　さらに焼畑農耕と水田稲作農耕との関係については、東南アジアやインドの事例は、その多くが焼畑から水田稲作への変化を示すものであり、その逆の例はほとんど存在しない。このような点から、日本の場合にも、弥生時代に平地でまず水田稲作文化が成立し、その後、この稲作農耕が山地に伝わって焼畑農耕を生み出したという考え方には私は賛成できない。このことは、すでにくり返し述べてきたところだが、焼畑農耕は日本の場合でも、水田稲作農耕に先行する別種の農耕形態と考えるのが、もっとも無理のない見方だといえる。

東南アジアの焼畑と日本の焼畑との系譜的な関連についての私の考えの大要を、ごく手短かにまとめてみると、以上の通りである。

⑤　しかし、「稲作以前」の文化を支えた主要な生業形態という面から焼畑農耕をさらに考えてみると、その人口支持力をめぐる問題に、もう一度簡単にふれておく必要があると思われる。東南アジアから日本も含め、一家族（成員五人）当たりの焼畑経営面積には、ほとんど大きな差がみとめられない。焼畑類型の相違にかかわらず、一戸当たりの焼畑経営面積は一・四ヘクタールから一・八ヘクタールまでの範囲に納まっている。おそらく稲作以前の焼

畑を考える場合も、この数値をそのまま適用しても間違いないと思われる。この標準型の焼畑を永続的に経営するための必要面積については、その土地条件によってかなり差異があるので、一般にはいえないが、一戸当たり一五ヘクタールから二〇ヘクタールの土地（森林）を必要とすると考えてほぼ間違いない。これをもとに一般的な焼畑の人口支持力を計算すると、さきにも記したように、一平方キロ当たり三〇～四〇人程度となる。

⑥　しかも、焼畑の収量は年により豊凶の差が大きく、また耕地の造成と除草に大きな労働力を必要とし、労働生産性がきわめて低い。このことが水田稲作文化と接触した場合、焼畑が急速に消滅して、水田稲作へ移行するもっとも主要な要因だと考えられる。

しかし、他方では前記の焼畑の人口支持力を上回って、その社会の内部で人口が増加した場合には、森林の過伐・休閑期間の短縮などの現象があらわれ、土地利用が過度に進行し、その結果として、森林の破壊が急速に進む。奥地の山村地域は別としても、平野に近い山地斜面では、稲作以前の時期にもこうした現象がかなり進んでいたのではないかと私は想定している。また、このような、森林の破壊は、ただ焼畑農耕生産の基盤をおびやかすばかりではなく、採集や狩猟のための舞台をも喪失させる点で、きわめて重要な意味をもつものである。ことに「稲作以前」の生活類型を、採集・狩猟活動への依存度の高い《照葉樹林型》のそれだと考えれば、森林の喪失の意味はますます重大なものとなる。

私はこの焼畑の生産力の限界を上回る人口増加によってひきおこされる環境の破壊を、前に「土地と人口のエコロジカル・バランスの喪失」とよんだが、縄文時代の末期のころ、少なくとも西日本の平野周辺の山地丘陵地帯においては、この種の生態学的《エコロジカル》バランスの喪失が、かなりの程度進行していたのではないかと考えている。弥生時代以降、西日本の地域で、水田稲作文化が急テンポに拡がり、稲作以前の古い照葉樹林型の生活文化の特色が、急速に失われてゆくプロセスの背後には、このような事情を想定しておくことが必要ではなかろうか。いずれにしても、稲作以前にある種の農耕文化が、西日本を中心に展開していたとすれば、その農耕は、雑穀類やイモ類を主作物とする焼畑農耕の形態をとるものであったことに間違いない。したがって、雑穀やイモ類の作物としての重要性は、かつてはいまよりもきわめて大きかったと想像される。また、その文化は、本来、「山と森」を生活の舞台とするものであったといえる。とすれば、これらの古い作物や山と森を生活の舞台とする古い文化の諸特徴のうち、いくつかのものは、日本人の生活文化のどこかに、いまもその名残りを留めているに違いない。ちょうど幼い日の面影が、成人したのちの日にも、身体のどこかに残っているように。

ここで再び問題は、私たち自身の文化の問題に回帰してくる。イモと雑穀をめぐる古い文化、山と森をめぐる伝統的な生活慣行のいくつかを手掛りにすれば、日本文化の幼い日の面影、つまりは「稲作以前」の文化の原型を復原することが、ある程度可能であるに違いない。

次の章では、改めて、わが国の民俗慣行の中に残るこうした古い文化の残片を再構成する作業を進めてみることにしよう。この作業を通じて、いわば日本文化の基底に横たわるものともいえる「稲作以前」の文化伝統の復原とその検証を試みる道が開かれているようである。

〔補注3〕

アワ・キビとヒエの起源　『稲作以前』執筆の際には、アワやキビの原産地は、通説にいう中国北部（華北）ではなく、「インドのデカン半島西部からインド西北部の半乾燥地帯」であるとし、ヒエについては「サバンナ農耕文化が照葉樹林帯に達したときそこで栽培化された」という、中尾佐助氏の意見（『栽培植物と農耕の起源』岩波新書　一九六六年）に従った。しかし、その後の研究の進展で、中尾さんの仮説は修正を余儀なくされたが、これらの雑穀の起源の問題は今日においても、必ずしも解決されているわけではない。

中尾さん以後、精力的に雑穀類の民族植物学的な研究を行なったのは、京都大学の阪本寧男氏である。インドから西アジアにかけて広くフィールドワークを行ない、各地のアワ・キビの特性を比較するとともに、圃場での栽培実験を重ねた結果、アワ・キビの原始的な祖先野生種が存在し、遺伝的にも分化の進んでいない系統がアフガニスタン・インド北西部地域に存在すること、及びヨーロッパや中近東・コーカサスなどの紀元前三〇〇〇年以前の遺跡からアワ・キビの出土が知られることなどから、「アワ・キビは、中央アジア―アフガニスタン―インド西北部を含む地域でおそらく紀元前五〇〇〇年以前に栽培化され、この地域よりユーラシア大陸を東と西に漸次伝播し、その過程で各地域に適応した地方品種群が成立した」（『雑穀のきた道―ユーラシア民族植物誌から』ＮＨＫブックス　一九八八年）という結論に達している。

また河瀬眞琴・福永健二氏らは、アワの品種間の雑種不稔性を指標に、日本・韓国・中国（華北の資料に限られ、華中・華南のデータはない）を中心とするA型、台湾と南西諸島に集中するB型、ヨーロッパからインドに分布するC型、台湾の蘭嶼《らんしょ》とバタン諸島に集中するほか雲南やパキスタン北部にもみられるD型、遺伝的により未分化でアフガニスタンはじめブルガリア・モンゴルなどにもみられるAC型、インドを中心にパキスタン・ミャンマーなどにも分布するBC型など、相互に系譜の異なる地方品種群のみられることを明らかにしている。さらにDNAレベルの変異の分布をみても、雑種不稔性にもとづく地方品種群の分布とよく似た結果が得られるという。その結果「アワの栽培化が単一の起源をもつとすると、AC型とBC型の分布する中央アジアからアフガニスタン・インドの地域で栽培化され、その後、遺伝的に分化しながら東西に伝播した可能性が大きい」と、さきの阪本氏の仮説が支持されている(「アワの遺伝的多様性とエノコログサ」『雑穀の自然史—その起源と文化を求めて』北海道大学図書刊行会　二〇〇三年)。

このような民族植物学からのアプローチに対し、考古学の諸成果は、中国北部の紀元前五〇〇〇年に遡る磁山《じさん》(河北省)や裴李崗《はいりこう》(河南省)遺跡、さらに紀元前六〇〇〇年頃の内蒙古の興隆溝《こうりゅうこう》遺跡などからアワやキビの炭化粒が大量に発見され、さらにそれらをめぐるDNA研究でもアワ・キビが中国北部に起源したとする説が有力になってきている。確かにアフガニスタン・北西インドに起源したアワが南回りで華北に及んだと考えるにはかなりの無理がある。

他方、黒海・カスピ海沿岸地域からアルタイ山脈北麓のステップ地帯を経て北東アジアに至る文化の流れ(例えばアファナシェヴォ文化、アンドロノヴォ文化など)が古くからあり、それに沿って北回りのアワ・キビの伝播があったことは確かなようである。アムール川中流のウリル文化・ポリツエ文化の紀元前二〇〇〇年頃のいくつかの遺跡から出土したアワやキビなどは、この北回りのアワ・キビの存在を示す典型的な事例だとみてよい。

とすると、現時点では北回りのアワ・キビの起源地と考えられるアフガニスタン・北西インドの地域と古い年代のアワ・キビの出土する中国北部の二ケ所にアワ・キビの起源地を想定するという、多元説に傾かざるを得ないということになる。この場合、肝心の東南アジア大陸部から華南・華中に至る照葉樹林帯のアワについては、雑種不稔性などの実検データが不足し、地方品種群などがまだ確定できていない。したがって、その系統がよくわからないことが問題である。今後の資料の充足がのぞまれる。

ヒエについては、考古学者の吉崎昌一氏らが精細なフローテーション法(浮游水洗選別法)により、北海道・東北地方北部出土のヒエ属の調査が進められた。その結果、一九九〇年には青森県の縄文中期の住居址から二〇〇〇粒ものヒエ属の炭化種子が発見され、その多くは胴部のふくらんだ栽培ヒエに近い形態のものであった。同氏はそれを「縄文ビエ」とよび、それ以前に調査した縄文早期から中期の遺跡から出土したヒエ属の種子と比較すると、野生のイヌビエに近いタイプから粒形が変化し、栽培ヒエとほぼ同じ形態のものに進化したことがわかったという。このような事実から、北海道南部や東北地方北部において、「ヒエは縄文時代前期の後半頃には栽培化されていた」と吉崎氏は想定している（「縄文時代の栽培植物」『第四紀研究』三六巻五号、一九九七年）。しかも、大陸側のシベリアや沿海州の古い遺跡からは、ヒエはほとんど出土していない。このため、阪本寧男氏もヒエは日本列島北部で栽培化されたとみてよいとしている。

〔補注4〕

ヒエ穂の屋内乾燥のことなど　ヒエ穂を屋内で火力乾燥させるという特殊な慣行については、文政十一年（一八二八）に北陸の豪雪地帯である秋山郷を旅した鈴木牧之の『秋山記行』の中にもくわしい記述があるが、白山山麓のそれについては「アマボシ考―白山麓のヒエ穂の火力乾燥法」（千葉徳爾編『日本民俗風土論』弘文堂　一九八〇年）でくわしく論じたほか、日本全体のそれについては「ヒエの加熱処理技法とその用具」（印南敏秀・神野善治・佐野賢治・中村ひろ子編『もの・モノ・物の世界』雄山閣　二〇〇二年）の中で、全国の事例を比較検討したほか、日本列島で起源し、独特の展開をみせたヒエ文化の特色についても論じた。なお北陸の山村などにおける複雑なヒエの加工・調理技術については「山村の生業と生活・その生態学的特色」（『地域と農耕と文化―その空間像の探求』大明堂　一九九八年）でくわしく論述した。

〔補注5〕

アラキ型焼畑と北方系農耕　主として北上山地に分布し、火入れ後に男女一組で大型の踏み鋤を用いて耕起して広畝をつくり、アワ・大豆を主作物として長期の輪作を行なう《アラキ型》の焼畑は、日本列島の中ではきわめて特異な特色をもつ焼畑で、その系統は長らく不明というほかなかった。ところが、一九九〇年代になって東北地方北部において、さらに一九九七年頃以後になって北海道西南部で、広畝をもち、一部で焼土を伴う畠地遺構が次々に発見されるようになった。他方、八〇年代頃以後、東北地方北部や北海道の続縄文時代や擦文《さつもん》時代（七～一三世紀頃）の遺跡からアワ・キビ・オオムギやヒエ・ソバなどの作物遺体が数多く発見されるようになり、一部では鉄製の農具も出土するようになった。つまり、擦文文化期頃以降に北方系の作物群で構成される畑作農耕が、北東アジアの大陸部からこれらの地方に伝播してきて、少なくとも一〇世紀頃以降に、広畝をもつ畠地が東北地方北部を中心に形成されるようになったことは確かである。

その影響のもと、一方では《アラキ型》の焼畑の伝統が北上山地中心に形成されるようになり、他方では初期アイヌの人たちにより北海道西南部を中心に広畝をもつ畠地の経営が行なわれるに至ったと考えられる。東北日本北部における、このような畠地を伴う北方系農耕の展開や《アラキ型》焼畑の特色の形成などについては、『日本文化の多様性』（小学館　二〇〇九年）の第六章で具体的な事例をあげて説明している。

〔補注6〕

東南アジアの焼畑におけるオカボ化現象　現在、東南アジアの大陸部や島嶼部の焼畑では、オカボが主作物として卓越している。しかし、このようにオカボが卓越する以前には、東南アジアの大陸部では《雑穀栽培型》の焼畑が、島嶼部では《根栽型》の焼畑が卓越していたことを、『稲作以前』ではいくつかの資料から推定し、東南アジアの焼畑の歴史を復元しようと試みた。この点について、東南アジアの焼畑に関する調査報告の類を改めて博捜し、多くの事例を集め、インドネシアのハルマヘラ島やフィリピンのバタン島における私自身のその後の調査の事例も加えて、その実態を詳細に論じたのが、「東南アジアの焼畑における陸稲化現象—その実態と類型」(『国立民族学博物館研究報告』一二巻三号　一九八八年)である。そこでは大陸部における《雑穀栽培型》の焼畑のオカボ化現象は、おそらく古くは八～九世紀頃、その多くは一三～一四世紀頃以降、とくに最近の二〇〇～三〇〇年間に進行したものと推定し、東南アジアの島嶼部においては《根栽型》の焼畑を基礎にオカボ化現象が進行し、とくにその周縁部、例えばハルマヘラ島やバシー海峡のバタン諸島などでは、現在もその過程が進行中であることを、私の調査事例などにもとづいて明らかにした。この論文は、そのまま拙著『東・南アジア農耕論—焼畑と稲作』(弘文堂　一九八九年)に転載している。

Ⅲ章　稲作以前の文化伝統

一　イモ祭りの伝統

雑煮の中のイモ

京都を中心とした上方《かみがた》地方では、元旦の雑煮《ぞうに》の中に「カシライモ」と称して、サトイモの大きなのを入れて食べる習慣が古くからある。

「人の頭（カシラ）に立つように」という意味だといわれたり、あるいは「餅をたくさん食べないようにサトイモを入れておくのだ」など、まことしやかな説明が、この習慣にはつけられている。いまでは、こうした説明を信ずるものもなくなったが、とにかく今日でも、上方の旧家では元旦の雑煮の中にモチと一緒に大きなサトイモを椀の中に入れ、フウフウいいながら食べる習慣がつづいている。

元旦の雑煮といえば、新年初頭の正式の食事、ハレの食事だ。古くは一家の主人が身を浄めて若水を汲み、神聖なカマドの火で調理をしたものだ。その雑煮の中に入れられたサトイモには、何か重要な意味がこめられているのではないだろうか。

実は、このようにモチとともに、サトイモを正月に食べる習慣は、もっと素朴な形で関東から東海・近畿・四国地方を経て九州に至る農山村地帯に点々と分布している。国学院大学の坪井洋文氏は「イモと日本人—餅正月とイモ正月をめぐって」（一九六七年）という論文の中で、こうした正月料理にサトイモを用いる例を全国的に蒐集・整理している〔補注7〕。

それによると「里芋は人寄せには欠かせないものだが、とくに正月には里芋はつきもので、毎朝食べた。里芋を切って煮ておき、その上に餅を置いて食べるので、いまでも里芋が入らないとまずいと土地の人はいっている」というのは、東京都の東村山市の例である。また、千葉県木更津市の牛込では、正月三ケ日の雑煮は、ミソ汁でモチとサトイモを入れ、サトイモは七日まで神棚に供えるといわれており、静岡県磐田郡佐久間町では、正月元旦に家の神々にまいったのち、皆がそろって新年のあいさつをして雑煮を食べる。雑煮は焼いた切餅と別に煮ておいたサトイモと大根を餅の上においたものだという。

四国の山村として有名な徳島県三好郡の祖谷《いや》山《やま》村へゆくと、雑煮には、モチとともに豆腐とサトイモを入れている。このイモは大晦日に一五日分を塩ゆでにしておく。また大晦日の日に飾りつけた年棚の三宝にも、干し柿・大豆・洗い米とともにサトイモが載せられ、歳神に供えられている。さらに九州に入ると正月にサトイモを用いる例は、がぜん多くなるが、その一例として大分県大分郡庄内町では、元旦にはイモゾースイを食べる慣行が古くからある。これはモチとサトイモを入れたもので、正月の三ケ日は必ずこれを食べることになっている。一般に九州地方、とくにその中部以南の地域では、こうした正月の食事や供物にサトイモを用いる例は、ずいぶん多くが知られている。

このようにいま手近にあるデータを並べてみただけでも、正月の雑煮にサトイモを用いるという慣行は、西日本にかなり広く分布していることがわかる。だが、サトイモをモチと一緒に雑煮の中へ入れるというだけでは、それはただ雑煮に入れられる野菜の一種だともみることができる。だから、それだけではとりたてて問題にすることはなさそうだ。

ところが、前にも例にあげた九州山地の焼畑の村、熊本県の五木村へ行くと、そこでは正月の料理にサトイモのそれが独立し、しかも、これがモチの雑煮に優先するという注目すべき事実がみられる。

山深い五木村の各地区では、元旦の朝には年末の二十九日にあらかじめ塩炊きしておいたサトイモ（親イモも子イモも）を椀の中に入れ、モチの雑煮を祝う前に、まずそれだけを食べるという習慣がある。これを土地の人はイモカンとよんでいるが、イモカンはモチの雑煮に先立って、サトイモだけをまず食べる点にたいへん重要な特色がみとめられる。そうして、ここではイモカンのあとに食べる雑煮にもモチと一緒に、子イモを入れることになっている。

これとよく似たサトイモ優先のお節《せち》料理の例を、坪井洋文氏は、南九州や八丈島、伊豆諸島の青ケ島などの各所で見出している。大隅半島の最南部の佐多町瀬戸山では、元日の朝の食事は、いまでは雑煮をつくる家が多くなったけれども、古くからのしきたりによると、元旦のお節料理は雑煮ではなく、大きなサトイモを盛りつけた汁だけだったという。ときにはサトイモをゆでて、その皮をむきながら塩をつけて食べることもあったが、とにかく元旦にはこのサトイモ以外に特別な料理はつくらなかったという。また、この地区や外之浦では正月の床飾りに、サトイモは鏡餅とともに欠かすことのできないものだった。親イモのまわりに子イモをぎっしりと並べた葉のついたままの大きなサトイモの一株を、床《とこ》の正面にどっしり供えておいたものだといわれている。この例では、サトイモの汁が雑煮を食べるより以前の正月の食事だった。つまり、サトイモを食べる慣行は「雑煮以前」のものだったことがよく示されている。正月の儀礼作物（供物）としてもサトイモは、モチ（鏡餅）に劣らぬ価値をもとは有していたことを知ることができる。

さらに八丈島や伊豆諸島の青ケ島など、黒潮にあらわれる島々には、焼畑におけるイモ栽培の伝統が、最近まで長く保持されていたが、ここではトシノバン（大晦日）は、アカツキといって家人がそろってゆでたサトイモだけを食べる習慣がつい最近まで残っていた。なかでも青ケ島では正月三ケ日は、モチを食べることを積極的に禁忌し、サトイモだけを食べたのだという。こうなると、もうそれは「モチ正月」ではなく、典型的な「イモ正月」の事例になってしまう。この例をもう少しくわしくみてみると、青ケ島では、正月にはサトイモをきれいに洗って、まずマスに入れて年神様に供える。そうして正月三ケ日の間は、もっぱらこのイモばかり食べ、モチを一切れも食べないとされている。もっとも「身祝《みいわ》いの餅」と称して家族の数だけのモチを搗《つ》くことは搗くのだけれども、それは神棚に供えるだけで、三ケ日をすぎてから雑煮に入れて食べるというのである。

この例では、正月三ケ日はモチを禁忌し、イモばかりを食べるというのだから、正月料理における「サトイモ優先の原則」はきわめてはっきりしてくる。こうしたサトイモの優先は、食物としてのサトイモの重要性——現在あるいは過去における——を、きわめて象徴的に示すものだとみてよいだろう。

八丈島や青ケ島といった離島ばかりではない。雑煮とは別に、イモを調理したものが正月の儀礼食物として特別に扱われるという例は、東海地方や関東地方などの各地にもみることができる。

東京女子大学の本間トシ氏の報告によると、静岡県磐田郡天竜村では、正月の七日まで毎朝、雑煮をつくる前に大根などと一緒に、サトイモを水炊きにしたイモカンを神棚や仏壇に供えるという。また、埼玉県の狭山市でも、正月には若水を汲んでもろもろの神サマをまつり、年神に「芋吸物」とよぶサトイモと大根を煮た汁を供えるのが、年男の三ケ日のつとめだという。ここでは、雑煮は三ケ日の間は毎日神棚に供えるけれども、元日の朝には家族は芋吸物の中にモチを入れて食べるだけだというのである。さきに五木村で聞いたイモカン（イモの水炊き）という古い言葉が、東海地方の山村にも残存していることも興味深いが、とにかく、こうした例をいくつか並べてみると、「サトイモ中心のイモカンからモチ中心の雑煮へ」、正月雑煮の食制が変化してくる過程がみごとに浮かび上がってくるように思われる。

また、四国の山村などでは、正月に雑煮をつくらない村が、いまでも点々と存在している。そのような村の一つ、石鎚山の中腹にある椿山《つばやま》というムラを訪れると、そこでは雑煮はむかしからつくっていないが、元旦の朝に若水を汲みに行くときには、一升マスや小鉢に米・豆腐・大豆と一緒にサトイモを入れて、ムラの泉場のところまでもってゆく。フネ（木をくりぬいた水槽）の中にそれを投げ込み、水神サマにお祈りしてから若水をもらってくるのだという。ここでは雑煮とは関係はないが、やはりサトイモが、米・豆とともに正月の儀礼作物としてたいへん重要な役割を演じているわけだ。

サトイモをめぐる価値観

ここまでみてくると、雑煮の中に入れられたサトイモは、意外にわれわれ日本人の生活文化の中に、深く根を下ろしていることがよくわかる。サトイモは「雑煮以前」の正月の食事の中では、もっとも重要な地位を占めており、また、正月の儀礼作物（供物）としても、たいへん重要な意義を有するものだった。ということは、サトイモは、われわれの生活文化の中では、かつてはモチと同等ないしはそれ以上の価値をもつ大切な作物（食物）であった、とみることができるのではないだろうか。

このようにサトイモとモチとを、少なくとも同等の価値をもつ作物（食物）と考え、それ故に、この二つは相互に置換しうるという観念は、古い時代にはかなり広く存在していたらしい。

『豊後国風土記』逸文の中にも、

> むかし、景行天皇の御代に、豊国《とよくに》の直《あたい》の先祖のウナデという男が、仲津郡の中臣という村まで行くと、あかつきに白鳥が北からとび来ってあつまり、やがて「その鳥、餅《もちい》と化為《な》り片時《しばし》が間《ほど》に、更《さらに》、芋草《いも》数千許株《いくちもと》と化《な》りき」、これをみたウナデは、「化生《なりかわ》りし芋《いも》は、未曽《むかし》より見しことあらず、実《こと》に至徳《めぐみ》の感《ひびき》乾坤《あめつち》の瑞《しるし》なり」

と歓喜したという説話がある。

これは豊国《とよくに》の直《あたい》の祖先神話と考えられるものだが、とにかく白鳥が飛んできて、その鳥がモチに変わり、そのモチが、さらにたくさんのイモになった。これはまことにめでたいしるしだ、と喜んだという話である。ここでいう古代のモチが現代のものと同じものだったかどうかはわからない。米の粉でつくったダンゴのようなものだったかもしれないが、とにかく米を調理してつくったものだったことは確かだ。このモチとイモとを等価のものとする観念が、この説話の中では明示され、さらにはイモ自体を瑞祥のある神聖な作物と考えた古代の人の心が、ここにみごとに描き出されているといえるだろう。

江戸時代の記録によると、八丈島では正月のときに限ってイモを「イモ」とよばずに、マイタマとよんでいたようだ。主作物であり、ハレの日の儀礼に用いられるサトイモを正月に限って「イモ」とよぶことを禁忌していたのは、その神聖性のあらわれだとみることができよう。正月にサトイモを人目にふれないところにかくしたり、屋内には入れないという例も全国の各地にある。こうしたサトイモをめぐるさまざまの禁忌の存在は、サトイモを神聖な作物とする観念が、古代ばかりではなく、比較的近い時代にまで、われわれ日本人の心の中に保たれてきたことを示す一つの証拠とみることができるのではなかろうか。

正月料理の中に登場するサトイモの意味を検討するうちに、サトイモは雑煮の中に入れられた単なる野菜の一種ではなく、それは日本人にとって、以前にはモチ＝イネと同等ないしはそれ以上の価値をもつ食糧であり、儀礼作物としても非常に大切な役割を有していたのだという想定にまで達することができた。

このことはとりもなおさず、稲作が広く普及する以前の古い時代には、サトイモは日本の農耕文化体系の中で、たいへん重要な役割をにない、主作物の一部を構成していたことを示す注目すべき事実だといえるだろう。

稲作以前の文化伝統を考えるに当たって、まず私がサトイモの問題をとりあげたのは、稲作以前の農耕の中では、このように、サトイモが主作物の一つとなり、同時にそれが価値体系の一つの中心を形づくっていたと考えたからにほかならない。

サトイモの豊作祈願

さて、以上述べてきたように、もし古い時代にサトイモを主作物の一つとする農耕が、わが国にも展開していたとすれば、その主作物であるイモの豊穣を祈願し、その豊作をカミに感謝する農耕儀礼が、わが国でも多くの地方に、きっと存在していたに違いないと思われる。

一般に、わが国の農耕儀礼は、稲作の広範な普及によって、そのほとんどが稲作儀礼に関係づけられ、稲作儀礼によってその特徴の大部分をぬりつぶされてしまっている。したがって、現在の民俗慣行《フォークロア》の中から、イモ作をめぐる儀礼をみつけ出すことはかなりむずかしい。しかし、だからといって、イモに関する儀礼がまったくみられないわけでもない。

さきにくり返し例にひいた熊本県の五木村では、陰暦一月十五日の小正月に、作物の豊熟した姿を模造し、その豊作を祈るいわゆる予祝儀礼が、いまも行なわれているが、その際、アワ・ヒエと並んでサトイモが登場するたいへん注目すべき事例がみられる。

私のフィールドノートから、まずその情景を描き出してみよう。

「五木村梶原地区では、旧暦の小正月につぎのような飾りものをする。ホダラギとよぶアワ穂を模した一種の削り掛け（割竹の先を三つに割って曲げ、そこへハゼの木を小さな円筒形に削ったものをつけて、アワ穂の垂れた様子を模す）と水田地帯のモチバナに当たるヤナギモチがつくられる。ヤナギモチは、ヤナギの枝にアワモチ二つとコイモ一つをつけ、紐でつりさげるようにしたもので、アワモチと一緒にコイモ（サトイモ）をつけている点に特色がある。

　これらのホダラギとヤナギモチは、旧正月十四日の夕方につくり、家の中では床の間・御先祖（神棚）・大福（大黒柱）・ヤケ（カマド）の神・家のソラ（縁側の敷居の上にあたる場所）・物置・便所・農耕具などに、また家の外では地区内のあちこちに鎮座している神仏にそれぞれ供えられる。このうち、とくに御先祖・床の間・大福・ヤケの神の四ケ所に供えるヤナギモチには、どの家でも必ずツクリイモという供え物をつけ加えることになっている。

　ツクリイモというのは、前の年にとれたサトイモ（オヤイ

写真13　ヤナギモチとツクリイモ

ヤナギモチにつけた二つのコイモと、写真のほぼ中央にホダラギとツクリイモがみえる（五木村、1960年）

モ）のなかで、もっとも大きなものを選び、これにコイモ十数箇を串でさし、ちょうどサトイモが成熟した状態を模したもので、紐でヤナギモチの下につり下げている」

このツクリイモとヤナギモチが、サトイモの豊かなみのりを願う一種の「つくりもの」であり、豊作を祈願する「供えもの」であることはいうまでもない。この梶原地区で行なわれる小正月の予祝の行事では、アワとともにイモ（この地方でただ「イモ」とよべばサトイモをさす）の豊穣を祈る姿がめずらしくよく保存されているといえる。

前にも述べたように、最近まで五木村地方では焼畑農耕が盛んに営まれ、梶原地区などでは、戦前までは食糧生産の大部分を焼畑に依存していた。だが、そこで栽培されていた作物は、さきの図9（一一一頁）にも示したように、アワ・ヒエ・ソバなどの雑穀や大豆・小豆などの豆類が多い。問題のサトイモは各農家が焼畑で必ずつくっていたが、その収穫量は雑穀類や豆類に較べればたいしたものではなかった。収量の上では、さして重要性をもたないこのサトイモが、アワ・ヒエなどの主作物と同等の重要性を、儀礼において占めるということは、かつてはサトイモがアワ・ヒエと並ぶ重要な焼畑作物であったことを意味するものにほかならない。

同じ五木村の平野地区では、正月の元旦のソナエモチ（鏡餅）の両側にコンブを敷き、その上に梶原地区のツクリイモと同じように、親イモのまわりに子イモを串刺しにしたものを並べて床の間に供えている。これを土地の人はソナエイモとよんでいるが、このように正月の供えもの、飾りものにサトイモを用いる例は、全国にかなり広く分布している。

左頁の図17は、東京女子大学の本間トシ氏が、サトイモとヤマノイモを儀礼作物に用いる例を全国にわたって克明に調査した地図である。これをみても、正月にサトイモを儀礼作物に使う地

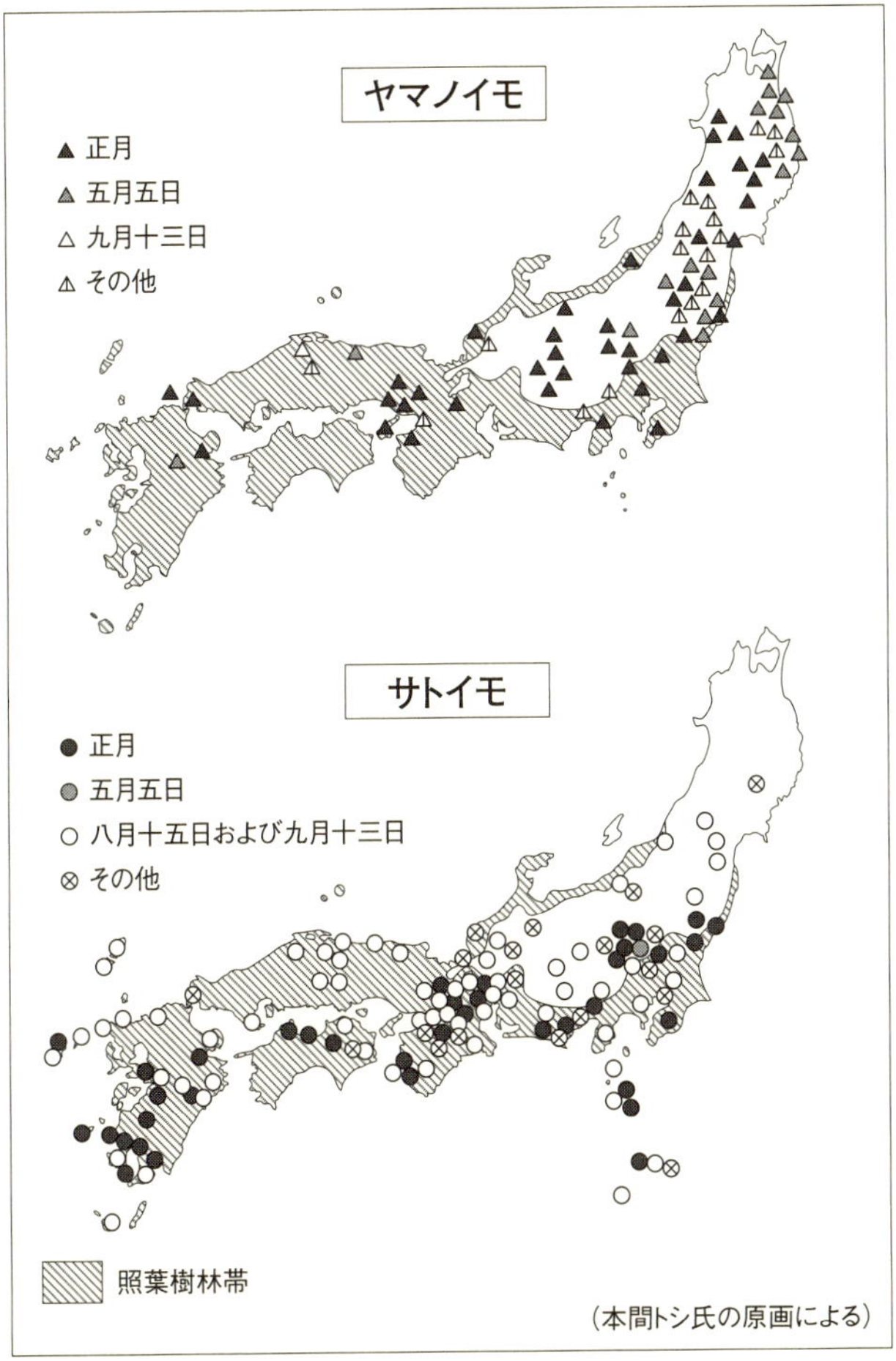

図17　儀礼作物としてのヤマノイモとサトイモの分布

域は、関東地方から東海・近畿・四国・九州と照葉樹林帯の範囲内にほぼ連続して分布していることが知られる。これは大いに注目すべき事実である。他方、ヤマノイモを儀礼作物に使う例は、サトイモとは逆に近畿以北の主として東北日本にその例が多い。

このような儀礼作物としてのサトイモとヤマノイモの分布地域の対立の問題については、あとでもう一度考えることにして、さし当たってのところは、サトイモを正月やその他の時期に儀礼作物として用いる例が、主として西南日本の各地——つまり照葉樹林帯の地域——に、かなり濃密に分布していることを確かめておくことにしよう。

要するに、西日本を中心にする地域には、古くからサトイモを儀礼作物として重視する習俗が広く分布し、その背後に、サトイモを重要な作物と考え、その豊作をカミに祈る観念が根強く存在していたものと私は考えるのである。西日本において、照葉樹林帯の分布と儀礼作物としてのサトイモの分布が、みごとな一致をみせているという事実が、ここで浮かび上がってきた。これはわが国の照葉樹林帯の古い農耕の姿を考える場合、きわめて重要な示唆をわれわれに与えるものといえるだろう。

ズイキ祭りと八月十五夜

正月をめぐる儀礼に登場するサトイモは、何らかの意味で、その作物としての重要性を象徴的に示し、その豊穣を祈願する予祝儀礼的な表徴を伴うものが多い。これに対し、夏から秋の時期にかけて行なわれるイモをめぐるさまざまな行事の中には、サトイモの収穫儀礼と思われるものが少なくない。

それでは、サトイモの収穫儀礼としては、いったいどのようなものがみられるであろうか。まず、そのものズバリの名称をもつ有名な例としては、菅原道真を祀る京都の北野天満宮＝天神サマの秋祭りに「ズイキ祭り」というのがある。これはズイキ（サトイモの茎）でミコシをつくり、その年にとれたサトイモや稲の初穂、それに野菜類などでミコシを飾り、氏子の家々をまわる風変わりな祭りである。いまでこそ、天神サマは学問の神サマとして、受験生などの信仰をあつめているが、もともとこの神社は天神＝雷神をまつる社であり、そのカミは農耕神としての性格をもつものであった。ズイキ祭りは、この農耕神としての天神信仰の形をよく伝える収穫祭である。そこで稲の初穂とともにサトイモが、この祭りの中心をなしていることは、さきの五木村の予祝儀礼と対比して、きわめて示唆に富むものだといえるだろう。

これと同様のサトイモ祭り（ズイキ祭り）は、近江の御上神社や京都の南郊や大阪府下などにもあり、かつては相当広い拡がりをもっていたらしい。また、山口県厚狭郡吉部八幡社の「芋煮神事」はモチと一緒に煮るイモの煮え方で神慮をはかる行事であり、滋賀県蒲生郡中山の「イモ祭り」は、集落が二つに分かれてノガミ山の頂で、古式によってその年にとれた赤ズイキという田イモ二本の長短をきそう「イモくらべの神事」である。イモがふつうのサトイモでなく田イモである点、年占い的要素を濃厚に示す点など、いくつかの重要な特徴をもつが、これがイモの収穫儀礼の一種であり、予祝儀礼の性格をもつことに間違いない。それは、さきに述べた「ズイキ祭り」と同一の文脈でとらえることができる祭りのようである。

さらに、全国的に広い拡がりをもち、庶民の生活の中に深く根をおろしている旧暦八月十五日あるいは九月十三日の「お月見」の行事も、「イモ名月」などとよばれ、この日にはサトイモを食べ、サトイモを月に供えるという習慣が全国に広くみられる。例えば奈良県の宇陀郡では、八月十五日の「イモメイゲツ」の日には、サトイモを掘ってきてきれいに洗い、コイモ十三箇をイモの葉に盛って生垣や庭木の上に置いてお月サマに供える。そのイモは翌十六日に粥《かゆ》に入れて食べるが、妊婦は絶対にこれを食べてはいけないのだという。また、鳥取県下では、八月十五日の夜を「イモ神様の祭り」とよび、イモの子を畑から掘ってきて、アズキの飯と一緒に神様に供える風習がある。こうした事例をいちいちあげだすと、ほぼ西日本の全域をおおい、まったくきり

写真14　ズイキ祭りのミコシと飾りもの

ミコシの屋根はすべてサトイモのクキであるズイキでつくる（写真上）。ミコシには稲の初穂とともにコイモが飾られ（写真中）、また大きなサトイモのオヤイモに、みごとな彫刻のほどこされたものが、ミコシの柱に飾りつけられている（写真下）。この祭りが本来サトイモの収穫祭であったことがよくわかる

がない。

この十五夜の日にカミ様に供えるイモは、どこで掘ってもよいという「儀礼的物盗み」の慣行も、近畿地方をはじめ各地で知られており、さらに八月十五日あるいは九月十三日を「イモの生まれ日」だの、「イモの誕生日」「イモの年取り」だのとよんで、サトイモの掘りぞめ、つまり、その初収穫を行なう日としているところも全国に少なくない。ということは、旧暦八月十五日あるいは九月十三日が、本来はイモをはじめとする畑作物の収穫儀礼の日であり、伝統的な農耕暦のうえで重要な折目をなしていたと考えられるのである。

この点について、坪井洋文氏は、八月十五夜に関するさまざまな行事の分布を調べたうえで、サトイモを供えものにする慣行が、東海地方から西日本に点々と分布する事実をとらえ、「八月十五日夜に最も特徴的な行事は里芋祭」であり、この「八月十五夜の行事を久しく支えてきたものは、畑作行事としての芋の収穫儀礼であった」(一九五九年)と結論しているのが注目される。

八月十五夜の行事の本質を、畑作の儀礼とみるか、稲作儀礼とみるかは、論の分かれるところであり、必ずしも定説があるわけではない。だが、少なくとも八月十五夜や九月十三夜の儀礼については、右の例に示したように、「イモ神様の祭り」「イモの生まれ日」「イモの誕生日」「イモの年取り」などという呼び名が広く分布しているところから判断しても、やはりイモの収穫祭の伝統が、その儀礼の根底に息づいているものと、私は考えるのである。

ところで、サトイモあるいはヤマノイモを儀礼用の作物(食物)として用いるのは、なにも正月や八月十五夜だけに限られたことではない。節分や五月五日あるいは山の神祭りの日や先祖祭りの日に、イモを供えるという例は、これまた全国に少なくない。

九州西方の海上に横たわる甑島《こしきじま》では「年に一〇回ほどの何々の節供とよばれるハレノヒがあり、そのときには必ずといっていいほど里芋の味噌煮を食べる。結婚の話が成立したときにも、先祖祭りのときにも、椀のふたがもち上るほどの大きな里芋の汁物を食べる。儀礼的食物としてシトギや餅と同様に大切なのが里芋である」(小野重朗「甑島」『離島生活の研究』一九六六年)といわれるほどである。以上、いくつかの例をひきながら、日本の伝統的農耕文化の中におけるイモ、なかでもサトイモのもつ意味について考えてきたが、そこからおおよそ、つぎのような結論をひき出すことができると思われる。

すなわち、サトイモをめぐる一連の儀礼――正月の予祝儀礼や八月十五夜・九月十三夜の掘初めの儀礼、それに「ズイキ祭」などの収穫祭や「芋煮神事」「芋競べ神事」などを含め――は、いずれも本来は、イモを中軸にして行なわれてきたものだと考えられる。ということは、サトイモを中心とする儀礼の体系とそれを支える文化的価値観が、わが国、とくに西日本の照葉樹林地域一帯には古くから存在していたことを意味する。しかも、これらのイモを中心とする儀礼は、その行事の特徴――例えば芋煮神事や芋競べ神事のようにイモそのものが年占の対象となる――からみても、稲作儀礼から、それらが導き出されてきたとは、とうてい考えられないものが多い。とくに、「イモ正月」から「モチ正月」への移行の過程、あるいは予祝儀礼や収穫儀礼の独自な形態から判断すれば、イモを中心とする儀礼はむしろ稲作以前の伝統的な農耕文化に属するものと考えられる。そうして、この稲作以前の文化の価値体系の中においては、サトイモの占める比重が、かなり大きかったものと推定される点が少なくない。

とすれば、「稲作以前」の日本の伝統的文化の中では、サトイモが非常に重要な役割を演じていたものとみてさしつかえないであろう。

サトイモは照葉樹林文化を象徴する

ここでわが国におけるサトイモ栽培のもつ意義をもう一度よく確かめておくため、視野をわが国周辺の地域にまで少し拡げてみることにしよう。

日本でサトイモとよばれている作物は、東南アジアやメラネシアなどでタロとよばれているイモ類の一種と同じものである。タロイモは *Colocasia* 属はじめ *Alocasia* 属、*Cyrtosperm* 属などに分類される多種類のイモの総称で、マレー半島からアッサム地方にかけての熱帯雨林域がその原産地と考えられている。このタロイモを中心に、同じように東南アジアの熱帯に起源したと思われるヤムイモ *Dioscorea*（ヤマノイモ・ナガイモなどを含む蔓性のイモ類）をはじめ、バナナ・サトウキビ・ヤシ類などの、いわゆる栄養繁殖作物（種子によらず、根分け・株分け・挿芽によって繁殖する作物）を、主として栽培する農耕――この型の農耕を《根栽型農耕》とよぶ――は、現在もメラネシアから、ミクロネシア、ポリネシアの太平洋の島々に広く分布している。

また稲作が今日では広い範囲に拡がっている東南アジアの各地でも、すでに述べたように、アッサム山地のナガ族の一部や台湾の東南にある紅頭嶼（蘭嶼）に住むヤミ族などでは、今でも典型的なタロイモ栽培を中心とする文化が残存していることがよく知られている。

また、私が一九七〇年の春に調査した、フィリピンと台湾の間の、バシー海峡に浮かぶバタン島では、ヤムイモが伝統的な主作物としてひろく栽培され、独特の農耕技術と儀礼が今日でもよく保存されていた。

しかし、これらのイモ栽培を中心とする《根栽型農耕》が卓越している地域は、いずれも高温・多湿な熱帯気候の地域である。また、すでにⅡ章で述べたように、その分布域を過去にさかのぼって復原する作業を試みても、それが熱帯の範囲を超える可能性はほとんどない。また根栽型農耕は、それを構成する作物の生態学的な性格から判断しても、基本的には年中高温で湿潤な熱帯雨林地域に成立し、その環境に適応した農耕であるということができる〔補注8〕。

とすれば、わが国の伝統的農耕の中においてサトイモ栽培のもつ意義が、かつてはかなり大きかったということをみとめたとしても、その事実によって、典型的な根栽農耕文化が、かつてわが国にも存在した、というふうにストレートにいえるかどうかが問題になってくる。

典型的な根栽型農耕が、本来熱帯の自然によく適応した、いわば熱帯型の農耕形態だとすれば、この農耕がそのままの形態で東南アジアから日本列島にまで達し、この温帯の島国に展開したと考えるのは、かなりむずかしくなるのではないか。むしろ日本列島に根栽型の農耕文化の影響が及んだとしても、その根栽文化は、温帯的な変容をこうむり、その性格を温帯に適応するよう変化せしめつつ、この列島にまで達したと考えねばならないだろう。

このような根栽農耕文化の温帯変容型の問題を考えるとき、それをもっとも明快な形で整理したのが、この本の中でくり返し述べてきた「照葉樹林文化」の概念だということになる〔補注9〕。

照葉樹林文化の概念と特色については、序章でとりあげて以後何度もふれてきたのでいまさら説明をくり返すこともないが、その中のイモ類について、中尾佐助氏が照葉樹林帯の農耕は「熱帯のタロイモ類の中からサトイモだけを受けとり、ヤムイモの中から温帯原産のナガイモだけを栽培化した」と述べていたことを、もう一度思いおこしていただきたい。

根栽農耕を特色づけるバナナやサトウキビ・ヤシ類、あるいはその他のきわめて多種類のイモ類は、いずれも、わが国の伝統的な作物体系の中には、もともとまったく存在しなかったものである。むしろ、これらのサトイモやナガイモなどのイモ類のほかに、アワ・ヒエ・モロコシ・ソバ・シコクビエなどの雑穀類や大豆・小豆などの豆類が、伝統的な農耕の中では早くから登場し、これらを主作物とする焼畑農耕を行なうことが、照葉樹林帯の「稲作以前」の農耕の特色だということは、すでに前章でもくり返して述べてきた通りである。

温帯地域に属する日本列島に、稲作以前の古い時代以来、展開してきた農耕の形態は、熱帯に起源した《根栽型農耕》そのものではなく、むしろその温帯変容型といえる《照葉樹林型》の農耕だったといわねばならない。ということになれば、サトイモ栽培が以前には、今日よりもかなり高い比重を占めていたとしても、その事実がただちに日本列島に、《根栽農耕文化》(イモ耕作文化といってもよい)が、古い時代に存在していたことを示すものではない、ということを私はとくに強調したいのである。

岡正雄氏はじめ、稲作以前に農耕の存在を想定する学者の中には、稲作以前の農耕をイモ栽培を主とするものと考え、日本列島に典型的な根栽農耕文化の存在していたことを仮定しようとする人が少なくない。しかし、私は右に述べたように、気候的条件から考え、また作物構成の特徴からみて、稲作以前の段階には典型的な根栽農耕文化ではなく、《雑穀とイモの文化》ともよべる照葉樹林型の焼畑農耕文化が、わが国に広く分布していたものと考えるのである。さきにとりあげた五木村の小正月の予祝儀礼において、焼畑の主作物をなすアワ穂・ヒエ穂の豊熟した姿をあらわす削り掛けとサトイモのそれを模したツクリイモが、豊作のシンボルとしてつくられているのは、まさに照葉樹林帯の《雑穀とイモの文化》の特徴を、きわめて象徴的に示しているものだといえよう。

このようにみてくると、わが国の場合、サトイモ栽培の優越は、イモ栽培文化の拡がりを示すというよりも、むしろ照葉樹林型の焼畑農耕文化の拡がりを示す指標として考えるのが、より適切だということになる。現に、図17によって説明したように、儀礼作物にサトイモが用いられる事例の分布は、西南日本の照葉樹林帯の範囲とみごとに一致している。このことはサトイモと照葉樹林文化とが、密接な関連をもつことを裏書きする有力な事実だといえよう。

ただこの場合、図17にみるように、儀礼作物としてのヤマノイモの分布が東北日本に著しく偏っているのは、日本で栽培されるヤマノイモ、すなわちナガイモが、もともと温帯原産で、サトイモより冷涼な気候に耐えうるという条件もあるが、それよりもこの図で「ヤマノイモ」という呼び名のもとに一括されたイモの中には、おそらく温帯落葉樹林内に自生する各種の野生のイモ類が混入しているためとも思われる。したがって、この二つの地図をいちがいに比較はできないが、東北日本において、サトイモとは異なる「ヤマノイモ」を儀礼作物として用いる事例がかなり分布していることは事実で、その背後には、照葉樹林文化が、そのエコロジカルな限界を越えて北方へ拡がった際、二次的な適応現象として、その土地のイモ類を、サトイモの代用として儀礼作物に用いたという事実が秘められている、とみることができるのではなかろうか。

いずれにしても、いまでは作物としての重要性をすっかり失ったサトイモに、高い儀礼的価値づけを行なう慣行の存在することは、稲作が今日のように普及する以前に、雑穀類とともにサトイモを主作物の一部に加えた古い照葉樹林型の焼畑農耕文化が、日本列島――とくに西南日本の地域――に広く存在していたことをよく示唆する事実だといえよう。

二　儀礼的共同狩猟の伝統――伝承された稲作以前の農耕儀礼

五木村の山ノ口開け

南九州の焼畑村、五木村。この村は、最近まで照葉樹林型の焼畑農耕文化の特徴をよく残してきた村として、いままでこの本の中でもしばしば引用してきたが、さらに、この五木村の梶原地区では、正月の五日から七日にかけてたいへん興味深い行事が行なわれている。それは正月の五日にムラの男たちが総出で儀礼的な狩猟をやり、その後、六日と七日には「柴刈り」と「火祭り」を行なうというものだ。これらの行事は、正月の「事始め」に当たるものだが、この一つづきの行事の中には、明らかに「焼畑の開始を象徴する儀礼」の性格が秘められているように、私には思えてならない。

この梶原地区では、正月五日を「山ノ口開け」とよんでいる。南九州では一月二日に「山ノ口開け」があるところと、このムラのように五日のところがあるが、いずれも、この日を「山での仕事はじめの日」であり、「山の神のまつり」を行なう日としている。それではこの日には、いったいどのようなことが行なわれるのだろうか。

古い習慣にくわしい老人たちから聞いた梶原地区での「山ノ口開け」の行事は、もとはつぎのようにして営まれていた。

このムラでは、正月五日の朝、ムラ中の一五歳から六〇歳までの男たち（男カズという）がすべて、ムラの氏神である妙見さんの社前に集まる。この時小さく切ったモチ（これをシシモチとよぶ）と米、それにアワモチを各自が持参する。ずっと昔にはコメのモチはなくて、すべてがアワモチだったという。村人の中から年寄りが代表となってダンナ（かつてこのムラの土地は中世の郷士の系譜に連なる大土地所有者ダンナの所有地だった）のところへ使いに立ち、「山ノ口を開けさせて欲しい」と依頼する。ダンナもこれに応じて、神社の前までやって来て、紙に包んだモチ（米のモチとアワのモチ各一ケ）を村人に贈る。村人はシシモチを男カズだけダンナに渡す。それから、むかしは氏神の社前で山の神に祈りを捧げ、男カズの全員で「猪狩り」に出かけたのだという。

この「猪狩り」の名称や作法のくわしいことは、すでに忘れ去られていてよくわからない。だが、ムラの男たちすべてが参加する共同狩猟が行なわれるのは、正月のこの日だけであり、あらかじめイノシシのいるシシグラを調べておくのでたいていは獲物がとれたという。

この山ノ口開けの日の共同狩猟を行なった翌一月六日は「柴刈り」の日だ。夕方に山へ行って長さ二〇センチほどのヘボの葉やダラの木をはじめて伐ってくる。伐ってきたダラの木は、二つに割ってヘボの葉と一緒に、すべての年木と門松に立てかける。ここで年木というのはカシの木の薪のことで、家屋の周囲の柱に一本ずつ立てかけておくものである。この各家の年木にそれぞれ立てかけたヘボの葉とダラの木は、翌七日にムラのほぼ中央にあるユガワ（泉場）のところに持ちよって、すべて火をつけてもやす。これを「鬼火焚《おにびた》き」あるいは「ヘボ焼き」とよんでいる。この煙にあたると、無病息災の御利益があるという。

以上が、五木村梶原地区における正月五日から七日にかけての「山ノ口開け」とそれに伴う行事のあらましである。そこに特徴的に示されるものは、「男子全員による共同狩猟」「柴刈り」「火祭り」という三つの要素の組み合わせであり、これらが「山ノ口開け」、すなわち山の仕事はじめの日から順次に連続して行なわれるということである。

だが、これらの三つの要素の組み合わせが、もともと何を意味するのか。したがって、これらの行事が本来どのような意味をもつものなのか。ということについては、いまでは村の人たちもすっかり忘れてしまっている。

私は前にも述べたように、これらの行事が、本来は「焼畑の開始を象徴する儀礼」ではないかと考えているが、このことを明らかにするためには、もう少し南九州などの各地に残る同種の儀礼との比較を試みてみなければならない。

「柴祭り」の意味するもの

そこでまず最初に鹿児島県の大隅半島東部の村むらに目を向けてみよう。ここでは正月の三日から六日までの頃に「柴祭り」というたいへん風変わりな祭りが行なわれている。『農耕儀礼の研究』（一九七〇年）という著作の中で、「柴祭り」の総括的な研究を行なった小野重朗氏によると、佐多町の辺塚の行詰地区では、この祭りは、おおよそつぎのような次第で営まれている。

　このムラにはシバンカン（柴の神）ともシバヤマともよばれる聖地がある。前年の十二月十三日に、まず村の神官は山へ行き、サカキの柴を十本ほど折ってきて、大川の水の中へ漬けておく。大晦日には、神官が一人の選ばれた村人（伴人）と一緒にその柴をもってシバ山へ行き、そこにあるコクラ（カミ祭りのための小さな祠《ほこら》）の前に柴を立てる。そうして正月から、昔は七日まで、今は三日まで、神官と伴人は神官の家で忌みごもりをする。その間、家族たちはヒゴヤ（忌小屋）に泊りに行く。正月三日になると、朝早く大川でミソギをして、神官たちはシバ山へ登って行く。この時、神官は呪文をとなえて進み、この神官をみると目がつぶれるなどといわれて、たいへんおそれられているという。こうしてシバ山へ行くと、そのコクラの前で、シバに向かって祭りを行なったあと、神官が合図すると、伴人はシバ山に用意してある木に火をつけて大火をたき、竹をその中にくべてパンパンと鳴らし、持参したモチを焼いてたべる。村人はその音を聞くと、それからは野外に火をもち出しても、戸外で火をたいてもよいことになるのだという。

　翌四日にはシバアゲという行事があり、神官がはじめてシイタケをとりに山へ行き、それからは「山の口が開く」といって、ムラの人は山へ仕事に行ってもよいのだという。また、その日にはシバアゲの宴があり、祝歌を歌って「歌ノ口開ケ」にもなる。正月六日にはコーガイ（講狩り）といって、神官・伴人・地区の有志らが実際に狩猟にでかける。毎年きまったニタ場（狩場）に行き、狩りをやるが、獲物のあるなしにかかわらず、そこで火をたき、モチを焼いて食べることになっている。うまく獲物があると、伴人がそれを背負ってムラに帰り、神に供え、全員でその肉などを分配する、というのである。

このほか佐多町郡麓の「柴祭り」などでは、ワラで一匹の鹿をつくり、シバボイ（この日の神官）が実際にそれを弓で射る仕草をするところもあり、苞《つと》に入れて持参したシトギ（米に水を加えて挽《ひ》いたもの）を焼いてシシノニクあるいはシシノシバヤキなどといって食べる例も少なくない。さらに垂水市中俣はじめいくつかの例では、この祭りの主役が野原に火をつける例があり、またこの祭りの日は「臼起し」、すなわち臼の使いはじめの日だとする例も存在する。

写真15　柴祭り

正月2、3日に、山地の柴を折り、カヤをまるめてイノシシの形をつくり、それを神職が射る。そしてシシの肉といってモチを焼いて食べる

このように、南九州の「柴祭り」は、いくつかの複雑な要素から成り立っているが、小野重朗氏は、調査を行なった二〇ばかりの事例を整理して、この祭りの特徴を、ほぼつぎのようにまとめている。

その第一の特徴は何といってもそれが、「狩猟はじめの儀礼」としての性格をもつことである。「柴祭り」のことを「カンガリ（神狩り）」や「シバ狩り」とよんだり、モチやシトギを焼いてシシの肉だといったり、ワラやカヤで猪や鹿の形をつくって、これを弓で射る。さらには実際にきまった狩場に行って狩猟を行なうなど、この「柴祭り」には、正月の狩猟はじめの儀礼としての特色を濃厚にうかがうことができる。

では、この祭りを単なる狩猟儀礼と考えてよいかというと、そうとばかりとはいえない。この行事を「山ノ口開け」とよび、この祭りが終わると山の木を伐り、山の食物（例えばシイタケ）をとりはじめてもよいとする例などが非常に多い。つまり、狩猟に限らず、山を中心とした生活の「事始め」を象徴する儀礼と考えられる点が、この「柴祭り」には少なくないようだ。また、この行事の中心をなす柴を刈り、柴を立てるという行為自体は、神の依り代としての柴を祭りの場に立てるという意味をもつが、それとともに、山の木の伐りはじめを象徴するものでもある。この事実は、「柴祭り」が、ただ狩猟のはじめを意味するだけのものではないことを示す一つの証拠だといえよう。

では、狩猟や伐採のほか、他の文化の要素、ことに農耕との関係を、この祭りに見出すことができるだろうか。ここで私は「柴祭り」を構成する要素の中に「火の焚きはじめ」という特色のあることに注目したい。「祭りの場で火を焚く」「野火をつけに行く行事を伴う」などという例が、この祭りに関連してずいぶん多くみられる。しかも、ここで大切なことは、この場合の「火」が、灯火としての火や料理の火というような家の中のものではなく、戸外で焚く火や野火など、特定の目的をもった火が重視されていることである。小野重朗氏も、この点をめぐって「この野火は畑作と深い関係をもつものであろう」と推定している。たしかに根占町などでは、正月の畑の開墾始めに、雑木や雑草を焼く慣習が今も残っている。このような例をひき、同氏は「古くは野火が畑作農業の一番はじめの作業だったのではあるまいか。したがって、野火の始めには、農業はじめの神事としての意味がある」という考え方を示している。

つまり、この「柴祭り」において重要視される「火」は、焼畑開墾のための火であり、この火の焚きはじめは、とりもなおさず焼畑の開始を象徴するものだと考えられる。私はとくにこの点に注目したいのである。

このようにみてくると、南九州の「柴祭り」は、狩猟の始め、焼畑の火入れ始め、それに山林における伐採や採集の始めなど、山地を舞台とする生活の事始めを、具体的に表わすめずらしい儀礼だとみて、ほぼ間違いないように思われる。いままでにくり返し述べてきたように、こうした山地を舞台とする採集・狩猟活動と焼畑農耕とが結合した生活類型こそは、照葉樹林帯における「稲作以前」のそれを特色づける生活類型にほかならない。とすれば、この「柴祭り」の儀礼が、稲作以前の伝統をひく可能性はたいへん大きくなる。

実際に南九州の各地では、正月から二月頃にかけ、大きな神社の境内で、そこを田にみたてて耕し、マグワを牛にひかせてならしたのちに、種モミを蒔き、ときには田植の真似事を行なう「打植祭り」という祭りが、かなり広く分布している。ところが、この「打植祭り」の場合にも、たとえば柴を立てて山からくる神の依り代とし、あるいは柴でヒモロギをつくる慣行などが残っている。このようないくつかの点で、「打植祭り」と「柴祭り」との間には、類似する点がみとめられ、両者の間にはある種の連関の存在することが知られている。ということは、もともと山を祭りの場とし、山の生活全般の事始めを象徴していた「柴祭り」が、この地域における生活様式の変化に伴い、後になって神社を祭りの場とする田打ち・田遊びの祭りである「打植祭り」に変化したことを示す一つの証拠とみられるだろう。つまり、この「柴祭り」から「打植祭り」への変化は、稲作以前の儀礼から稲作以後のそれへ、儀礼の形が変化した一つの例とみることができそうである。

そこでもう一度、さきに述べた五木村の「山ノ口開け」をめぐる一連の行事を思いおこしてみよう。正月五日にシシモチをもってムラの男の全員が、お宮の前に集まり、ダンナにシシモチを男カズだけ渡す。シシモチは、おそらく「柴祭り」にもしばしば登場するシシの肉のシンボルであろう。これを渡されるダンナは、やはり「柴祭り」で村の乙名《おとな》が、シバボイ、テゴトンなどとよばれる畏怖されるカミとして行動する、という事実と対比して考えることができる。おそらく、このダンナも古くは祖先の霊、山の神を象徴するものだったと考えられる。こうして祖先の霊を代表するダンナにシシモチを捧げて、五木村では実際に共同で狩りに出かける。獲物はおそらく山の神に供えたのち、村びとの間で平等に分配したものだろう。

そうして翌正月六日の「柴刈り」は、「柴祭り」のシバ刈りと柴立てに当たり、山の神の依り代を各家につくる行為であり、翌七日の「鬼火焚き」「ヘボ焼き」は、「柴祭り」で祭りの場で火をたくのに似て、古くは焼畑の火入れを象徴する行事だったと考えられるのではなかろうか。こうみてくると、五木村の「山ノ口開け」の一連の行事は、かなり儀礼の形態が変化してはいるが、それと「柴祭り」とは、本質的には同一の文脈で捉えることができる儀礼ではないかと私は考えている。

五木村の「山ノ口開け」と「柴祭り」が同一の文脈で捉えられるとすれば、この種の共同狩猟を伴う山の生活の事始めの儀礼が、大隅半島ばかりではなく、九州中南部の地域に、かつてはかなり広く分布していたことになる。

しかし、ここで問題になるのは、これらの一連の行事の中心をなす共同狩猟の慣行そのものが、農耕とくに山地の焼畑農耕と本当に関係があるのかということであろう。また、もし関係があるとすれば、この二つはどう関係づけられるのかということであろう。「柴祭り」や五木村の「山ノ口開け」の行事からだけでは、この点を解き明かすことはたいへんむずかしい。少し別の角度からのアプローチが必要なようだ。

農耕儀礼としての狩猟

動物の「血」のなかに作物の豊穣を促す何か呪術的な力を感じ、種モミや大地に、犠牲にした動物の血を注いで豊穣を祈るという慣行は、東南アジアをはじめ、各地の農耕民族の間に広くみとめられる。わが国の古代にも、やはりこうした慣行が行なわれていたらしい。

『播磨国風土記』には、つぎのようなたいへん興味深い記事がある。

「生ける鹿《しか》を捕《と》り臥《ふ》せて、其の腹を割《さ》きて、其の血に稲種《ま》きき。仍《よ》りて、一夜《ひとよ》の間《ほど》に、苗生《なえお》ひき」。また、同じ『風土記』の別の箇所には「吾は宍《しし》の血を以《も》ちて佃《たづく》る」という記事もある。

これらは、いずれも鹿あるいは猪（鹿や猪をかつては一括して「宍」とよんでいた）の血の中に稲の種モミを蒔き、稲作を行なったという意味だが、おそらくそれは鹿や猪などの野獣を捕え、それを犠牲にして、その血を種モミや大地に注ぎ、稲の豊作を祈った儀礼の存在を背景にして生み出された説話だと考えられる。

では、実際にこのような野獣を犠牲にして豊作を祈願する農耕儀礼の存在を、われわれは日本の民俗慣行の中に具体的に見出すことができるだろうか。

三河国（愛知県）の北部の山あいの村むらは、むかしから古い慣行が保存されていることでよく知られていた。これらの村むらのなかには、シシマツリあるいはシャチマツリという行事が古くから伝えられているところが少なくない。この行事は、まぎれもなく狩猟とその獲物の血による豊作祈願の儀礼の存在を、私たちに鮮明に示してくれるものである。

早川孝太郎氏が、戦前に調べた北設楽《したら》郡振草村（現東栄町）の例をみてみよう。

そこでは、二月初午《はつうま》の日に、稲荷社の前に青杉の葉でほぼ実物大の鹿をつくり、これを宮の別当三人が弓矢で射る。それが終わると、あらかじめ鹿の腹の中に入れてある苞《つと》（これを「ゴク」とよび、小豆と白米を入れておく）をサゴ（鹿の胎児）だといってとり出す。集まった村人は、このサゴからとり出した米に境内の土をまぜ、それを五つの包にとり分ける。これを五穀の種だといって鍬に結びつけて家に持ち帰り、エベス棚に供えるのだという。

村人はこの祭りのことを「初午の種取り」とよんでいるが、ここでとくに注目されるのは、鹿の腹からとり出されたゴクの中の米や豆が、五穀の種として神棚にまつられる点である。これはおそらく、もっと古い時代には、実際に狩猟で捕えた野獣の内臓や血や肉などに種子を混ぜ、それを豊作を約束する呪物として神に供えていたことを示すものであろう。奥三河の山村地帯では、この儀礼のときに、以前には実際に狩りをやっていたという村もあり、獲物を追う所作を儀礼の中で生き生きと再現しているところも少なくない。

いずれにしても、このようなシシマツリの例によって、春の共同狩猟が単なる狩猟ではなく、豊作をカミに祈願する儀礼の一部であり、一種の農耕儀礼であることが明らかになったと思う。

南九州における「柴祭り」や「山ノ口開け」の行事にみられる狩猟的な要素も、おそらく、右の奥三河の山村の例と同じように、本来は豊作を祈願する農耕儀礼の一種とみなすことができるのではないだろうか。とすれば、この狩猟の行事が焼畑の火入れを象徴する行事に連なる意味も、たいへんに明瞭になると考えられる。

愛知大学の千葉徳爾氏は、『狩猟伝承研究』(一九六九年)という大著の中で、宮崎県西都市(旧東米良村)の銀鏡《しろみ》神社の狩り神事についてくわしい報告を行なっているが〔補注10〕、この祭りの中でも狩猟行事としての特徴と臼や杵を用いる農耕儀礼的な要素が結合しており、狩猟と農耕の豊穣を願う神事が、離れ難く結びついている事実を指摘している。

また、この東米良の山村では、旧正月の七日頃から各地区が合同して、モヤイガリと称して共同狩猟に出る慣行も存在していた。そうして、これと同じような儀礼的な共同狩猟の慣行は、九州や奥三河の山村ばかりでなく、四国・山陰・紀伊・奥羽の各地方にも、その痕跡を留めているといわれている。

写真16　東米良の狩り神事に供えられたイノシシの首(サチミタマとよぶ)

以上のような点から、千葉氏は「春のはじめもしくは秋の終り、農耕の開始もしくは終了のときに当って、村落共同体的な集団が全員で狩猟を行ない、その獲物で神を祭る儀礼が古くは全国にあったらしい」と推定し、さらに「春の農耕にさきがけて、村落の全員の参加する儀礼的な狩猟が東南アジアのものに対比できるとするならば、それは狩猟民族の狩猟生産を目的とする行為というよりは、農耕民がその収穫をより豊かにするために呪術的行為として行なう動物犠牲の祭りであると考える方が適切ではあるまいか」という意見を述べている。

ここで東南アジアとの対比が重要な問題として浮かび上がってくるが、この種の儀礼的共同狩猟の慣行については、私はもともと狩猟民が狩りの獲物の豊かなることを山の神に祈願した儀礼を原型とするものだったと推定している。ところが、山地において焼畑農耕が営まれるようになり、狩猟と焼畑とが一つの生活類型の中に融合されるようになってきたため、本来は狩猟の儀礼であったこの種の祭りが、農耕と密接に結びつくようになり、豊作を山の神に祈る農耕儀礼としての特色を帯びるに至ったものと考えているのである。

だが、わが国の場合には、その後の焼畑農耕の衰退とそれに代わる水田稲作農耕の発展、あるいは山地における狩猟動物の減少などの条件を背景にして、この種の儀礼的共同狩猟の慣行は、次第に衰微し変容してきたものと考えられる。その場合、「柴祭り」から「打植祭り」への変化のように、狩猟の要素が完全に脱落し、単なる田遊び・田打ち行事に変化する例もあれば、はじめは実際に狩猟を営み、動物供犠《くぎ》を行なっていたものが、やがて模擬的な狩り神事にかわり、さらに狩りの儀礼が形式化して、射礼《じゃらい》の対象がモチになり、もう一歩すすんでただの円い的に変化してしまった例もたくさんある。冬から春にかけての時期に、全国各地の神社でよく行なわれている「お弓祭り」の神事も、おそらく、こうした儀礼的共同狩猟の行事がもっとも形式化し、本来の意義を失ってしまったものだと考えて間違いはあるまい。

このように儀礼的共同狩猟の変化のあとを追ってみると、さきに述べた南九州の「柴祭り」や奥三河の「シシマツリ」などは、その本来の姿をたいへんよく留めている貴重な例だということがわかる。そうして、これらの儀礼が、もともと狩猟と農耕の結合した山地を舞台とするユニークな生活類型を背景に成立していたとすれば、前章でもくり返し述べてきた、インドから東南アジアの山地部をへて日本に至る、この種の生活類型の分布地帯に沿って、この儀礼的共同狩猟の系統的な連関を求めうる可能性がたいへん高くなる。

パーリア族の儀礼的共同狩猟のこと

春四月。現地のヒンドゥ暦でチャイト・バイサークとよばれる月の満月の日を期して、前にも紹介したことのあるインド高原北部の焼畑農耕民パーリア族の村では、いまでも一村あげての儀礼的な狩猟が行なわれている。「デーリ（この村では儀礼的共同狩猟のことをこうよぶ）は四月の満月の日にやります。この日には村の男たちはすべて集まらねばならないのです」

私の調査したダパニ村の副村長は儀礼的共同狩猟のことを、このように語りはじめた。

「デーリの当日には、まずマンジタンとジェルタンという村内の二ケ所の聖所で、村の司祭が動物供犠をやるのです。マンジタンではハトを犠牲にし、ジェルタンではニワトリを殺し、その血をそれぞれ聖所にある岩に注ぐのです」

「そうして、このとき狩猟に参加する村人の弓矢をすべて積み重ね、これにも犠牲にした動物の血を注ぎます。これはデーリでたくさんの獲物が得られるよう願うためなのです」

この儀礼的共同狩猟への出発の光景は、お宮の前に集まり、シシモチを祖霊を代表するダンナに渡して、男カズの全員が共同で狩猟に出かけてゆく、さきの五木村の情景とたいへんよく似ているではないか。おそらくわが国でも古い時代には、儀礼的共同狩猟に出発するときには、やはり供犠《くぎ》が行なわれ、血の呪術が重んぜられたことだろう。シシモチはこうした供犠の名残りを示すものかもしれない。

それはともかく、ダパニ村の副村長氏の話してくれた儀礼的共同狩猟のくわしい次第はかなり長いものだった。そこでこれをごく手短かにまとめてみるとつぎのようになる。

聖所で供犠を終わった村人たちは、それから弓矢をたずさえて丘を降り、サンタル族の住むビシヌプールの村へ行く。ここで近隣の十数ケ村の村人たちが集合して、もう一度ニワトリやハトの供犠を行ない、弓矢にその血を注ぐ盛んな儀礼をやる。これが終わると、そこから二日間にわたって森の中を移動し、集まった村人たちが共同して狩猟を行なうのである。この共同で行なわれる儀礼的狩猟では、狩りの獲物はそれを射止めた人が属する村のものとなり、獲物は帰村したのち細かく分け、バナナの葉に包んで村の全世帯に均等に配ることになっているという。

また、ここでとくに注意を要する点は、この儀礼的共同狩猟で、獲物が多くあればあるほど、その年には雨がよく降り、作物が豊かにみのると村人たちが深く信じていることである。このような点から、ダパニ村において焼畑の播種の直前に行なわれる、この儀礼的共同狩猟デーリは、単なる集団的な狩猟活動ではなく、その年の焼畑の豊穣を占う《予祝儀礼》としての性格が、たいへん濃厚なことがよくわかる。

このように北インドの焼畑農耕民パーリア族のもとでは、いまもなお、農耕における豊作を祈願し、それを占う意味での儀礼的な共同狩猟が営まれている。

火祭りと狩りと焼畑と

ところが、これは何もパーリア族だけの特殊な慣行ではない。同様の予祝儀礼としての儀礼的共同狩猟の慣行は、中・北部インドの土着の農耕民の間に広く分布する。

また、そこでは焼畑の火入れを象徴する「火祭り」の行事が、儀礼的な狩猟行事に伴うことが少なくない。こうした中・北部インドの土着の農耕民の間に広くみられる春の儀礼的共同狩猟と火祭りについては、ドイツの民族学者ルドルフ・ラーマン R. Rahmann が総括的な研究を行なっているし、なかでもムンダ族については、南山大学の山田隆治氏のくわしい研究がある。

ビハール州南部に住むムンダ族では、儀礼的共同狩猟は、パグー月（二〜三月）とチャイト月（三〜四月）の二度にわたって行なわれるが、パグー月のそれには火祭りを伴うことが注目される。すなわち、陰暦三月（パグー月）の満月の前夜、ムンダ族の若者たちは村の道に沿って山から伐ってきた caster oil の枝を一列に植付ける。そうして各家からもってきたワラを枝にしばりつけ、これに火をつけ、いっせいに斧で切り倒して、そのまわりをかけめぐる。

翌満月の夕方には、今度は森に通ずる道にシルクコットンの枝を植付け、根元に草をかぶせて小屋状にして、赤いニワトリを一羽用意する。そこで村の司祭があらわれ、まずこのニワトリを供犠して、山の神と森の神に狩りの豊穣を祈ったあと、樹に火をつけ、斧で一撃を加え、ついで若者たちがいっせいに伐り倒す。そうして、その翌日から村の男たち全員で儀礼的な狩猟（センデラ）に出かけて行くのである。このときニワトリを犠牲にして、その血を狩猟の弓矢に注いだり、狩りで得た獲物の肉を村の全員に平等に分配する慣行の存することなどは、さきのパーリア族の例と同じである。

こうした火祭りと儀礼的共同狩猟の慣行は、このほかにも、やり方は少しずつ異なっているが、ボンド族・オラオン族・ジュアン族・カーリア族・マリア族など中部インドの土着農耕民の間に数多くの例が知られている。

それでは、これらの火祭りや儀礼的共同狩猟の目的はいったい何であろうか。

儀礼的共同狩猟についてては、まずそれが「狩猟ノ口開け」としての意味をもつことは明らかである。山の神や森の神に豊猟を祈り、神々に犠牲を捧げて、村の男たちがすべて狩猟に出かけ、村にのこる女たちもいろいろなタブーを守るという、この行事が狩猟シーズンの始まりを象徴する行事だという点はほとんど問題がない。

ところが、このほかにたいへん大切なことは、「この狩猟でえられる獲物の量が、その年に降る雨の多少を象徴し、したがって、狩猟の成否は作物の豊凶と深く関係する」と一般に考えられていることである。つまり、この春の儀礼的共同狩猟の行事は、狩猟の口開けとともに、その年の農作物の豊凶を予知し、雨占いや雨乞いの意味を有し、豊作を祈るという要素をもつ。この点で狩猟の農耕儀礼化が、おしすすめられたものとみることができるのである。

しかも、ムンダ族やマリア族・ボンド族などにおいて、この儀礼的共同狩猟の行事と不可分に結びついている「火祭り」の行事には、明らかに「焼畑の火入れ儀礼」が象徴化され、祭礼化されたと思われる特色がみとめられる。例えばマリア族などでは、春の大祭の時に、焼畑の一角に灌木や樹木を積み上げ、そこでその年最初の火を焼畑に入れる。そうして、子供たちが火の中に雑穀のダンゴを投げ入れ、司祭がニワトリを供犠して大地に捧げるという、儀礼的な火入れが行なわれている。さらにこの行事につづいて、儀礼的共同狩猟が営まれ、動物供犠を伴う祝宴とその血を種モミに注ぐ種穀奉納儀礼がとり行なわれるという。

さらに南インドのラジャ・ゴンド族では、ハウェ月（四〜五月）の新月の日に、村の聖所で雑穀の茎と竹を積み上げて燃やし、そのあと灰をひろげ、籠から種子を出して、これをばらまく真似をする。こうした火入れ・播種の所作から収穫を行なって脚で踏んで脱穀し、収穫を分配するところまで、焼畑農耕の全過程をパントマイムで模擬的に再現するという祭りもみられる。

こうした事例を参考にして考えると、さきに述べたムンダ族の「火祭り」も、本来は「焼畑の火入れを象徴する儀礼」であり、それが焼畑耕地そのものからはなれ、かなり高度に祭礼化されたものであることが容易に推察できる。

このようにみてくると、中・北部インドの土着農耕民の間に広くみられる、春の火祭りと儀礼的共同狩猟の行事は、焼畑の火入れを象徴化する行事であるとともに、作物の豊作を祈る一種の予祝儀礼であることも、きわめてはっきりしてくる。

また、少なくともインドの場合には、このような火祭りと儀礼的共同狩猟に結びついて豊作を祈願される作物は、いずれも雑穀類《ミレット》である。この事実も、もう一度よく注意しておく必要があるだろう。というのは、すでにラーマンも指摘しているように、この火祭りと儀礼的共同狩猟の慣行は、雑穀栽培型の焼畑農耕文化を特色づける、きわめてユニークな文化要素の一つだと思われるからである。私は、この儀礼的共同狩猟の要素は、雑穀の栽培技術などとともに、照葉樹林文化のなかにもち込まれてきたとみてよいのではないかと考えている。

失われた環――インドシナと台湾

わが国の南九州に残存する儀礼的共同狩猟の慣行とインドの焼畑農耕民のそれとの間には、これまで述べてきたところからもわかるように、その基本的な性格においてみごとな一致がみられる。ただし、日本の場合には、かなり儀礼の象徴化の度合いがすすみ、模擬的な狩り神事というところまで形式化されてしまっている。しかし、かつてはコウガリ（講狩り）という形で集団的な儀礼的共同狩猟が実際に行なわれていたという伝承は、各地にはっきり残されており、また、この種の狩猟が豊作を祈願する予祝行事としての機能をもつこともよく伝承されている。とすれば、わが国とインドの焼畑民の中に伝承されてきた儀礼的狩猟の慣行は、もともと同様の性格をもつ儀礼であったと考えて差し支えないだろう。

だが、日本とインドとでは、地域的にあまりに隔たっており、両者の直接的連関を論ずることには大きな抵抗を感ずる。この二つをつなぐ失われた環は見出せないものだろうか。

R・ラーマンは、この失われた環の残片の一つを、北ベトナムのトンキン山地のムオン族に見出している。

ムオン族のもとでは、いまはもう宗教儀礼としての重要性を失い、すっかりすたれかかっているが、かつては陰暦の正月、農耕シーズンの開幕に先立って、春の儀礼的共同狩猟が行なわれていた。それは「収穫のための狩猟行」とよばれ、数ケ村のすべての男子によって共同で営まれ、狩猟の終わったのちには飲めや歌えの酒宴を行なっていたらしい。そうして、彼らのもとでは、農耕の神や祖先（領主）の霊への供物には、必ず狩りの獲物の肉がひと切れ含まれねばならなかったともいわれている。「収穫のための狩猟行」というその呼び名に、予祝儀礼としての共同狩猟の意味が、みごとに示されているとみることができるのではなかろうか。

さらに、台湾山地の焼畑農耕民の慣行を調べてみても、焼畑の播種前に狩猟に出かける例がかなり広くみとめられる。たとえばタイヤル族では、農耕開始の少し前、山栗の花がはじめて開く頃に、村人が村長の家に集まって祭りの相談をし、翌日から酒をつくりはじめる。酒が熟する五日前にもう一度集まり、狩りの相談をして、翌朝早く狩猟に出かけるのだという。村のはずれで鳥占いをやり、「吉」となれば山に入って狩小屋をつくり、三日間狩猟を行なう。四日目には村に帰ってくるが、途中で藤づるをとってきて、農耕の祭りのときに用いる小鍬につけるのだとされている。この例を引用した千葉徳爾氏は、こうした藤づるを鍬にまく慣行とまったく同じものが、わが国の奥三河の山村にも残っていることを指摘している。

また、同じ台湾山地のタイヤル族のトロック蕃では、「アワ蒔き祭り」の直前に狩猟に出かけ、獲物があると、これを村の司祭に捧げる。司祭は獲物を犠牲にして、その血を手に塗り、焼畑に蒔いたアワが芽を出すまでは、その手を洗わないといわれている。さらに同じタイヤル族のタロコ蕃の「アワ蒔き祭り」のときにも、その前夜にブタが犠牲にされ、その下に種アワをおいて、ブタからしたたり落ちる血でそれをうるおし、同時に種アワに向かって呪文をとなえるのだという。そうして翌朝に共同で狩猟に出かけてゆくが、この狩猟で獲物が多くとれ、手にたくさんの血がつけば、それは「吉」のしるしだとする慣行がみられる。同じように種蒔きの前に、村落の全員で狩猟に出てゆき、その獲物や血が豊作をもたらすと考える例は、台湾の山地焼畑民の間に数多くみることができる〔補注11〕。

いずれにしても、このアワの「種蒔き祭り」の直前に行なわれる共同狩猟が、さきにインドの例などで述べた、春の儀礼的共同狩猟と本質的には同じ意味をもつ行事であることはいうまでもない。ことに司祭の手についた「血」が、何らかの意味でアワの成長を促すのだという呪術的信仰の存在は、この共同狩猟が、焼畑における雑穀の豊作を祈る予祝儀礼的な特色で貫かれていることを、よく示すものだということができる。

事例の数と場所がかなり限られてはいるが、こうしたインドシナや台湾の例を中間にはさめば、わが国とインドの春の儀礼的共同狩猟の伝統を、ある程度つなぎ合わすことが可能なのではないだろうか。このことは、とりもなおさず、春の儀礼的共同狩猟の慣行の系譜とその伝来の方向を示唆することにもなる。おそらく、それは東南アジアにおける《オカボ栽培型》に先行する《雑穀栽培型》の焼畑農耕文化を構成する一つの文化要素として、東南アジアから、おそらく中国中南部を経て、日本列島に伝えられてきたものと仮定してほぼ誤りないと考えられる。

この春の儀礼的共同狩猟と火祭りの行事が、雑穀類を主作物とする焼畑農耕と密接に結び合う一種の豊作祈願の儀礼であるとすれば、その伝統は「稲作以前」にまでさかのぼる可能性がきわめて大きくなる。ということになると、これらの行事は『播磨国風土記』などにみられる「宍《しし》の血を以《も》ちて佃《たづく》る」という稲作慣行の原型にあたる儀礼の形態を示すものであり、稲作以前の文化伝統を今日にまで伝える数少ない民俗慣行の一つとみることができるのではないだろうか。

三　山の神信仰の展開——稲作以前のカミ信仰

稲作以前の文化、稲作以前の生活様式というものを、類型的に捉えれば、それは焼畑農耕を中軸とし、それに狩猟や採集も加わった生業の形態を特色とするものであり、山と森を舞台に展開してきた文化であるといえる。私はこのことを、この本の中で幾度か述べてきた。

前節でとりあげた儀礼的共同狩猟の慣行などは、この焼畑と狩猟の結びつき、山と森の生活文化の特色をみごとに象徴する慣行だといえる。それでは、この山と森を舞台に展開した文化における固有の信仰とは、いったいどのようなものだろうか。また、それは現在のわれわれ日本人の中にどのような形で受け継がれてきているであろうか。稲作以前の文化伝統を考える際に、この問題は避けて通ることのできない重要な問題だと思われる。私はこの重要だが、それだけにたいへんむずかしい問題に迫る一つの手掛りを、まず前節で述べた儀礼的共同狩猟に関連するカミ信仰の中からとり出して考えてみることにしたい。

パーリア族の精霊ゴサイン

さきにも述べたように、パーリア族では、春四月、チャイト・バイサーク月の満月の日に、村の男たちが集団でデーリ（儀礼的共同狩猟）に出かける。このときには、まず村の二ケ所の聖所

写真17　ジャンダ

でハトとニワトリの供犠が行なわれ、狩猟に出かける全員の弓矢に供犠動物の血を注ぎ、狩りの豊猟をカミに祈るという。このカミをパーリア族の人たちはゴサインとよんでいる。

それでは、ゴサインというのは、いったいどのようなカミだろうか。

私の調査したダパニ村の中央には一本の竹が高々と立てられていた。村人たちによると、この竹はジャンダとよばれ、村のカミであり、炉のカミ（イエのカミ）でもあるカンドゥ・ゴサインの依り代だという。このほか、村内のあちこちのジャングルの茂みの中には、大きな樹木や巨石に宿るゴサインがたくさん鎮座している。その数は、たいへん多く、主なゴサインには、ナドゥ・ゴサインだの、カティグラ・ゴサインだの、それぞれ名前がつけられている。

これらのゴサインは、姿のみえない非人格神で、一種の精霊、「神霊《かみだま》」とでもいえる神格を備え、村人に容易にのりうつる性格をもっている。また、ゴサインは日本流にいうと「荒ぶるカミ」であり、強い力で村人の生活を守ってくれる反面、たいへんおそろしいカミだとも考えられている。

「太陽が沈んでから、ゴサインの聖所へ近づいてはいけません。ゴサインは力が非常に強く、ときにひどい仕打ちをすることがあるので気をつけねばなりません」

「ゴサインには、ことあるごとに犠牲の動物を捧げねばならないのです。ゴサインが怒らないよう、いつもその霊を和らげておかないと、とんでもない不幸が起こるのです」

パーリア族の村人たちは、こんなふうにいつもゴサインをおそれ、すべての不幸は――焼畑で作物がよくみのらないことも、ジャングルでの狩猟や採集で獲物が得られないことも、さらには怪我や病気などの不幸も――みなゴサインのせいだと信じている。だから、不幸にならないためには、動物の供犠を行ない「聖なる血」をゴサインに捧げねばならないと考えているのである。

しかも、ゴサインは特定の巨岩や大木に宿っているばかりではないらしい。ゴサインはその聖所を中心に、村中の土地のすみずみまでを支配し、これを守っているとも考えられている。

それについてはこんな話もある。帰国間近に迫ったある日、私は標本用にするつもりで、道端の小石を二、三箇拾って袋につめた。ところが、これが村人の間で大問題になり、とうとう村人の代表が私のテントまできて、「その小石はぜひ持って帰らないで欲しい」という。

そのわけを尋ねたら、「村中の石にはすべてゴサインが宿っている。だから持っていっては困るのだ」というのである。ゴサインは小さななんでもない小石にまで宿っていると、彼らは本当に信じている。

このような点から、私はパーリア族の精霊ゴサインは、姿の見えぬ「荒ぶるカミ」であり、おもに巨岩・巨石や大木に宿るが、同時に村の土地をすべて支配する土地神的な性格を色濃くもつものと考えるのである。

さらに、この点に関連して注目すべき事実がある。それは焼畑耕地をめぐる問題で、少なくとも私の調査したダパニ村では、焼畑に作物のある間は、その耕地にゴサインがとどまっていて、耕地と作物を守っているという観念がきわめてはっきりとみとめられることだ。

私はこの村に滞在している間に、焼畑作物の収量を正確に計測しようと思って、ある焼畑の一部を区切ってトウモロコシの収穫作業を、かれらのやり方でやってみたことがある。ところが、作業を始めるに当たって、その焼畑の持主の村人が、靴をはいて焼畑耕地に入っては絶対にいけない、といってどうしても承知しない。「焼畑耕地にはゴサインがおられるからだ」という。それで私たちはとうとう靴をぬぎ、ハダシで石だらけの焼畑で収穫作業をやるはめになり、足に傷をして涙が出るほど痛かったことを覚えている。

しかし、焼畑耕地の収穫がすべて終わり、脱穀場で「刈上げの祭り」――このときにもブタやヤギをゴサインに供犠し、血を初穂と翌年の種モミに注ぐ――をすませたあとの耕地には、靴で入ることは、いっこう差し支えない。そこにはもうゴサインがいないからだという。ということは、パーリア族のもとでは、焼畑耕地に作物がある間は、ゴサインがその鎮座する聖所から来臨して、その耕地にとどまり、作物の収穫が終わり、「刈上げの祭り」が終わるとともに、ゴサインは再びその鎮座する聖所にお帰りになる。つまり、「カミがその鎮座する聖所と耕地の間を去来する」という観念が、彼らのもとではっきりとみられるわけである。しかも、この場合、どのゴサインがどの焼畑耕地に来臨するか、つまり、どのゴサインに対して供犠を行なわねばならないかは、あらかじめ村の祭りの際に、シャーマン（デマノ）が神がかりになり、その口を通じて語られる「神託」によって定められる、ということもつけ加えておくことにしよう。

いずれにしても、パーリア族の精霊ゴサインは、特定の岩や樹木に宿る「荒ぶるカミ」であるとともに、土地神的な性格をもち、また「去来するカミ」の特徴も備えているというふうに、その特色を要約することができるようである。

東南アジアの精霊（カミ）信仰

さきに儀礼的共同狩猟と火祭りの問題をとりあげたとき、例に出した中部インドのムンダ族のもとでも、豊猟と豊作を祈願するカミは、ボンガ（具体的にはブル・ボンガ、すなわち山の神）とよばれるが、その性格には、パーリア族のゴサインと類似した点が少なくない。また、私が川喜田二郎氏と一緒に調べた中部ネパールの村むらにおける土着の神々はブーメとよばれるが、これも山や森、岩や樹木に依る一種の精霊であり、農耕をはじめとする生活の折目折目や不幸が起こったときには、それに関係したブーメを呼び出し、これに供犠を捧げて祈る祭りが行なわれている。なかでも興味をひくのは、カンチバラニとよぶ片目・片脚の女神のブーメの信仰が、中部ネパールの村むらに広く行なわれていることだ。これは、わが国の山の神信仰の中にしばしば登場してくる不具神を思いおこさせるような神である。

こうした精霊崇拝ともいえる神々の信仰は、東南アジアにも広くみとめられるもので、タイ族の間に広くみられるピーの信仰、ビルマ族のナット信仰、クメール族のニア・タアーの信仰、それにフィリピンをはじめマレーシア地域に広くみとめられるアニト信仰など、東南アジアの諸民族の多くは、山川草木をはじめ、村や耕地や人などのすべてに精霊の存在をみとめ、精霊の出没・去来する世界に生きている。

もちろん、一口に精霊信仰とよんでも、東南アジアの諸民族のもっている精霊信仰がすべて同じだというのではない。民族により、地域により、その特色はさまざまであり、信仰形態のあり方も、仏教やブラーマニズムなどの高度宗教とのかかわりあいの仕方も、相互に異なった特徴を示している。

だが、全体として東南アジアの精霊信仰にはよく似た点が多く、それはさらに、わが国のカミ信仰の特徴とも対比できる点が少なくないようである。

タイにおけるピー信仰のくわしい研究をした大阪市立大学の岩田慶治氏は、ピー信仰の展開の過程を手ぎわよく要約したうえで、日本のカミ信仰と対比して、つぎのように述べている。

岩田氏によると、ピー信仰の展開過程は、ほぼ三つの段階に分けて考えられるという。

その第一期は「浮動するピー」の時期。そこではピーの性格は未分化であり、山河の自然により、あるいは草木虫魚となって出没した。草木みな物いう時代である。だから、ピーの所在は明らかでなく、巨木・巨石のもとに臨時に祭りの場を定め、供物を捧げてピーの心を和らげるだけであった。また、この時期にはピーと人間社会を媒介する特別な人、つまり呪者は発生せず、村の信仰、家の信仰という信仰主体の分化もみられなかったかもしれないという。

その第二期は「去来するピー」の時期で、これを岩田氏は（A）（B）（C）の三段階に分けて考えている。（A）の段階では、もろもろのピーの中から村人すべての先祖のピー、村人の守護者としてのピーが選び出され、森の中の小祠（ホー・ピー）などに祭られる。しかし、ピーはこの小祠――村祠であることが多い――の中に常に住んでいるわけではなく、祭りと村人の祈りに応じて出現し、また帰還する。つまり去来するわけだ。また、この段階になると、ピーの去来を占い、ピーの意志を代弁する呪者（モー・ピー）があらわれる。しかし、個々の家族の祠《ほこら》はまだみられない。（B）の段階では、村の守護に任ずるピーのほかに、より広域の「クニ」を守護するピーが祭られるようになり、二棟の祠堂が並び立つようになる。守護神ピーの勢力拡大と地域の分担があらわれはじめるわけだ。呪者や巫女の役割は、この段階ではより進み、神態《かみわざ》、神楽《かぐら》の発生というところまでくる。ただし家ごとのピー祠は、まだ十分発達していない。

さらに（C）の段階になると、呪者は、むしろ司祭として祭りの執行を司るようになり、その司祭の後継者の決定にも一定の手続きが規定されて、祭りを行なうものの組織化がすすむ。専門神職の発生まであと一歩というところまできているといえる。また、この段階では村とは別に家ごとのピー祠があらわれ、そこに家の先祖のピーが宿るといわれている。このことは「稲の生産性の高さ、稲作における個別家族の経営の卓越、父系親族（氏族）の欠如といった現象とあわせて考えるとはなはだ示唆的である。つまり、生活の安定とともに家族単位の生活が強く顕在化したということであって、固有信仰もこれと歩調をあわせて、村落社会の行事と家族の行事とに分化したことを示しているからである」と岩田氏は指摘している。いずれにしても、この第二期では、ピーは祭りのときにピー祠に降臨し、祭りが終わるとピーの国に去る「去来するカミ」としての特色を失っていない。

ところが、つぎの第三期「常住するピーの時期」になると、ピーはもう去来するカミではなくなる。この期における典型的なピー祠の形態は、バンコック周辺にみられるプラ・プーム（屋敷地の片隅に立てられる柱上祠）で、ここではその柱上祠の中には神像がおかれるようになり、ピーがいつもそこに宿っていることを示している。また、このプラ・プームの信仰は純粋に家族ごとの信仰であって、一族のそれではないことも重要である。バンコックやその近隣では古い親族組織の結合は解体し、家族単位の生活のみが表面にあらわれ、それに応じて村を単位とするピーの信仰も家族的な変貌をとげてしまったというのである。

岩田慶治氏の提出した、このピー信仰の展開過程についての仮説は、東南アジアにおける精霊（カミ）信仰の展開と変遷を整理するうえで、きわめて魅力に富むものである。例えば私がさきにあげたパーリア族の精霊ゴサインは、「草木みな物いう」第一期のそれからやや進歩し、第二期の（A）の段階へ移る過渡期のあたりに位置づけることができるだろう。また中部ネパールの農村にみられるブーメの信仰は、ほぼ第二期の（B）の段階に当たるものと考えてよいのではなかろうか。

さらに東南アジアにおける水田稲作農耕の展開過程とこの精霊（カミ）信仰の展開を重ね合わせて考えてみると、第一期の（A）の段階のすぐ前の時期のあたりに、「稲作以前」と「以後」の境目があり、それ以後に、稲作農耕の発展に伴い、村落社会の地域的な進化、つまり村連合の形成などによる社会的接触圏の拡大に応じて、「ムラ」のピーから「クニ」のピーへの進化がみられ、また稲作以後の家族を単位とする経済生活の独立性が高まるにつれて、家のピーの信仰がしだいに顕在化してきたとみることができる。

このように岩田慶治氏の東南アジアにおける精霊（カミ）信仰展開の仮説は、稲作以前と以後のそれを対比する際の論理の枠組みとしても十分役立てることができそうである。

また、同氏は「上記の精霊信仰の展開過程をそのままに、ピーのかわりにカミをおきかえさえすれば、そのまま日本のカミ信仰の進化を語ることになる。それほど両者の類似には驚くべきものがある」と述べ、東南アジアと日本の宗教的土壌の類似性のきわめて高いことも指摘している。もっとも、東南アジアにおけるカミ信仰は、草木みな物いう段階から去来するカミの段階に進化し、その後は家族の守護神に転化していったのに対し、日本のカミは、去来するカミの段階からさらにいっそうの進化をとげ、カミとそれをまつる神社は地域編成あるいは国家統制の原理になっていった。諸国には一ノ宮、二ノ宮が定められ、官製の『神名帳』が作成されて、日本におけるカミ信仰は国家宗教として、その組織を整える方向に歩んでいった。

この点に、東南アジアと日本のカミ信仰の展開過程にみられる大きな差があるわけだが、私がいまこの本の中で問題にしようとしているのは、こうした東南アジアや日本のカミ信仰の進化の全過程、ないしはその全体系についてではない。ここで問題にしようとするのは、稲作以前と以後をめぐる時期のカミ信仰の問題であり、その伝統が今日のわれわれの中にどのように生きているかという点である。

二つの山の神をめぐって

さて、稲作以前のカミ信仰をめぐって考察を進めようとするとき、わが国の神々の中でも、とくに問題になるのは「山の神」とその信仰であろう。

山や森に住み、焼畑農耕を営む人たちをはじめ、山で生活する人々に深く信仰される山の神。さらには春には山から里に下りて田の神となり、秋には再び山へ帰るという山の神。これらの山の神をめぐる信仰は、東南アジアの精霊（カミ）信仰とも対比しうる、きわめて素朴な特色をもっている。
わが国の山の神については、柳田国男、早川孝太郎氏らをはじめ、すでに数多くの研究がある。最近では堀田吉雄氏やオーストリアのナウマン女史などの大きな論文も出版されて、総括的な研究がまとめられている。そこで、これらの研究を適宜参照しながら、わが国の山の神信仰の特色を、まず、かいつまんでみてみることにしよう。

わが国の山の神の性格を考えるとき、第一に問題になるのは、この山の神には、かなりはっきり異なった二つの性格があることだ。その一つは狩猟者や樵《きこり》・木挽《こびき》・炭焼きなど、山で働く人々のまつる山の神で、私はこれを仮に「山民の山の神」とよぶことにしよう。これに対し、他の一つは農民のまつる山の神で、これは春に山から田に降りてきて田の神になり、秋には再び山に帰ることが特色で、私はこれを仮に「農民の山の神」とよぶことにする。

この二つの山の神のうち、古く素朴なカミマツリの姿をとどめるのは、「山民の山の神」のほうだといってよいだろう。山の中にはあらゆるところに山の神が宿っている。山に働く人たちの素朴な信仰では、山にある一木一草をはじめ、生きとし生けるものに、もとは霊的な存在を感じていたらしい。いまでも狩猟を行なう人たちの間では、獲物を得ると、その場所で「ケボカイ」とか「血祭り」とか称して、山の神をまつり、獲物の心臓や毛、耳や肝臓などを山の神に捧げる慣行が広く行なわれている。また堀田吉雄氏によると、昔から伐木を行なう樵が巨木を伐りたおしたときには、伐った木の梢の一枝をとって切株の中心にさして山の神をまつる「トブサダテ」という行事が行なわれたことも指摘されている。

山民のまつる山の神は山の中のどこにでも宿っておられるわけだ。四国や九州の山地では、焼畑の伐採や火入れを行なうときにも、その場で、山の神にお神酒や供物を供えてまつる慣行がいまも行なわれている。

今日吉日　日柄を選べて　木の枝おろす　今日の日を
まもり給へよ　今日のひめ
我が此社の　神数知らねども
のぼり始めの　此の高木に　花せび立ちおき　まいらする
今日せび　受けとり給えよ　今日のひめ

これは九州は日向の山村、西米良村で焼畑の伐採作業のとき歌われた木おろし唄の一部である。山中に数知れずおられる山の神。それが女神だとする信仰は、かなり古くからあるが、この山の神はまた、高い木に依ります神だとも考えられていた。「せび」というのは、高い木の梢のことで、焼畑耕地の中で一番高い木の梢は、枝下ろしをやらずに、山の神の依り代として残しておく。この慣行は、現在でも南九州の山村にはよく残っている。「せび」の枝に依ります神は、焼畑耕地を守り給う神であり、この山の神に加護を願い、焼畑の伐採作業の安全を祈る敬虔な気持が、この木おろし唄に、よくうかがわれるではないか。

写真18　せびの枝（五木村）

焼畑の伐採のとき、もっとも高い樹木の梢が山の神の依り代として残されている

山のどこから来臨されるのかは、さだかではない。とにかく高い木、大きな石、あるいは、さきが分かれて股になっている木などに宿り、山の住民に加護を垂れ給う神。この山の神に加護を願う

ためには、かつては厳しい物忌みとタブーが必要であった。いまでも山の神の祭り日には、仕事をしないという慣行が山稼ぎをする人たちの間によく守られている。この日に山に入って仕事をしたり、山仕事の道具に手をふれれば、怪我をしたり、不幸がおこるという伝承は、わが国の山村に広く分布している。物忌みを忘れ、タブーを守らないときには、山の神は恐ろしい「荒ぶる神」として、その怒りにふれることになる。

福井県の奥地の山地には、いまでもヒチムツシとよばれる手をふれてはならない樹林があちこちに残っている。そこは山の神の住む森だという。こうした山の神の宿り給う杜《もり》や神木に手をふれるものは、山の神の厳しい怒りをこうむるという信仰もまた根深く、広いものである。さらに堀田吉雄氏によると、山の神の祭りには、火祭りを伴うことが多く、また古くは山の神はよく託宣する神でもあったらしいという。

このようにみてくると、わが国の山民の信仰する山の神は、その基本的な性格において、さきにあげたパーリア族の精霊ゴサインなどと類似する点が少なくない。東南アジアの精霊（カミ）信仰のなかでも、おそらく稲作以前の古い特徴をとどめると思われるカミ信仰の形態と、わが国の山に生きる人たちの山の神信仰とが、多くの共通点を有するということは、この種のカミ信仰の比較民族学的な位置づけを試みる際に、きわめて示唆的な事実だといわねばならないだろう。

このような「山民の山の神」に対し「農民の山の神」の性格は、かなり異なったものだといわれている。この「農民の山の神」については、それが田の神と深い関係をもつところから、非常に多くの研究が行なわれ、さまざまの特色が指摘されてきた。その中で、もっとも重要な特色としては、おそらく次の二つの点にしぼることができると私は考えている。

その一つは、このカミは春に山から田に下り、秋に再び山に帰る「去来するカミ」であるということ。その二は、このカミの中に祖霊的な性格がみとめられるということである。

第一の点を早くから指摘していたのは早川孝太郎氏である。同氏は『農と祭』（一九四二年）という本の中で山の神が同時に田の神の性格をもつことに注目して、「この二つの神は、表裏二面の性格をあわせもっていて、春季農耕の開始される季節に、里に降りて田の神となり、秋季稲の収獲が終って、刈上げの祭りを境に、山に遷って山の神となる」ことを指摘している。つまり、山の神は山から里に来臨し、ふたたび山へ帰還する間は、山の神ではなく田の神としての神格を顕現されるわけで、ちょうどその時期は、イネの成熟期間に当たる。このことから早川氏は、この田の神のなかに穀霊信仰のみられることを強調している。こうした「去来するカミ」を農民の山の神の信仰のもっとも重要な特色とする考え方は、その後、多くの研究者の支持を得て、すでに日本の民俗学界における常識として定着していると思われる。

つぎに農民の山の神の第二の重要な特色は、その中に祖霊的な性格がみとめられるという点である。このことをもっとも強調した人は、おそらく柳田国男氏であろう。

柳田氏は「農民のいう山の神は、春に山から里に下って田の神となり、秋の収穫がすむとまた山に帰って山の神になる」と述べ、このカミの去来する性格をまずみとめる。そのうえで「年男と田の神とを一つの神だと信じている土地は今でも少なくない。またこの年男を家の神、ことに遠い先祖の神として迎える例もはなはだ多い。さらにその先祖の神が、家の田植・種播《たねま》き、あるいは代《しろ》ごしらえの日に、定まった田に降臨してまつられる田の神であったという例も少なくない」という論理を展開して、春に里に下って田の神になる山の神は、けっきょくのところ、それは一家・同族の先祖の霊であることを強く主張している。

わが国の水田稲作農民が有してきた山の神信仰の中には、たしかに柳田氏が指摘されたように、祖霊信仰の性格が濃厚にみとめられるのを否定することはできない。しかも、この祖霊もまた「祭りのときに来たりのぞむ神であり」、その久遠《くおん》の安住の地は「山」にある、とする考えが古い時代にはあったという。このように山に祖先の霊が鎮まり給うという観念を支えていたのは、死せる人の霊は、浄らかで見はらしのきく山の頂に集まり、そこをやすみどころにするという、いわゆる「山上他界」の観念であり、また、このような山の頂を埋葬の地とした古い習俗の存在であった。このこともまた柳田氏によって、『先祖の話』（一九四六年）や『山宮考《やまのみや》』（一九四七年）などの書物の中で実証されている。

わが国の山の神の性格はたいへん複雑なものだが、その特徴を私なりにごく概略的にまとめてみると以上のようになる。

とにかく、そこには、東南アジアの稲作以前の精霊（カミ）信仰に直接対比しうるような素朴な「山民の信仰する山の神」と、山と田の間を去来し祖霊的な性格をも有する「農民の信仰する山の神」の二種の山の神がある。そうして、この二つの山の神は、いちおう別種の山の神だとするのが柳田国男氏以来の日本民俗学における通説となっているとみてよい。だが、この二つの山の神は本当にもともと別種のカミであり、両者の間に関係がなかったとしてよいだろうか。

山の神信仰の展開過程

井之口章次氏は、「農耕年中行事」(一九五九年)という日本の農耕行事に関する諸問題を総括的に整理した論文の中で、この二つの山の神の関係について、従来の説を六点ほどにまとめて整理している。その中で次の三つを蓋然性のやや高い説としてとり上げている。

①山の神は山に働く人たちの職能神であるが、農耕社会に対立するというほどのものではなく、種々の要素がまじり合って、漠然とした概念がつくり上げられてきた。

②二つの山の神は本質的には違ったものではないが、春秋去来の伝承を失って、神霊が山に常住すると考えるようになった結果、区別して考えるようになった。

③二つの山の神の異同はともかくとして、山の神の司祭者、山の神の意志を伝達する者、山の神の奉仕者、山の神の使わしめなどの姿が、山民の山の神の性格をつくり上げてきたものである。

井之口氏は、こうした考え方にもとづいて、「現在たどることのできるかぎりでは、山民のまつる山の神は、農民のまつる山の神の派生もしくは変形と認められる点が多い」と結論づけている。

井之口氏の説は、二つの山の神をいちおう二元的なものと考え、そのうえで、農の神・田の神を中心にして山の神の問題を考えようとする見方に立つ。その結果、「山民の山の神」を「農民の山の神」の一つの派生形態とみなすわけである。これは日本民俗学における伝統的な山の神観の大きな流れをよく代表している説だということができる。

しかし、こうした考え方と対照的な見方もある。日本の山の神について組織的な研究をまとめたオーストリアのネリー・ナウマン女史は、比較民族学的な考え方を導入して、この二つの山の神の関係については別の見方を示している。それはほぼ次のような考え方だ。

日本の山の神信仰には狩猟民的な要素と農耕民的な要素の二つの面があるが、起源的には土着の狩猟民の神に求めることができる。しかし、それはやがて杣人《そまびと》などの林業者の崇拝対象と習合し、さらには華南や朝鮮半島から移住してきた農耕民と出合うことによって、一種の複合関係を生じた。つまり森林や樹木と結合している山民の山の神信仰と、農耕民のもつ樹木や石を祭祀の場とする土地神あるいは農耕神の信仰とが複合したとみられるのであり、これによって山の神が田の神へ発展する契機が与えられるようになった、と考えるものである。

一方は農民の山の神＝田の神から山民の山の神が派生したと考え、他方は山民の山の神から農民の山の神への発展を考えようとしている。こうした二つの相反する考え方を含め、日本の山の神・田の神信仰の問題については、現段階ではその細部にわたって、意見の一致をみていない点が少なくない。

しかし、ここで私がひとつ気がつくことは、従来「山民の山の神」といわれるものを論ずる場合、多く引き合いに出されてきたのは、狩猟民ないしは狩猟者のまつる山の神であり、これと「農民のまつる山の神」を対置して、両者が別種の神であるといわれてきたわけである。生業形態がまったく異なる二つの生活類型に、それぞれ対応する二つのカミ信仰を対比すれば、その間にある種の不連続がみとめられることは当然であろう。しかし、いまその中間に「焼畑農耕民の信仰する山の神」をはさんで考えれば、この二つのカミ信仰の間には、ある種の連続がみとめられ、カミ信仰の進化の連続的な過程がみとめられはしないだろうか。

さきにも少しふれたように、焼畑農耕民のまつる山の神は、基本的には狩猟者や林業者のまつる山の神とかなり近い性格をもつものである。だが、狩猟者や林業者は、獲物をえたとき、伐採を行なったときなどに、その場で山の神をまつるだけであるのに対し、焼畑農耕民の場合には、耕地の中のもっとも高い木の梢「せびの枝」に山の神を斎《いつ》き祀《まつ》り、この神はその耕地にある作物を守り給うものと信じられていたようである。

九州山地の焼畑を営む村むらでは、村内の山地のあちこちに山の神の小さな祠がある。焼畑に病虫害などが発生したときには、この祠に願をかけるのだという。また、美濃の山村では山中の巨岩に夫婦の山の神が鎮座しており、干天のときにはこのカミに雨乞いをするという慣行もある。さらに、四国山中の焼畑の村として有名な本川村寺川の民俗を記した『寺川郷談』の中には、伐り畑(焼畑)の火入れを行なうときには、

山をやくぞう　山をやくぞう　山の神も大蛇殿も　ごめなされ　ごめなされ

という呪詞を唱えることが記されている。

これと同じように、山の神を蛇と同類のものとした火入れの際の呪詞は、対馬にも、九州の山地にも、近畿・中部の山地にも、いくつかその例をみることができる。焼畑農耕民にとっては、山の神は高い木の枝に宿る畏怖するカミであるとともに、蛇神でもあり、水(雨)をもたらし、豊作をもたらすカミであるとも考えられている。

このような例をいくつかあげてみると、焼畑農耕民のまつる山の神は、狩猟者や林業者のまつる山の神と共通な特色をもつとともに、一方では農耕神としての特色もかね備えたものだということが明らかになる。とすれば、この焼畑農耕民のまつる山の神を中間項に挿入することによって、狩猟民のまつる山の神から焼畑民のまつる山の神をへて、平地農民のまつる山の神＝田の神

への進化の図式を、画《えが》き出すことが可能になるのではなかろうか。

従来の研究では、このような山の神信仰の進化の図式を想定している例は、必ずしも多くはない。しかし、坪井洋文氏はさきにも引用した「年中行事の地域性と社会性」という論文の中で、山民・半農半山民・農民という生活類型のカテゴリーを設けて、もともと山民や半農半山民のもとでは焼畑の豊作儀礼が正月と盆とに行なわれていた。したがって、正月や盆の行事には、少なくとも山と田との儀礼的要素が混合していたとみるべきであるが、稲作の展開に伴って正月の諸儀礼の中から、焼畑に関する儀礼的要素が脱落し、しだいに稲作儀礼としての色彩を濃くしてきたという考えを展開している。つまり、山（焼畑）の儀礼から田の儀礼へ、正月の儀礼が転換する過程をくわしくみることによって、山の神の信仰が田の神の信仰へ展開した筋道を、あとづけることが可能なことをよく示している。

最近、小野重朗氏は、南九州で正月に行なわれる事始めの行事にあたる「鍬入れ」の行事の際

写真19　若木切り
1月2日朝、山から若木を切ってくる。この若木に山の神がのってくる

写真20　若木を立てる
切ってきた若木を庭先に立てる。その若木の梢を切っておいて、つぎの鍬入れに用いる

＊写真19・20　南九州の初山行事（小野重朗氏による）

に、まず山から若木を伐ってきて家の前庭に立て、それから家の土間で「臼起し」をやったのち、その若木の梢を切って田にもっていって立てる、という慣行が広くみられることを報告し、この行事の意味をつぎのように解説している。

まず、山で山の木を依り代として山の神をまつり、鉈《なた》の使いはじめをし、次いで若木を切って山の神を家の神として迎えて臼の使い始めをし、さらに、その若木の頂きを切って田に立てて田の神として鍬の使い始めをする。山の神が家の神に、さらに田の神になることは、その依り代が同じ木を運び移して立てることから論証できる。

ここで注目すべきことは、いわゆる「山民の山の神」が、山から伐り下ろした依り代の若木とともに、そのまま「田の神」として田に移し下ろされることであり、山民の山の神から農民の山の神への連続性が明瞭にみとめられることである。さらに小野氏は、前節で述べた「柴祭り」などの例をひき、この山民の山の神が、もとは狩猟民の神でもあったとして、狩猟や伐採の際に祭られる山の神と田に降る山の神は、もとは同じカミであり、この二つの山の神の間には進化の関係を想定しうることを強調している。この小野氏の見解は、私の提出した山の神の進化の図式ときわめてよく似た考えだといえるだろう。

このような事例がほかにも多く集められるようになれば、「山民のまつる山の神」と「農民のまつる山の神＝田の神」との間に、ある種の連続性と進化の関係がますますはっきりするようになり、わが国の山の神信仰の展開過程はいっそう明らかになるものと私はひそかに期待している〔補注12〕。

焼畑農耕儀礼から稲作儀礼へ——稲作儀礼の基底にあるもの

さて、いままでに述べたように、わが国の山の神信仰が、①狩猟民の山の神→②焼畑農耕民の山の神→③平地農耕民の山の神＝田の神という段階を経て進化してきたとすれば、そこでもっとも問題になるのは、やはり②から③の段階への展開の過程であろう。①から②への過程については、例えば前節で述べたように、儀礼的共同狩猟の行事が焼畑農耕儀礼として重要な役割を演じているという事実によっても、両者の間に深い関連のあることがすでに明らかになっている。

それでは②から③への展開の過程を具体的に解き明かすためには、いったいどのような手掛りがあるだろうか。稲作儀礼の広範な普及によって、焼畑ないしは畑作の儀礼が、きわめて断片的なものになってしまった日本の場合をはなれ、私はこの手掛りの一つを東南アジアの事例との比較に求めたいと考えている。この場合、そうした焼畑農耕民の儀礼やカミ観念と平地農耕民のそれとの関係を、日本と華南の山地民との比較という点にまで、視野を拡大して考察しようとした東京都立大学の竹村卓二氏の研究が興味をひく。

同氏は「華南山地栽培民文化複合から観た我が国の焼畑儀礼と田の神信仰」（一九六六年）という論文において、この問題をとりあげ、日本の焼畑ないしは畑作の儀礼や山の神・田の神信仰と中国南部の山地民、とくにヤオ族のそれとの間に共通する特徴の少なくないことをあげている。その上で、日本の稲作儀礼や田の神信仰の原型が、華南の山地焼畑農耕民の農耕儀礼やそのカミ観念の中に求められることを論証しようとしている。

たとえば、この章のはじめにもとりあげた八月十五夜のイモの収穫儀礼が、華南や江南の山地民の間に広く行なわれていること。また、わが国の八月十五夜に行なわれる儀礼的な作物盗み、仮装した女や子供の物乞い、男女の集団舞踊、年占い、畑作物の受贈などと類似の行事が華南の各地に存在すること。月の盈虚《えいきょ》（みちかけ）に関係の深い行事（八月十五夜、十日夜、亥《い》の子、小正月など）には、華南と日本の相互の間で多くの共通性がみられ、これらの行事には、とくにイモ類や雑穀類・豆類などの畑作物との結合がみられること。さらに中国南部の山地焼畑民のもとにおいても、山と畑のあいだに山の神の去来がみられ、樹木を依り代として山からカミを迎える慣行があること、また、この山から来臨するカミには祖先の神としての特色が明瞭にみとめられること、などを指摘している。

すでにⅡ章で検証したように、華南から江南山地に至る照葉樹林帯に拡がる焼畑農耕文化は、わが国の稲作以前に存在したと思われる農耕文化ともっとも関連の深いものである。その中国南部の山地焼畑民の農耕儀礼と、わが国の畑作儀礼との間に少なからぬ並行関係があり、わが国の田の神信仰や稲作儀礼の原型ともみられる諸行事が、彼らの間に広くみとめられるという事実の指摘は、わが国における稲作以前のカミ信仰の復原作業を行なうに当たって示唆するところが少なくない。わが国の稲作にまつわるカミ信仰や儀礼の中のかなりの部分が、このような意味で、稲作以前の焼畑農耕民のもつカミ信仰や儀礼の中に、その原型を有していると考えることができるようである。

平地農民のまつる山の神＝田の神、つまり稲作以後のカミ信仰が、稲作以前の焼畑農耕民のまつる山の神の信仰を母胎にして、それから派生・発展してきたことは、こうした中国南部の山地焼畑民の事例を媒介にすることによって、ほぼその輪郭を明らかにすることができたと思われる。

もっとも、この場合、田の神信仰の原型が、華南の山地焼畑民の山の神信仰の中に求められるとしても、そのことからただちに、わが国の田の神信仰のすべてが、華南や江南山地から直接輸入されたということにはならない。

というのは、すでに説明してきたように、「稲作以前」の時期から水田稲作農耕が日本列島に伝えられる頃までに、この列島にはいくつかの文化の波が大陸からおし寄せてきている。この文化のそれぞれの波にのって、さまざまなカミ信仰が日本列島に伝えられたことは間違いない。いま、問題を山の神信仰に限ってみても、狩猟民の山の神や焼畑民の山の神が、稲作以前のある時期に伝えられ、さらに平地農民の山の神＝田の神の信仰のあるものが、稲作とともに華南や江南地方から、この列島に伝えられたことはおそらく事実であろう。そうして、これらの古い山の神信仰の中には、新しいカミ観念と習合せず、古い形をそのまま残し、現在にまで至ったものも存在する。

しかし、これらの古いカミ信仰と新しいカミ信仰の多くは、日本列島に伝来して以後、この国土の中で相互に複合し合い、東南アジアや華南の故地で展開したのとほぼ類似した過程を経て、カミ観念を進化させ、儀礼の形態を変化させてきたものと思われる。もともと東南アジアと日本という相似た宗教的土壌の中で育ってきたカミ信仰であることが、たぶんこの場合、その習合を容易にし、その展開の過程を促進する条件の一つになっていたと考えることができる。

こうして「草木みな物いう」きわめてスピリチュアルなカミから「去来するカミ」、「祖霊的性格をもつカミ」への展開、また「稲作以前」のカミ信仰から「稲作以後」のカミ信仰への展開の過程は、日本と東南アジアでは、ほぼ並行的な関係をもって進んできたものと思われるのである。というような点に着目することによって、私はおおよそ、つぎのような事実を強調することができると考えている。

その第一は、稲作儀礼によって象徴されるような伝統的な日本の文化的価値体系の少なからぬものが、「稲作以前」の文化にまで、その原点をさかのぼることができるということ、その二は、こうした伝統的な価値体系を生み出す宗教的・文化的土壌の深層部分において、日本と東南アジアの間には、著しい類似点がみとめられるということである。しかも、この東南アジアと日本の文化の深層部における著しい類似性の、そのまた共通の基盤になるものは、ヒマラヤの中腹からインドシナ北部の山地、華南・江南の山地をへて、西日本に至る照葉樹林帯に拡がった稲作以前の文化、なかでも私が「照葉樹林焼畑農耕文化」と名付けた文化の諸特色の中に、それを求めることができると考えているのである。

四　田植技術の発生――稲作以前から以後への農耕技術の展開・その仮説的展望

田植の起源を考える

いままで、私は「稲作以前の文化伝統」の復原とその系譜の探求ということで、おもに日本の民俗慣行、その中でもとくに儀礼的な面を中心にいくつかの問題について考えてきたが、ここで少し視点を換えて農耕技術に関する側面、すなわち稲作以前から稲作以後への農耕技術の展開の問題を、比較民族学的な面から検討してみることにしよう。問題にするのは、稲作の技術の中でも、もっとも特徴的だとされている田植技術の発生の問題。これを私は、焼畑から常畑へ、常畑から水田へと農耕の形態が展開する過程の中で、シコクビエの移植栽培がもとになって生み出されてきたのではないか、と考えてみようと思うのである。

わが国において田植の技術がいつ発生したのかはわかっていない。万葉集の古歌などを引用して、奈良朝以前には、わが国には田植の技術は存在しておらず、直播が行なわれていたと考える人が少なくない。もちろん古代の日本で直播が行なわれていたことは事実だが、そうかといって田植がまったく行なわれていなかったという積極的な証拠もなければ、まして田植の技術が日本列島で独立に発生したという根拠もない。

中国農業史にくわしい天野元之助氏の研究によると、中国ではすでに後漢の桓帝《かんてい》（一四七〜一六七年）の頃に、華北の地域でイネの移植栽培法が行なわれていたことが文献にみえているという。そのことから、田植の技術が弥生時代に日本列島に伝わっていた可能性もないとはいえない。しかも、稲作の技術は華中・華南から華北へ展開したものだから、それ以前に華中・華南の地域でイネの移植栽培が行なわれていたことも十分考えられるのである。

とすると、このイネの移植栽培（田植）はいったい、いつ、どこで起源したのだろうか。実をいうと、それはまだ解決されていない問題である。解決されていないどころではなく、問題を解く糸口すらまだ見出されていないといってよい。ごく常識的には、直播による稲作技術がまず存在し、それが発展するなかで、より集約的で、より収穫を安定させる方法として、移植法が稲作の技術体系自体の中から開発されてきたと考えられている。だが、私はイネときわめて密接な関係をもつといわれるシコクビエ――例えばイネのイモチ病の病原菌などもシコクビエからイネに寄生転換した可能性が高いといわれている――が、広く移植栽培法によってつくられていることに注目し、このシコクビエの移植栽培がもとになって、田植の技術が発生したという可能性のあることを考えてみたいのである〔補注13〕。

もし、こうしたシコクビエの移植栽培から田植の技術の発生が推定されるとすれば、それは「稲作以前」から「稲作以後」への農耕技術の面における連関が一つ証明されることにもなると思われるからである。とにかく、このためには、シコクビエの移植栽培が、実際にどのように行なわれているかを確かめることから、まずはじめねばならない。

シコクビエの移植栽培の実態

アンナプルナ連山の白銀の峰々を仰ぎみる中部ネパールの市場町ポカラ。そこは北のチベットと南のインドを結ぶキャラバン・ルートの結び目に当たり、バザールの石畳の道はいつもさまざまな民族衣装をきた人たちでにぎわっている。その町はずれにあるペバタールという湖の岸辺にある村むらで、一九六三年の八月、私は女たちが畑で毎日せっせとシコクビエの移植作業をやっているのを熱心に観察していた。

ネパールにおけるシコクビエの移植栽培。その方法はたいていどこでも同じである。まず男が牛に曳かせた犂を使って耕地を十分に犂き返す。そのあとに数名の女たちが一列に並んでシコクビエの苗を植えてゆくのだ。女たちは犂き返された土塊を適当に手でほぐしながら、シコクビエの苗を一本ずつ、その根元を握り、葉先を手前に倒しながら根を土の中に押し込んでゆく。よくみるとその苗は先端を五～六センチほど切り取ったものが多い。また苗は束ねて女たちのまわりに置いてあるが、彼女らは坐り込んだような姿勢で、各自まちまちに苗を植えながら前へすすんでゆく。このため移植された苗の分布はばらばらで規則正しくはなっていない。

さらに面白いことには、かなりたくさんの事例を集めてみたが、このシコクビエの移植作業で、実際に苗をとって植付けを行なっているのは、すべて女だということだ。男が同じ耕地にいる場合もあるけれども、そのときには男は犂を使っての耕起作業や土をくだく砕土作業をやるか、あるいは苗の分配を行なっているにすぎない。植付けの作業をやっているのはすべて女に限られている。それは、ちょうどわが国の「田植」が、すべて早乙女とよばれる女たちの手で行なわれるのとまったく同じである。このシコクビエの移植作業と田植における労働の形態とは、あまりにもよく似ている。水田であるか畑地であるかという点を除けば、両者はすっかり同じやり方で行なっているといってもよい。

また、このシコクビエの移植栽培についてもう一つ注意すべき点は、シコクビエとイネの栽培暦がほぼ一致するということである。図18に示したようにポカラ付近の場合には、現地でウルスーとよばれている一品種を除けば、シコクビエもイネも、だいたい五～六月に苗床に播種し、六～七月に苗の移植をやる。そうして一〇～一一月にかけて収穫を行なうことになっている。しかも、シコクビエとイネは、このように農耕期間が一致しているばかりでなく、栽培する場所も

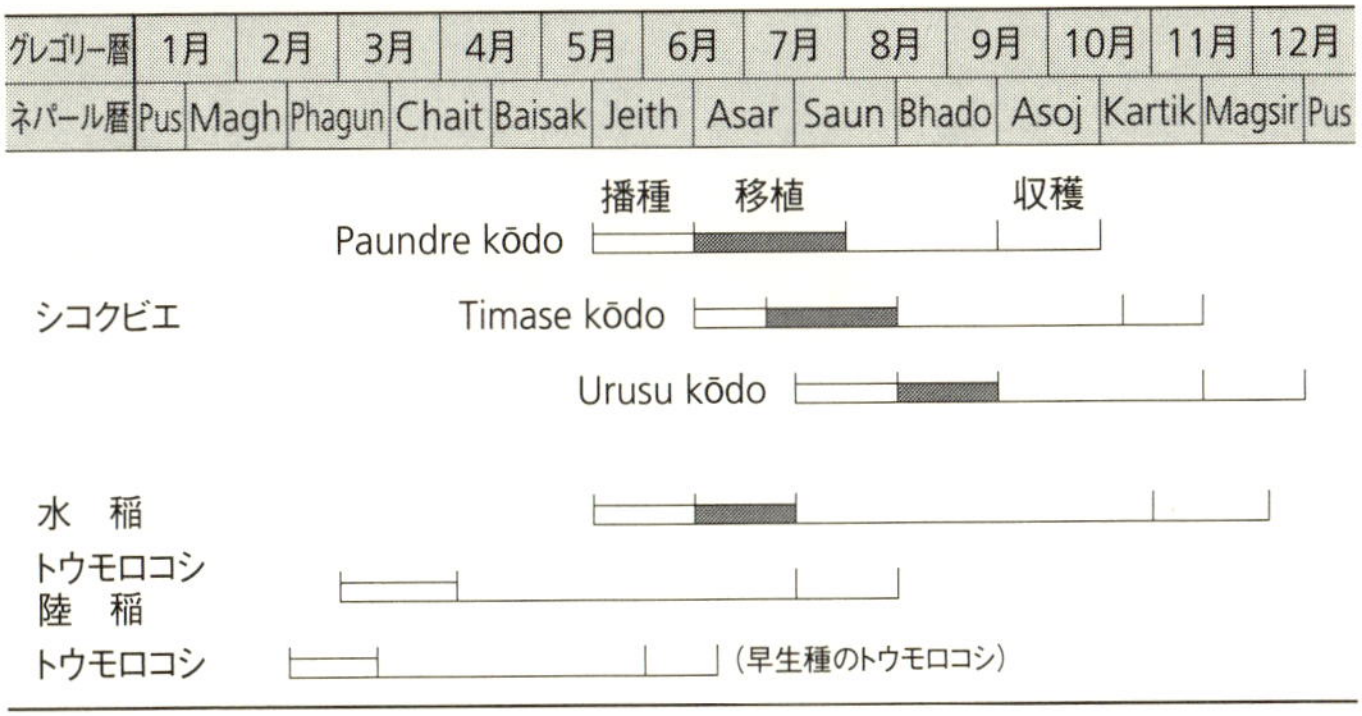

図18　ポカラ付近の主要作物の栽培暦（主にバイダム村の事例により作成）

両者が同じところを利用することがしばしばある。すなわち、ポカラ付近の農村では、シコクビエは家屋のまわりにある庭畑でつくられることが多い。が、それとともに、集落の外側にある水田に水をひかずに栽培されることも少なくない。ということは、同じ耕地でも水利条件にめぐまれた年には水をひいて水田としてイネの栽培を行なうが、水利条件の悪い年にはイネをつくらず、シコクビエを植付けて畑地として利用することがしばしば行なわれている。シコクビエの移植をしている耕地も、こうした畑地として利用する水田の一部である。つまり、ポカラ付近の水田の多くでは、年ごとの気象条件によって、同じ耕地が水田として利用されたり、畑地として利用されたりしているわけで、シコクビエとイネは、このような点でも、相互にきわめて密接な関係をもっているということができる。

もともと、シコクビエ（*Eleusine colacana*）という作物は、東アフリカのサバンナに起源した作物と考えられている。そこではシコクビエは、すべて焼畑を含む畑地にバラ蒔き（散播）栽培されているが、インド以東のアジアの諸地域では、苗床でいったん苗を育成し、それを本畑に植え替える移植栽培法の例がだんぜん多くなってくる。イネを除く雑穀類の中で移植栽培が広く営まれているのはこのシコクビエだけである。

しかも、シコクビエは、アフリカからアジアに広く分布した雑穀農耕文化の指標となる作物であり、イネはもともと、このサバンナに起源した雑穀農耕文化の複合体が、広大な湿地帯に遭遇したときに、二次的に栽培化された湿性のミレットだと考えられている。とすれば、水稲栽培技術の一つの特徴と考えられている「田植」の技術も、苗を移植するという点で、シコクビエの移植栽培の技術的伝統をうけつぎ、それを発展させたものと考えることができるのではなかろうか。

私はこんなふうな問題意識をもって調査をつづけてみた。その結果は、後でまとめて述べることにして、ここでは、もう少しシコクビエの移植栽培の特色について検討をつづけてみることにしよう。

ネパールの山村にて

ポカラの町から西へ、歩いて三〜四日。海抜二〇〇〇メートル前後のヒマラヤ山地の中腹に位置する村むらでもシコクビエの栽培は盛んである。そのような村の一つ、シーカ村では、今日でもトウモロコシと並んでシコクビエが畑地の主作物となっている。

この村ではシコクビエは、たいてい五月下旬〜六月中旬頃に畑地に直接バラ蒔きされる。ただし、このときにはシコクビエの種子は小さいのでかなりの厚蒔きになってしまう。したがっ

写真21　シコクビエの収穫

女が穂だけを小型の穂刈具で刈り取り、背負籠に入れる

写真22　シコクビエの脱穀作業

女たちが棒でたたいて脱穀する

写真23　成熟したシコクビエ（シーカ村）

て、発芽後二〇日余りたった頃に、水田の苗代に用いる耙《まぐわ》とよく似た歯のたくさんついたハローで耕して、その間引きが行なわれる。この間引きによって発芽したシコクビエの三分の二ほどは、とり除かれるのだという。

ところが、以前にパントS. D. Pantというイギリスの人類学者が、西部ヒマラヤのクマオン地方で調べたところによると、やはり同じようにシコクビエの直播が行なわれ、発芽後にその間引きが行なわれるが、そこでは間引きしたシコクビエの一部を、もう一度畑地の空いたところへ植え替えるという、たいへん面白い事実が報告されている。シーカ村の場合、これと同様のことが行なわれているかどうか、ちょうどその時期に滞在していなかったのでくわしいことはわからない。しかし、おそらく同様の慣行が存在し、間引いた苗の再移植が行なわれているものと考えて誤りはないようである。

また、この村では、シコクビエは冬作物のコムギと組み合わされて、シコクビエ―コムギという一年二作の輪作形態をとることが多い。しかし、ときにはトウモロコシ―シコクビエ―コムギという一年三作型の輪作が行なわれることもある。この場合には、五月下旬～六月中旬頃にまず苗床をつくってシコクビエの播種を行ない、その後一ヶ月ほどして本畑のトウモロコシの株間に、そのシコクビエの苗を植えてゆく。トウモロコシは四月から五月に直接耕地に播種し、八月中旬頃に収穫されるから、一年三作の集約的な畑地の経営を行なうためには、シコクビエを畑地に直接、バラ蒔きしたのでは具合が悪く、どうしても苗床で苗をつくっておいて、前作のトウモロコシの間に、それを移植するという栽培法をとらざるをえないわけである。

このように中部ネパールの畑作村の例では、シコクビエは、一般には畑地に直播(散播)し、しばらくたってから間引くという栽培法をとっている。これに対し、より集約的な一年三作型の経営を行なう畑地では、苗床を別につくる移植栽培法が採用されている。このことはシコクビエの移植が、農業経営の集約化をおしすすめる過程の中で開発されてきた農耕技術の一つだということを示唆しているように考えられる。

また、この地域では、植付け作業はもちろん、それ以後の除草・収穫・脱穀など、シコクビエの栽培の全過程については、その大部分が女の手によって行なわれ、犂耕を除けば男はシコクビエの栽培のプロセスにほとんど関与していない。このことも、シコクビエ栽培のたいへん重要な特色の一つとして注意しておかねばならない。

ムンダ族とアパタニ族

ところで、シコクビエを重要な作物として栽培している地域は、このヒマラヤ中腹の地帯ばかりではない。インドでは、マドラス州やアンドラプラデシュ州をはじめとする南部インドの地域やビハール州を中心とする北部インド、さらにはアッサム山地の一部でも、それは広くつくられている。ところが、面白いことには南部インドの地域では移植栽培はほとんど行なわれず、もっぱら散播や条播の方法をとって栽培されるのに対し、北部インドでは移植栽培がさかんに行なわれているようだ。

前にもしばしば例にひいたことのあるビハール州のムンダ族などでも、やはりシコクビエの移植栽培の例が豊富にみられる。一九六三年にムンダ族のくわしい実態調査を行なった南山大学の山田隆治氏は、その栽培法をつぎのように報じている。

ダサイ月（九月〜一〇月）に新しい原野を犂で耕し、その原野に生えていた木や草と他所から切って運んできた灌木や雑草を積み上げて乾かす。（翌年の）一〜二月頃にこの乾いた灌木や雑草を燃やして灰にし、この灰を犂で耕して埋める。そうして五〜六月頃、そこにシコクビエを蒔くか移植する。バラ播きの場合には播いたあとを犂き返す。シコクビエが三〇センチほどの高さに育ったとき、もう一度犂き返し、……一〇～一一月頃にそれを収穫する。その後、次の年には雑穀の一種であるサマイあるいはオカボが同じ畑でつくられ、さらにその翌年には油脂作物や豆類などが栽培され、三年目が終われば、その耕地をいったん放棄するというのである。

つまり、ムンダ族ではシコクビエは、三年耕作して数年休閑する、一種の切替畑のローテーションの初年の作物として作付けされるものであり、ムンダ族に関する百科事典をつくったホッフマン**J. Hoffmann**によると、そのシコクビエの大半は苗床で育成した苗を移植するのだという。とくに、ここで注目すべきことは、ムンダ族におけるシコクビエの栽培には、そのはじめに原野の灌木・雑草を伐り倒し、これを運んできて、積みあげて燃やし、その灰を犂き込むという過程が伴っていることである。こうした慣行が焼畑農耕の特徴をよく伝えていることは、いまさらいうまでもない。とすると、現在では常畑の主作物の一つになっているシコクビエも、もとは焼畑で栽培される作物だったということが容易に推定できるようである。つまり、ムンダ族の場合には、本来は焼畑の作物であったシコクビエが、焼畑から切替畑、さらに常畑へという農耕形態の進化に伴って、常畑の主作物となった。この変化の過程に対応して、散播から移植へと栽培法を変化させたのではないかと考えることが可能になる。

ところで、こうしたシコクビエの移植栽培が、水田稲作農耕と微妙な関係をもちながら行なわれている例がほかにもある。それはアッサム・ヒマラヤの奥地に住むアパタニ族だ。彼らはアッサム・ヒマラヤのスンバンシリ川の河谷低地に居住する水田稲作農民で、複雑な灌漑組織を有し、集約的な稲作を主業としているが、畑地における主作物としてはシコクビエを栽培している。

イギリスの人類学者フューラー・ハイメンドルフ Fürer-Haimendorf の報告によると、彼らは早生種ミパと晩生種サルテの二種類のシコクビエを栽培しているが、いずれも散播法によらず、移植栽培を行なっていることが大きな特色である。シコクビエの苗床は、家の近くの庭畑や水田の中に垣で囲ってつくられた島状の土地に設けられ、その湿った土にシコクビエの種子を厚く散播する。四月下旬頃には早生種ミパの苗が一二～一三センチに生育するので、これを庭畑や水田の畦畔に移植する。さらにその二～三週間後の五月中旬頃には、晩生種のサルテの苗が生育してくるので、これを畦畔の残ったところや道路・水路のそばの空いた場所に移植する。苗はほぼ一二～一三センチ間隔に一本ずつ植えられ、苗の先端は少し切っておくことが多い。これは苗を強くし、その生長を早めるためだといわれている。

他方、アパタニ族では、四月上旬から五月中旬頃までが稲の田植を行なう期間で、この田植が終わる五月中旬から常畑の仕事がはじまる。常畑では、まず若者が三～六人ほど組になり、畑起こしを行なう。今では鉄製の大きな鋤《すき》を用いているが、以前には木製の鋤を使って作業した。この畑起こしを行なう男たちのあとから、女が竹製の小さな手鍬を使いながら土を砕き、シコクビエの苗（主としてサルテ）を、やはり一本ずつ植付けてゆくのである。

その後、シコクビエの畑では、女たちが手鍬を用いて二度ほど除草作業を行ない、早生種のミパは八月上旬頃、晩生種のサルテは十一月上旬頃に、それぞれ穂刈りで収穫される。この収穫作業や運搬その他の諸作業も、ほとんどすべて女によって行なわれる。収穫したシコクビエは、穂のまま穀倉に貯蔵し、主として酒の醸造原料に使われることが多い。

以上がアパタニ族のシコクビエの栽培法だが、ここではシコクビエが畑地における唯一の穀作物をなし、そのすべてが移植法によって栽培されていること、さらに、その栽培のほとんど全過程が女性の手によって行なわれていることなどが大きな特色として指摘できる。

日本でもシコクビエの移植栽培が行なわれている

いままで私は、インドやネパールにおけるシコクビエの移植栽培の事実を紹介してきたが、シコクビエを主として焼畑で栽培するという例は、インドのほかにも東南アジアの山地から華南の山地をへて、わが国にまで点々と見出すことができる。しかも、わが国におけるシコクビエの栽培の多くが、やはり移植法によっていることは注目してよい事実であろう。

現在、わが国でシコクビエの移植栽培の事実がはっきり伝承されているのは北陸地方の山村地帯である。前にも幾度か例にひいたことのある白山山麓の白峰村では、シコクビエはカマシ（カモアシ）とよばれ、散播法（バラマキ）ではなく、必ず移植法（ウチコミ）によってつくることになっている。カマシの栽培される場所は、おもに出作小屋のまわりにある常畑耕地（ケヤチ）の一部であるが、ときにはムツシ（焼畑）の五年目の耕地条件のよいところを選んで移植を行なうことも少なくない。また焼畑の三～四年目でもヒエの生育のよくない年には、ヒエに替えてカマシがつくられることがある。

いずれにしても、移植用の苗をつくる苗床（ナエバタ）は、出作小屋の近くの日当たりのよいところを選び、毎年ほぼ決まった場所に設けられる（一一九頁の図11参照）。五月下旬に下肥《しもごえ》を施肥したこのナエバタにカマシが蒔きつけられるが、この場合には、「バラッとナエバタの土が見えない程度」にシコクビエの種子を蒔きつける。その後、追肥をやり、間引きを行なって約一ヶ月の間、苗の成長をみる。苗が約二〇センチほどに成育した六月中旬から七月上旬頃に、この苗をとってケヤチの畑や焼畑に移植するのである。ケヤチの常畑の場合には、畝の上に二〇〜二五センチ間隔に三〜四本の苗をまとめて植付けている。

この白峰村のほか、福井県の東南部のいくつかの山村でも、シコクビエの移植栽培の事実のあることを私は確かめている。すなわち、九頭竜川上流の旧穴馬村では、シコクビエのことをカモアシとよぶほか、サンドビエやヨホなどともよび、同県の日野川源流部の旧堺村では、ミツマタビエやスゲビエとよんでいる。いずれも五月に苗床に種子を蒔き、二〇センチほどに成育した苗を六月から七月初旬頃に焼畑や常畑に移植するのは、白峰村と同じである。ただし、これらの福井県の例では、いずれも移植する苗の頂部を六〜七センチほど切り、やや斜めに倒しながら植える慣行のあることが確かめられた。また旧穴馬村ではシコクビエの植付けは、すべて女が行なうことになっているという事実もある。

こうした移植する苗の先端を切っておくこと、女によって植付けが行なわれることなどは、いずれも前に述べた中部ネパールの農村やアパタニ族でみられたのと同様の慣行であることは注目すべきであろう。

ことに植付けるシコクビエの苗の先端を切取っておくという慣行については、私はかつて白峰村の種子を使って実験的にシコクビエの栽培をしてみたことがあるが、先端を切ったものと切らないものとの間には、苗の活着や生長、収穫量などにはほとんど差がみとめられなかった。実際には効果がさして大きくないにもかかわらず、同じような苗の先を切る慣行が南アジアから日本にまで広く分布するということは、この慣行の伝統的固定性が大きいためだと思われる。田植の際にも同じように苗（イネ）の先を切っておく慣行が広くみられるが、このことはシコクビエとイネの移植栽培を結びつける一つの技術的な接点とみることもできるのではなかろうか。

また、これらの北陸地方の山村では、シコクビエが、一方では焼畑の輪作の最終作物として耕地条件の良好な場所に移植されるとともに、他方では常畑にも移植されることが、いままでに述べた例にすべて共通する特色である。このような点から、わが国の山村でも、シコクビエの移植は、焼畑から常畑への過渡的技術としての特徴を備えていることが注意されるのである。

シコクビエの移植栽培成立の条件

さて、シコクビエは、前にも述べたように、本来は焼畑の作物であり、それはもともと他の雑穀類と同じように、幾種類かの作物と混ぜあわせて、耕地にバラ撒く散播＝混播の型式でもって栽培されていたと思われる。このことは、現在でもアフリカのサバンナや中・北部インドの焼畑農耕民のもとにおけるシコクビエの栽培が、いずれもこの散播＝混播の型式をとっていることからも容易に推定することができる。とすると、この散播による栽培から移植法へと、シコクビエ栽培の技術が進化するに当たっては、いったいどのような背景が考えられるだろうか。この点をもう一度整理し直してみると、つぎのような事実が指摘できる。

(1) まず技術的な側面から検討を加えてみよう。一般にシコクビエの種子は他の雑穀類のそれに較べても、その粒の大きさがきわめて小さい。したがって、シコクビエを散播した場合には、実際にはかなりの厚蒔きとなる。だから播種した耕地には多量のシコクビエが発芽するとともに、その分布もかなり不均等となる。このため、シコクビエを散播した場合には、発芽後に何らかの形で間引きを行なわねばならない。ムンダ族や中部ネパールの例では、発芽後に犂や耙《まぐわ》で耕作することによって、間引きを行なっている。

しかも、こうして除去された苗の一部は、間引きを終わったのち、畑の空いた部分にもう一度移植される例が、ヒマラヤ山地などではみとめることができる。つまり、この場合には、間引きという手段を媒介に、散播から移植へ移行しうる一連の技術的連関の存在することが、まず注目されねばならない。いま、もし間引かれた大量の苗を何らかの理由で播種のおくれた——あるいは播種の行なわれなかった——畑地に植付ければ、一種の移植栽培によるシコクビエ畑が形成される結果になる。おそらく散播から移植への技術的進化は、このような間引きを媒介にする技術的連関の基礎の上に立って展開してきたものと考えられるのである。

(2) ところで、散播→間引き→移植という間に、ある種の技術的連関がみとめられるとしても、移植栽培法が一つの集約的な農法として成立するためには、その背景により広範な農耕技術複合体の進化が考えられねばならないのではなかろうか。

この点についてては、少なくとも現在のところ、シコクビエの移植栽培の事実が報告されている地域は、多くの場合、何らかの意味で、かつて焼畑農耕が分布した痕跡のみられるところであり、いまもなお斜面で階段耕作が営まれる地域であることが注意されねばならない。すなわち、ムンダ族の場合には、さきに山田隆治氏の説を引用しながら強調したように、彼らの常畑耕作そのものが、焼畑の技術的伝統を濃厚に留めたものである。現在のムンダ族の農耕文化複合は水稲耕作を中心としたものではあるが、その中にはいまでも、古い焼畑農耕文化複合に属する諸要素の残存が数多くみとめられる。また、アパタニ族や日本の山村の事例をみても、シコクビエの栽培が古くは焼畑耕作と関連し、後にそれが常畑耕作と結びついたことは明らかである。

いま、この点について、やや具体的に考えてみると、ムンダ族の例にみられるような、乾季の終わりに雑木・灌木を伐採し、それを運んできて燃やし、その灰を耕地に犂き込むという初期的な常畑耕作を営む段階では、播種は雨季のはじまりの不安定な降雨に依存して行なわねばならない。したがって、管理の行き届く特別の小圃場（苗床）を設けて、そこで苗を育成する移植農法を実施することは、少なくとも播種期の降水の不安定さをいく分でも回避し、苗の育成を安定した条件のもとで行ないうる点で、たいへん重要な機能をもつものと考えられる。また常畑耕作の開始に伴う畝立と鍬ないしは犂耕作の成立、あるいは多毛作の実施などのよりすすんだ農法の確立も、移植栽培法の成立を促し、その発展を促進した条件として、かなりの重要性を有したのではないかと考えられる。

もちろん、このほか苗床の形成とそれに関連する庭畑耕作の発展や大型家畜を飼育する慣行の安定化などの諸条件も考慮されねばならない。しかし、いずれにしても焼畑耕作から常畑耕作への転換とともに、混播の慣行がしだいに稀薄となり、これに伴って、つぎの事例にみるように、労働分業や宗教儀礼の側面においても、シコクビエ栽培が独自の特色を備えるに至ったことも注目すべきであろう。

(3) すでに前にも指摘したように、中部ネパールにおけるシコクビエ栽培の労働形態においてもっとも注目すべき点は、その移植・管理・収穫・脱穀・調整などの技術過程の大部分が、女性の手によって行なわれているということである。しかも、そこでは農耕儀礼の面においても女性がきわめて重要な機能を演じていることが注目されねばならない。

一九六三年に実態調査を行なった川喜田二郎氏の報告によると、中部ネパールのシーカ村では、シコクビエの植付け後にコリ・プジャという祭りがあり、すべてのブーメ（精霊の一種で中部ネパールに広くみられる）が招かれ、虫よけ祈願が行なわれる。この日はまた、村で二〇戸内外ごとに作られている娘組単位のルイ・プジャという虫よけ祭りの日でもある。独身の年頃の娘たちは、娘組の各成員の畑を順番に虫よけ儀礼をしてまわる。このとき、当の畑をもつ娘は、全裸体になって植付け後のシコクビエ畑に横たわり、他の娘たちはタマゴの穀の中にハダカムギのいり粉と濁酒を混ぜたものをつめ、これを畑になげつける。そしてカンチバラニ（シーカ村付近で最も尊崇されている女のブーメ）に虫よけを祈るのである。

他のマガール族の村でもこれに当たる虫よけ祭りがあり、グルン族のある村ではチャウネ・ビアウネという一種の悪霊よけの祭りが、シコクビエの移植時やトウモロコシの作付前に行なわれ、これは既婚婦人が畑で行なうとしている。さらに川喜田氏はこうしたシコクビエの植付けの時に行なわれる虫よけ祭りをはじめ、シコクビエに関する農耕儀礼にみられる大きな特色として「注目すべきは、ブーメの祭りのほとんどが男性によって行なわれ、しばしば女性は穢れあるものとして忌避されているのに、このシコクビエ儀礼のみは女性が主導権をもち、ルイ・プジャのように男子禁制となっていることである」と述べている。

われわれの調査した中部ネパールのデータによる限り、シコクビエの栽培は、その労働形態においても、宗教儀礼の側面においても、「女性原理」によって強く統合されているのである。古くからシコクビエを、もっとも大切な畑作物として栽培してきた中部ネパールにおいてみとめられるこの事実は、シコクビエ栽培の本質的部分にかかわる重要な特色とみなしてさし支えないと考えられるのである。

田植起源についての仮説的展望

ところで、このシコクビエの栽培のプロセスを、イネのそれと改めて比較すると、両者の耕作期間が相互に重なり合うことを除けば、一般に水稲栽培には複雑な灌漑水利慣行や各種の技術的過程などがそれに伴い、水稲栽培とシコクビエの栽培が整合し合う面は、必ずしも多いとはいえない。それにもかかわらず、シコクビエの移植と水田におけるイネの移植（田植）の間には、すでに指摘したように、その技術と労働形態にある種の確かな類似がみとめられる。しかも、この類似は単なる偶然の一致として簡単に無視しうるものとは思われない。

では、両者の間にいったいどのような連関が求められるだろうか。これはなかなか難しい問題である。いまの段階では結論を導き出すのは容易ではないが、いままでに述べてきたいろいろな事例を検討する中から、仮説的な見通しをとり出してみると、つぎのような点が指摘できるのではないだろうか。

すなわち、すでに常畑化した階段耕地において、シコクビエの移植栽培が成立したのち、さらにその耕地が水田化されるというプロセスが進展した場合、以前に常畑で行なわれていたシコクビエの移植栽培技術が、そのまま水田の稲作に応用され、イネの移植栽培（田植）がそれに触発されて、はじめられたのではないかということである。

前にもしばしば引用したように、山田隆治氏は、ムンダ族の農耕文化複合の研究において、彼らの耕地は斜面の焼畑から常畑（ゴラ）に進化したことを述べている。さらにこの常畑のうち条件に適した部分の多くは、畔（アリ）をつくり、水を引いて水田（ロヨン）につくり替えられてきたことも指摘している。ムンダ族の村人のコトバによれば、「平坦でアリ（畔あるいは支壁）があればロヨン（棚田）だし、なければプリ・ゴラ（畑地）」であり、両者の間にそれ以外の外形的区別はない。また、棚田（ロヨン）はいくつもつづいて階段式につくられるというよりも、常畑が連続的に分布する緩い傾斜面の下の部分に、常畑（ゴラ）に接続して二～三段の壁に支えられて存在している場合がたいへんに多い。そうして、このような耕地の静態的分布は、まさに「〝ゴラのロヨン化〟という動態的プロセスを明瞭に示すもの」だというのである。

このムンダ族にみられるような、焼畑から常畑へ、常畑から水田へという耕地条件の進化過程の展開こそ、シコクビエの散播栽培から移植栽培への変化を促し、シコクビエの移植栽培から水稲の移植栽培を導き出したもっとも重要な条件だったのではなかろうか。

この節のはじめの部分で述べたように、中部ネパールのポカラ盆地においては、灌漑用水の豊富な年には水田として利用する場所に、用水の少ない年にはシコクビエを移植する例がしばしば見出される。また中部ネパールの多くの山村においても、ムンダ族の場合と同じ様に、水田とシコクビエの畑地が現実に境を接して存在する例も少なくない。さらにアッサムのアパタニ族のもとでも、シコクビエの移植は、水田の畔や用水路の付近、あるいは水田に接してテラス化された畑地で行なわれている。

これらの多くの事例は、シコクビエとイネの移植が、ほとんど同一の場所において存在し、両者の間に何らかの関連の存することを示唆するものであろう。少なくとも状況としては、畑地の水田化に伴い、シコクビエの移植を祖型として、イネのそれ（田植）が成立したことが、これらの例から推察できるのではないだろうか。もちろん、この場合、苗床から苗代へという進化のプロセスが、田植の成立過程に随伴したと考えられることは言うまでもない。

さらに、巨視的にみた場合、シコクビエの移植栽培と田植の分布は、ビハール州などを中心とするインド北東部において、もっとも濃密に分布する。この事実は両者の機能的・技術的連関を考える場合、その考察の範囲を、ほぼこの地域に限定することを可能にしているようである。

イネがさきか、シコクビエがさきか

ところが、このようにシコクビエとイネの移植を関連させて考察する場合、必ずしもシコクビエの移植を祖型とせず、むしろ、イネの移植技術がさきに存在し、それがシコクビエの栽培に影響を与え、その移植技術を触発したという逆の可能性も考慮しなくてはならない。

だが、少なくとも東南アジアやインドの稲作農耕においては、田植を行なうのは女である場合が圧倒的に多い。しかも、日本の早乙女の例にみられるように、この女たちが稲の成長を祈る呪術的な役割を演じている例が少なくない。ところが、田植を除く他の稲作の諸作業には明確な男女分業がなく、とくに脱穀場での仕事には女を排除し、男のみでその作業を行なう例が多い。

これに対し、シコクビエ栽培の場合には、すでに説明したように、移植・除草・収穫・脱穀の作業は主として女が当たるほか、とくに植付け後の「虫よけ儀礼」の際などには、さきにも述べたように、娘たちが特別な役割を演ずる事例も存在している。つまり、移植作業を含め、その農耕の全過程が「女性原理」によって強く統合されているシコクビエ栽培は、それ自身一つの技術的・宗教的に統合された完結体をなしているとみなしうる。

もっとも稲作の諸過程にも、田植のみではなく、例えば女による初穂刈りの慣行のように、女性の機能を重視する慣行がある。かつてマレーシアにおける稲米儀礼の総括的な研究を行なった宇野円空氏も「一般に稲作の作業が女子を主役とする傾向があり、その儀礼が公私を問わず女祭の性質をもっている」ことを指摘している。

しかし、いま両者の農耕過程における「女性原理」による技術的・宗教的統合の完結性を比較すれば、シコクビエのそれがはるかに高いことを、私はとくに注目したいのである。

このような事情を背景にして、もう一度シコクビエの移植と田植の作業が形態的にきわめてよく類似していること、男女分業の明瞭でない水田の諸作業の中で、田植のみがほとんど排他的に女性によって行なわれているという事実などをみれば、田植はシコクビエの移植を祖型

写真24　ムンダ族の田植

ムンダ族においても、田植はすべて女の共同作業で行なう（1964年）

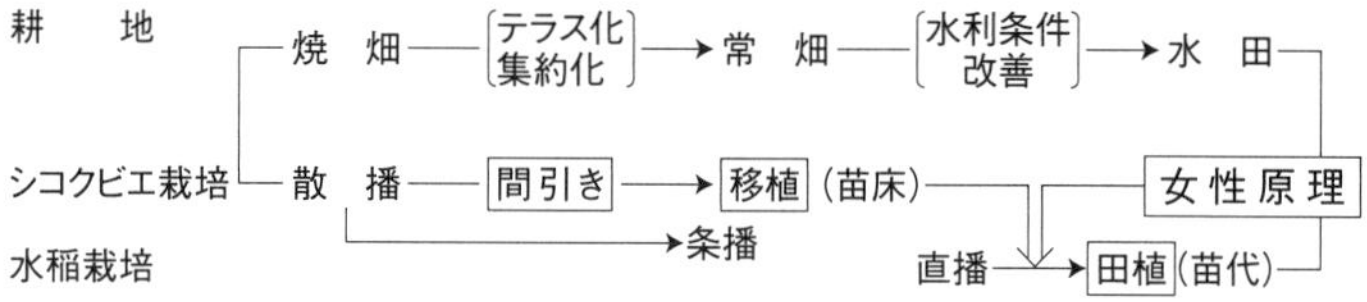

図19　シコクビエの移植と田植——その仮説的展望

として、それから由来したことが示唆されるのではないだろうか。その逆の可能性は、この場合はなはだ乏しいと考えられるのである。

わが国の早乙女にまでその系統を辿りうる、こうした田植における女の労働を重視する慣行は、起源的には「女性原理」によって統合されたシコクビエ栽培の技術体系の中に位置づけられた移植の慣行がイネ（水稲）栽培のなかにもち込まれたことと深く関係するのではなかろうか。

以上、シコクビエの移植栽培成立の背景をなしたと考えられる諸条件を考察し、田植の慣行が、このシコクビエの移植栽培を祖型として発生したものとする仮説の概要を述べてきたが、これをまとめて示すと図19のようになる。もし、このような考えがみとめられるとすれば、東南アジアやインドの稲作技術の特色の中には、「稲作以前」の技術の伝統がはっきりと伝えられていることになり、「稲作以前」から「以後」への農耕技術の展開を一つの流れの中で捉えることが可能になる。

しかし、この問題については、シコクビエの移植栽培が田植の起源に関連するという肝心の部分が、いままで述べてきたところからもわかるように、一種の状況証拠に頼っているだけで、十分に検証されたといえるところまでには至っていない。また、イネの直播法から移植法への転換の時期などについても、いまのところは、それを明確に示すデータが見当たらない状態である。したがって、この問題についての十分な論証は今後の研究にまつほかはないといえるだろう。

それにもかかわらず、私が思いきってこうした仮説を、この本の中で述べたのは、「稲作以前」と「稲作以後」の関係を探求してゆく道には、なお今後の検証をまつ、さまざまな問題が残されていることを指摘しておきたかったからである。私たちはこうした未解決な問題の一つ一つについて可能な限り作業仮説を構築し、それをまた一つ一つ実証してゆきながら、「稲作以前」の問題を解決してゆかねばならないと考えたからである。

たとえ道は遠くはるかなものであっても「稲作以前」を探求するものは、この道を歩むほかはあるまい。

〔補注7〕

畑作を基軸とする文化の発見　坪井洋文氏は、その後『イモと日本人―民俗文化論の課題―』(未来社一九七九年)を著わし、一九六七年発表の「イモと日本人」という論文を「餅なし正月の背景」と改題して収録するとともに、各地でのフィールドワークの成果を集成し、正月に餅を用いないでイモを食べる「モチなし正月」(イモ正月)の存在とその特色をくわしく考察した。その結果、日本文化の基層には「稲作を基軸とする文化」とともに、それと同等の価値をもつ「畑作を基軸とする文化」が存在することを見出し、その意義を改めて強調した。柳田国男氏に代表される日本文化=稲作文化とする考え方を、坪井氏は厳しく批判し、畑作を基軸とする非稲作（畑作）文化のもつ意義を民俗学の立場から強く主張したのである。
坪井洋文氏の業績とその再評価については『季刊東北学』第十八号「坪井洋文・再考」（二〇〇九年）にくわしい。

〔補注8〕

根栽農耕とその文化　中尾佐助氏により『栽培植物と農耕の起源』（一九六六年）や「農業起原論」（森下正明・吉良竜夫編『自然―生態学研究』―今西錦司博士還暦記念論文集』中央公論社　一九六七年）で提起された根栽農耕と根栽農耕文化の概念は、その後、わが国では多くの研究者に受け継がれ、アジア、アフリカ、オセアニアにおける諸事例が数多く報告されるようになった。そうした報告をとりまとめ、わが国における根栽農耕研究の一つのスタンダードを示したのが、吉田集而・堀田満・印東道子（編）『イモとヒト―人類の生存を支えた根栽農耕』（平凡社　二〇〇三年）であった。

その中に私は「根栽農耕文化論の成立と展開」を寄稿し、中尾氏による根栽農耕文化論の提起とその背景およびその後の展開について考察を加えた。なかでもオセアニア、東南アジアにおける根栽農耕の成立とその特色、さらには根栽農耕文化の文化史的役割などについて詳しく論述した。そこでは今日（二〇〇〇年頃）の時点における根栽農耕文化論の一つの到達点を示し得たと思っている。

〔補注9〕

《雑穀・根栽型》の焼畑をめぐって　照葉樹林文化を熱帯に起源した根栽農耕文化の温帯変容型だとした当初の考え方は、その後、一九七六年の『続・照葉樹林文化』の討論において否定されたことは、すでに補注1で指摘した通りである。照葉樹林帯の焼畑の多くは、アワなどの雑穀類を主作物とし、他の多くの作物を混播・混植する多様な作物構成を有するが、その際、サトイモを主作物の一部に加える伝統が、中国大陸や台湾山地の照葉樹林帯の一部や西南日本において認められる。この種の焼畑の類型を

《雑穀・根栽型》とよぶが、それは熱帯起源の根栽農耕文化が北上して温帯変容型となったと考えるのではなく、むしろ照葉樹林帯の文化伝統の中から生み出された特徴的な焼畑の類型だと考えるのが正しい。

この場合、温帯系の三倍体のサトイモや温帯系のナガイモ（ヤマノイモの一種）が中国大陸の照葉樹林帯で栽培化され、日本列島に伝播したと思われるが、他方では熱帯系の二倍体のサトイモ、あるいはダイジョやハリイモその他の熱帯系のヤマノイモが、南西諸島を経由して北上した痕跡もある。南西諸島におけるこれらの熱帯系のイモ類と温帯系のイモ類との関係などについては、拙著『南からの日本文化（上）――新・海上の道』（ＮＨＫブックス　二〇〇三年）の第二章において議論の展開を行なった。

〔補注10〕

銀鏡神社の狩り神事　宮崎県の旧東米良村（現・西都市）の銀鏡《しろみ》神社の大祭（霜月祭）は、かつては旧暦十一月十二日から十六日まで行なわれていたが、いまは新暦の十二月十二日の門《かど》柱連《しめ》祭《まつり》にはじまり、十四日に前夜祭、十五日に本殿祭が営まれ、十六日のシイシバ祭で、霜月祭の全体が終ることになっている。前夜祭には、献饌が行なわれ、一週間以内に狩猟で獲れた猪の首（サチミタマとよばれる）が氏子たちによって供えられる。その後、三十二番の神楽が夜を徹して行なわれ、翌朝、神屋の横の広場で狩猟の営みを象徴的に示すシシトギリの神事が行なわれる。さらにその翌日、神社に隣接する銀鏡川の川原で贄を調理して山の神を祭り、猟占いを行なうシイシバ祭が営まれる。これらの「狩祭り」としての霜月祭の神事の実態については『照葉樹林文化とは何か』の「コラム　銀鏡神社の霜月祭」を参照。

〔補注11〕

焼畑農耕民の狩りと狩祭り　焼畑農耕民の営む狩猟と狩祭りの実態及びその意味などについて、台湾南部の山地焼畑民ルカイ族での私自身の調査事例などを参考にして論述したのが「焼畑農耕民の狩猟と狩祭り」（『山の神と日本人―山の神信仰から探る日本の基層文化』二〇〇六年　洋泉社所収）である。モンスーン・アジアの各地域で、かつては広くみられた焼畑農耕民の営む儀礼的共同狩猟の慣行が、狩りの豊猟を祈るとともに焼畑の豊穣も祈る一種の農耕儀礼であることをいくつかの事例を示して論証した。

〔補注12〕

山の神信仰研究の展開　従来のわが国の山の神研究では、狩猟者や山稼人などがまつる「山民の山の神」と山の神が春秋に去来して田の神にもなる「農民の山の神」とを対置して、両者を別種の神と考えてきた。しかし、『稲作以前』では両者の間に《焼畑農耕民の信仰する山の神》をはさんで考えれば、この二つのカミ信仰の間には、ある種の連続がみとめられ、カミ信仰の進化の過程がみとめられるのではないか、ということを指摘した。この考え方は、その後、学界でもかなりひろく受け入れられてきたと思われる。

ところが、その後に改めて日本列島の山の神信仰の実態をよく検討してみると、従来は日本の山の神信仰は全国でほぼ同じだと考えられてきたが、実際には地域的差異のきわめて大きいことが明らかになった。全国で同一と考えられてきた山の神信仰は、水田稲作農民のもつ山の神信仰（具体的には山の神・田の神の去来信仰）であって、その基礎にある山民の山の神信仰には、西南日本では焼畑農耕との結びつきの強い山の神信仰が広くみとめられ、東北日本にはそれとは別種の、主として狩猟民の信ずる山の神や常畑に良い種子を持って降臨する畑の神（ノウガミ）の信仰が存在することがわかってきた。《焼畑農耕民の信仰する山の神》を中間にはさんで「山民の山の神」から「農民の山の神」への進化が確実に追えるのは、むしろ西南日本の地域だと考えられる。

『山の神と日本人』では、このような新しい山の神信仰の地域的差異に注目することによって、西南日本の山の神は東南アジアの照葉樹林帯の土着のカミ信仰に連なるのに対し、東北日本のそれは東北アジアのナラ林帯の文化伝統をよく受け継ぐ可能性の大きいことを明らかにした。このような視点を示すことによって、私は山の神信仰の比較民族学的研究に一つの新しい方向を示し得たと考えている。

〔補注13〕

田植の起源について　『稲作以前』Ⅲ章の第四節「田植技術の発生」は、中部ネパールをはじめ、インド・ビハール州のムンダ族、アッサム・ヒマラヤのアパタニ族など、インド亜大陸東北部におけるシコクビエの移植栽培の実態から、シコクビエの移植栽培をもとにしてイネの移植栽培（田植）が発生した可能性を仮説として推論したものである。しかし、この仮説で提示したプロセスを経て、田植が実現した可能性を想定できるのは、本文の中でも記したように、主としてインド亜大陸の東北部においてだと思われる。

　それに対し、ジャポニカ稲を中心とする稲作が起源した東アジアの照葉樹林帯では、別の形で田植が起源した可能性の大きいことが考えられる。

　長江の中・下流域を中心とする江南地域などでは、中国古代の史書に「火耕水耨《かこうすいどう》」と記された農法が古くから営まれていたようである。それは比較的低湿な土地に拓かれた水田とも畑とも言えないような不安定な耕地（原初的天水田）で、地拵《じごしら》えに当たり、まず大鎌などで大型の雑草を薙《なぎ》倒したあと、火入れを行ない、そのあと耕地に水を入れ、人や家畜の脚で踏耕《ふみこう》を幾度も行なう。こうして準備された水田に、稲籾を直播したのでは他の雑草に圧倒されるので、別の場所（苗代）で育てた大型の稲の苗を穴植して成育させる。この種の農法を東南アジアでは「焼畑水田」（サワー・ラダン）とよぶが、この「火耕水耨」型式の原始的な稲作に伴って営まれるイネの移植栽培が、東アジアの照葉樹林帯での田植の起源となったのではないかと思われる。この場合、初期の苗代は、穂刈した稲穂をそのまま、浅く灌水させた土の上において発芽させる「穂蒔《ほま》き」の方法が用いられたと想定することができる。

　栽培稲の祖先野生稲とされる *Oryza rufipogon* は、もともと多年生で栄養繁殖する作物であるところから、最初は株分けで栽培され、それが田植の起源になったという説もある。しかし、オリザ・ルフィポゴンは、晩氷期の気候の変動、あるいはその分布域の北方への拡大などの栽培条件の大きな変化の中で、比較的早い時期に栄養繁殖から種子繁殖に性格を大きく変えたとされている。そのため株分けではなく、穂刈した稲穂をそのまま使う穂蒔き型式の苗代でつくったイネの苗を移植する栽培法が、比較的早くから行なわれ、それが少なくとも東アジアの照葉樹林帯では、田植の起源になった可能性が大きいと考えられる。

このような最終氷期の環境の変化の中で野生イネが栽培化され、栄養繁殖から種子繁殖に変化し、種子作物として安定化する過程の概要については、『照葉樹林文化とは何か―東アジアの森が生み出した文明』（中公新書　二〇〇七年）の第三部の「討論」で詳しく論じられている。

Ⅳ章 稲作文化とその基底にひそむもの

一 稲作文化の問題

稲作以前と以後

私は、いままでこの本の中で、「稲作以前」の日本列島、厳密にいえば縄文時代の後・晩期の西日本の地域には、何らかの農耕文化が存在したに違いない。という仮説的な見通しのもとに、いくつかの角度からその問題に検討を加えてきた。その結果、稲作以前の西日本には、「照葉樹林焼畑農耕文化」と名付けられるような文化の存在していたことがほぼ明らかになったといえる。この文化は、雑穀類とイモ類を主作物とする焼畑農耕を生業の中心として営み、それとともに山と森林を舞台に採集・狩猟の活動も行なう「山の文化」、「森の文化」ともいえる特色を備える文化であった。

稲作以前の日本列島には、この種の照葉樹林文化がおそらく、江南・華南の山地から伝来し、主として西日本を中心に展開した。このほか、くわしい内容は現在のところよくわからないが、中国東北部（旧満州）からモンゴル・南シベリアの方面に、その系統をたどることができると思われる、北方系農耕文化の流れが、それに加わって、稲作以前の日本の農耕文化の基層を形づくっていたと私は考えている。しかし、こうした「稲作以前」の文化は、日本文化の深層の一部を構成するものではあるけれども、日本の農耕文化そのものの中核的部分を構成するものだということはない。

日本の文化、それをもう少し限定して日本の農耕文化の基本的な性格については、すでに柳田国男氏や石田英一郎氏をはじめ、多くの人々が述べているように、何よりもそれは「稲作」を中心とした文化であり、水稲耕作を基軸にその文化の性格が形成されてきたものだということは否定するわけにはゆかない。

ただ、従来の日本農耕文化論の多くが、日本の農耕文化を「稲作文化」と規定すると同時に、それに先行する稲作以前の農耕文化の存在をほとんど認めていなかった。それに対し、私は日本の農耕文化の特色が「稲作」によって強く彩られていることは認めながらも、その文化の基底に、少なくとも「焼畑」に基礎をおく別種の農耕文化の存在することを主張してきたのである。

そのため、この本の中で、私はいままで「稲作以前」の問題にもっぱら焦点をしぼり、その問題を中心に論じてきた。したがって、「稲作」そのものの日本文化の形成過程における意義や稲作文化伝来の系譜などについては、ほとんどふれずにきた。「稲作以前」の問題は、当然のことながら、こうした「稲作以後」の問題と対比して、その特色が明らかになるはずである。もっとも稲作文化論を正面切って展開することは、この本の趣旨ではない。けれども、右に述べたような意味で、「稲作以後」の問題、とりわけ日本文化の形成過程における「稲作」の意義とその伝来の系譜などについて、私の考えのごくあらましをここで述べておくことは、やはり必要かと思われる。それによって、「稲作以前」の問題を考える意味も、いっそうはっきりとしてくるのではないだろうか。

それでは、日本における稲作文化の意義とその伝来の経路はどう考えられるだろうか〔補注14〕。

水田稲作文化の成立

日本列島において稲作文化が成立したのは、いうまでもなく弥生時代である。北九州におけるもっとも古い弥生式土器を出土する板付遺跡からは、すでに明瞭なモミの圧痕のある土器類が発見され、石庖丁や太型蛤《はまぐり》刃《ば》石斧・柱状片刃石斧・扁平片刃石斧など、弥生文化を特徴づける磨製石器類が多数出土する。また、そこでは灌漑用かと思われる溝も発掘され、当時すでに安定した水田農村が形成されていたことがわかっている。北九州で成立したこの弥生前期の文化は、さきにも述べたように、その後、急速に西日本一帯に拡大し、各地に水田稲作村落を生み出した。さらに弥生中期以降には、鉄器の利用も増加し、その豊かな生産力をもとに、社会の階層分化があらわれはじめ、各地で土豪的な首長を頂く小国家群が形成されはじめるのである。

弥生時代の稲作文化は、こうして全国に定着してゆくのであるが、その文化の発展のあとをくわしく跡づけることは、さし当たっての問題ではない。むしろ、ここでは弥生文化の特色とそれが日本の基層的な文化を形成する際に果たした役割を確認すること、及びその文化の系譜をたずねることが当面の問題である。

このうち、第一の問題については、石田英一郎氏のつぎの文章の中に、ほぼ要点をつくしていると思われるので、少し長くなるが、石田氏の説を聞いてみることにしよう。

「日本語の起源を追求していくと、『魏志倭人伝』に出てくる倭の諸国の役名や人名の中には、ヒコ・ヒメコ・トモ・ヒナモリ・ナカトミなどと解されるものがあるという。これらは、すでに奈良朝以後の日本語にひとしい。日本語は日本国家の成立に先立つ、前期古墳文化の直接の基盤となった弥生文化の時代に、その基礎的な語彙や文法構造はすでにできあがっていたろうとは、多くの言語学者の一致した意見である。……

言語ばかりではない。歴史時代の日本民族の基本的な生活様式は、ほとんどすべて、いわゆる弥生時代に完成したものではないかと思われるのである。二千年に亙って日本人の主食となった稲の栽培は、この時代に北九州から西日本一帯にひろがり、さらに中部日本から関東や東北に向ってのびていった。弥生時代の農村の遺跡や遺物には、日本の農民の伝統的な日常生活の有様を物語るものが少なくない。水田耕作による比較的安定した定住生活のもとに、この島国の人口は急激に増大したばかりではなく、精巧な磨製石器による木工をはじめ、縄文時代には知られなかった機織《はたおり》や金属加工などの新技術も発達した。おそらく稲作をめぐる農事の祭りやその背景となった世界観も、すでにこの時代に、歴史時代にみるような形態をとっていたものであろう。とすれば、四～五世紀の頃に国家的統一をとげた日本民族文化の根底、したがって民族性の核心的なものは、弥生時代の農耕生活の中に形成されたものと推定できる」(「永遠の日本人—日本民族文化の起源論によせて」一九六一年　一部引用者により省略)

民族の結びつきのきずなとしてもっとも重要な役割を果たす日本語の形成、水田農耕を基盤とする村落社会の成立、機織や金属加工(なかんずく鉄器の製作と使用)などの生産技術の発達、そして稲作をめぐる新しい宗教観や世界観の創造など。

石田英一郎氏は、こうした民族文化の核心部を構成する諸事実が、弥生時代にセットとして完成したことに注目して、日本民族文化の原型が、この時代に形成されたことを強く主張しているのである。

私は、この弥生文化の成立の基礎に、照葉樹林焼畑農耕文化が存在することを想定するのに対し、石田氏は「日本民族としてわれわれが識別しうる民族集団」があらわれたのは弥生時代であると断定し(『日本文化論』筑摩書房　一九六九年)、それ以前の文化を、日本民族の形成を論ずる場合には、いちおう切り離して考える立場をとっておられる。この点、私の見方と石田氏のそれとは異なっているが、いずれにしても、弥生時代に入って成立した新しい文化が、日本の基層文化の核心的部分を形成したことについては否定することはできない。

では、石田氏によって日本文化の原型として捉えられた、この新しい文化は、いったいどのような形でわが国に流入してきたのだろうか。

三つの伝来経路

わが国への稲作の伝播については、現在までのところは、ほぼつぎの三つの経路が考えられている(三〇三頁図20参照)。

その一は、黄河流域の地帯から中国東北部(旧満州)の南部や朝鮮半島を経て北九州に渡来したとする説。その二は中国大陸の南部から琉球列島の島々を通って北上し、南九州に達したという説。その三は長江の下流域一帯の地域から海路、東シナ海を渡って南朝鮮と北九州に達したという説である。

この三つの説のうち第一の北方説は、はやく考古学者の浜田耕作氏などにより唱えられたもので、黄河下流域の新石器時代(仰韶《ヤンシャオ》期)にモミ痕のある土器があり、またその当時、華北で使われていた穂摘具の石庖丁が旧満州から朝鮮半島を経て北九州に分布することに留意して、このルートを通って、稲作が日本に伝わったと考えた。この説には賛同するものが多かったが、仰韶遺跡のモミ痕のある土器片の出土層がはっきりしないこと。同じ石庖丁でも華北と南朝鮮や北九州の型式がまったく異なること。それに南朝鮮と北朝鮮でイネを示す方言が相違することなど。さらには旧満州南部から北朝鮮にかけての地域は、いまも雑穀栽培地域で稲作はほとんど行なわれていない。したがって、気候的な制約から古代において稲作が行なわれていたとは考えられない。というような理由から、現在ではこの第一の説は支持されなくなっている。

つぎに第二の南方から沖縄の島伝いに稲作が伝わったとする説は、柳田国男氏が、同氏の最後の著作となった『海上の道』(一九六一年)の中で提唱されたものである。長江流域以南の、い

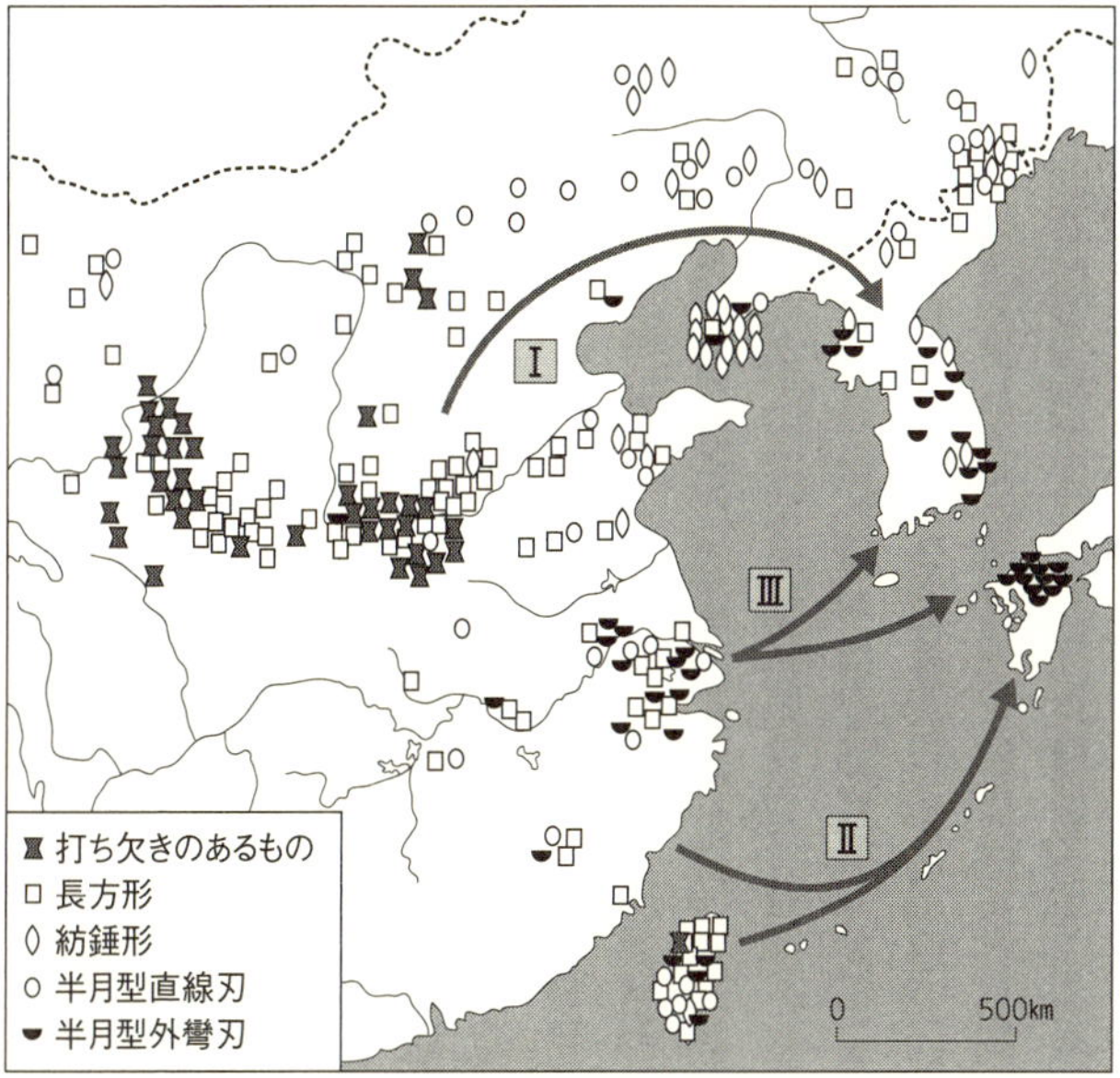

図20　稲作文化の伝播経路と石庖丁の分布（石庖丁の型式分類と分布は石毛直道氏による）

稲作の伝播経路Ⅰ、Ⅱ、Ⅲについては本文参照

わゆる江南・華南の地の住民は、しばしば沖縄付近の島々に漂着した。そうして、近海に産する宝貝（コヤス貝）の魅力にひかれて、再びその故郷から家族を伴い、稲をたずさえて、この島々に移住し、稲作がこれらの南の島々に定着する。やがては彼らは島伝いに稲作の適地をもとめて、北上して南九州に達し、稲作文化がわが国に拡まったというのである。柳田氏は豊かな民俗学の知識を背景に、地名の考証・宗教儀礼の考察などを行ない、ロマンの香り高い説を展開されたが、この説には考古学上の裏付けがとぼしいという欠点がある。南島の弥生文化は九州本土から南下した跡をはっき

り示しており、柳出氏の説をそのまま肯定するには多くの難点がある。

しかし、ここでくわしい考証は省略するが、稲作とは別に、この「海上の道」のルートを伝わってイモ類を主作物とする根栽農耕文化の一系統が北上した可能性を、まったく否定することはできないと私は思っている。また、そういえば第一の北方説のルートも、私がさきに「北方系農耕」と名付けた一群の北方系の作物の伝播の経路とほぼ一致することは注目してよいだろう。「海上の道」も「北方の道」も、日本の農耕文化の形成に、まったく無関係だったということにはならないようである。

しかし、いま問題にしている「稲の道」となると、やはり第一・第二の説をとることはむずかしい。長江下流域から、東シナ海を横切って稲作文化が南朝鮮や北九州に達したという第三の説がもっとも有力である。

江南地方からの道

まず、イネそのものの性質からみると、弥生時代の遺跡から出土するイネは、その粒型からみると、そのほとんどがジャポニカ型とよばれる短粒型のもので、南朝鮮の金海貝塚から出土したコメもこの短粒型だといわれている。また長江流域の遺跡からもこのジャポニカ型といわれる短粒型のコメの出土がかなり多い。しかも現在、長江下流域の地域で栽培されているイネは、この短粒型の粳《うるち》が過半を占めており、また、イネの日長反応やイモチ病への抵抗力などの生理的性格からみても、日本のイネは、華中のイネとよく似ていることが、安藤広太郎氏はじめ多くの農学者によって指摘されている（『稲の日本史（上）』一九六九年）。

さらに言語の面からみても、日本語のイネの中に含まれるｎに関する音は、華北を中心とする中国語の中には見出されず、むしろ *nep, ni, na, nuan, nian* などいう類似の例は、その一部が南朝鮮にあるほか、華中や江南地方から東南アジアへかけての諸言語の中に見出されることが、すでに知られている。

このように農学や言語学上のデータが、よく揃っているほか、弥生時代の稲作文化の原郷を江南地方に求める第三の説は、考古学の側からみてもたいへんうまく説明することができる。甲南大学の石毛直道氏は、日本と周辺地域の穂摘具である石庖丁の型式分類を細かく行ない、その分布を追跡した結果、弥生時代初期の遺跡から出土する半月型外彎刃型とよばれる石庖丁は、明らかにイネの穂摘具であり、それが南朝鮮および長江下流域地帯の遺跡――主として「湖熟文化」とよばれる金石併用期の遺跡――から数多く出土する事実をあげて、江南地方から南朝鮮と北九州に稲作が伝えられたと推定している。

石庖丁だけではない。当時の朝鮮半島南部には、弥生式土器ときわめて類似した土器（赤色無文土器）があり、また抉《えぐり》入《い》り方柱状石斧や扁平片刃石斧などといった日本のそれと共通の磨製石器類があるほか、支石墓《しせきぼ》とよぶ特色ある墳墓の型式にも、北九州と南朝鮮の間には強い類似性のあることが指摘されている。このような点から、朝鮮半島南部と北九州の両地方は、弥生時代にはほぼ同一の文化圏を形成していたことがみとめられる。そうして、これと同じような石器の組み合わせは長江下流域の浙江省・江蘇省あたりからも出土しているのである。

このように、いろいろな証拠が揃うと、江南の地域から東シナ海を横切って、朝鮮半島南部と北九州へ稲作文化が伝わったという第三の説は、もう疑えなくなる。その時期は、おそらく紀元前二〜三世紀頃として大きな誤りはないだろう。当時の中国大陸の状況は、漢帝国の政治的統一がすすみ、その文明が江南地方にも及んだ時期である。これに伴い呉・越・閩《びん》・楚などとよばれていた江南地方の原住民——彼らの中には舟をあやつるのに習熟したものが少なくない——の間に大きな動揺がおこり、非漢族系の民族の大きな移動がひきおこされた。そうした民族移動の波の一つとして江南地方から、南朝鮮や北九州へ稲作文化をたずさえた種族の移動があったのではないかと考えられるのである。

ただこの場合、江南地方から南朝鮮と北九州へ、同時に稲作文化が伝わったものか。あるいはいったん南朝鮮へ入り、そこから北九州へ稲作文化が伝来したのか。ということについては、現状ではくわしいことは不明というほかないが、私はその後の金属文化の流入の経路などから考えて、後者の見方にやや傾いている。いずれにしても、南朝鮮と北九州へ稲作文化が伝来した時期には、それほど大きなズレがあったとは考えられない。

南方的習俗と文化の流れ

紀元後三世紀頃の日本の状況を記したといわれる有名な『魏志』倭人伝の中には、「倭の地は温暖、冬夏生菜を食す」「皆黥面文身《げいめんぶんしん》す」「倭の水人、好んで沈没して魚蛤《ぎょこう》を捕え」「衣を作ること単被《たんぴ》の如く、其の中央を穿《うが》ち、頭を貫きて之を衣《き》る」「皆徒跣《とせん》し」「朱丹《しゅたん》を以って其の身体を塗る」などといった記載がみられる。これらのイレズミの風習や潜水漁法の慣行、いわゆる貫頭衣を着て、はだしで体に朱を塗るという風俗などは、いずれも東南アジアの民族に通ずる南方的な習俗を示したものである。このことは広くみとめられている。

　また、『魏志』倭人伝を書くに当たって著者の陳寿が参考にしたと思われる『魏略《ぎりゃく》』という書物の逸文の中にある倭人の記事には、「其の旧語を聞くに、自ら太伯の後と謂《い》う」とも記されている。「旧語」は伝説の意味で、倭人の中には呉の太伯の子孫、すなわち江南地方の原住民をその祖先にもつ、という伝承があったこともうかがわれる。

　こうした事実は、日本の稲作文化の伝来の方向とその基本的な性格をよく示すものということができる。前にも記したように、おそらく、それは江南の地にその流れを発したものであろう。しかも、この「江南の地から西日本へ」という稲作文化の流入のコースは、それ以前に照葉樹林文化が、大陸から伝播してきた経路ともよく一致する。このことは「稲作以前」から「稲作以後」の各時期に、大陸から日本列島に流入した農耕文化が、ただ一つの波ではなく、幾重にも重なり合った波を構成していたことを示唆する事実だといわねばならない。

　稲作文化は、これらの農耕文化の波のうち、最後の大きな波の一つとして、それ以前に照葉樹林文化が伝来したのとほぼ同じ道筋を通って日本列島に達したと考えて間違いあるまい。

　ここで問題は、再び「稲作以前」のそれに回帰してくる。

二　稲作文化の基底にひそむもの

稲作文化論で説明できるか

私はさきにも述べたように、日本の農耕文化が基本的には、「稲作」を中心とする文化であることを否定するものではない。たしかに弥生時代以来二〇〇〇年にわたって、わが国における農業生産の主軸は水稲耕作であり、水田経営の共同作業を通じてつくり上げられてきた村落社会のまとまりは、日本の農民社会のもっとも基礎的な特徴をつくり上げてきた。また農民生活の折目には、稲作農耕の作業過程の進展に伴うさまざまな宗教儀礼が営まれ、稲作を基軸とする生活様式の伝統は、深くわれわれの文化の中に根を下ろしてきたといえる。

だが、このような稲作文化の特質と意義をみとめたとしても、日本の農耕文化が、すべて「稲作」によって特色づけられ、説明しつくされるかどうかははなはだ疑問である。たとえば、日本人の主食であるコメをとりあげてみても、それが庶民の常食となったのは、それほど古いことではないようだ。

稲作こそ、日本文化の基盤をなすものとの信念で一生を貫いてこられた柳田国男氏も、すでに指摘しておられるように「都会でも三度米飯を用いたのは、江戸時代の半ば頃からであり、その前はやはり畑の食物を作っておったらしい」。だから江戸時代以前の農民は「折目折目の日だけは、米の顔が見られるのを目標にして、常の日は麦なり、他の雑穀なり、また、何なりともある物を食べておることが多かったと思われる」（『稲の日本史（上）』）のである。

稲作以前のみではなく、稲作以後も、日本の一般庶民の間では、イネとともに麦や雑穀やその他のもの——この「その他のもの」の中心は、おそらくイモ類だったと思われる——が、食糧としてきわめて重要な役割を演じていたことは間違いない。村の鎮守の秋祭りでも、稲の豊作ばかりではなく、常に「五穀の豊穣」が祈願されてきたのも、雑穀や豆類・イモ類が、イネと並ぶ重要な作物だとする価値観が、久しく農民の間に存在していたためにほかならない。

このほかに、本書のⅢ章で、私はいくつかの正月儀礼や畑作儀礼の例をとりあげ、その中にはイネと結びつくのではなく、イモや雑穀などの畑作物に価値を指向した「祭り」のあることを明らかにしてきた。これらのいわば、稲作と結びつかない農耕儀礼の多くは、「稲作以前」の文化の伝統をひくものと考えることができるだろう。また、わが国の田の神信仰の中には、これまた稲作以前の焼畑農耕民のもつ山の神信仰にまで、その源をたどりうる可能性の見出せることをすでに明らかにしてきた。

つまり、日本の農耕文化が、稲作を基軸に形成されたものであることをみとめたとしても、その農耕文化を構成するすべての要素が、弥生時代に稲作とともに、わが国に伝わってきたものと、いちがいにいうことはできないのではないだろうか。もちろん稲作文化がわが国に伝来したときには、稲作の技術とともに、それと結びつく信仰や儀礼、あるいは稲作を中心とした生活様式が、一つのセットになって、わが国に伝えられたことは疑いない。しかし、このときにイネ以外のイモや雑穀類と結びつく畑作農耕文化の諸要素や山の神信仰にまつわるカミ観念や儀礼なども、稲作文化のセットの中に組み入れられて、稲作といっしょにわが国に伝えられたといえるかどうか。

この点については、私は大きな疑問を抱くものである。

稲作以前を考える

従来の見解では、縄文時代をすべて採集・狩猟経済の時代と考え、日本文化の中にある農耕的要素――稲作をめぐる諸要素も、畑作に関する諸要素も含めて――は、すべて弥生時代に大陸から伝えられたとする説が有力であった。

だが、この説にはもともとかなりの無理がある。というのは、東南アジアなどの例を引くまでもなく、水田稲作文化と焼畑（畑作）農耕文化は、本来それぞれ特色を異にする生活様式と価値体系をもつ、相互に独立した農耕文化なのである。一方は平野を舞台に展開し、イネという一つの作物を集中的に栽培する生産力の高い文化であり、他方は山地・森林を舞台に、採集や狩猟活動と密接に結びつく文化で、栽培作物はきわめてバラエティーに富むが、その生産性はイネにくらべればいずれもかなり低いものだといえる。

とすれば、もともと特色を異にし、類型と系統を異にするこの二つの文化が、同時に伝来したと考えることに、本来かなり無理があるといわねばならない。いま一歩ゆずって、この二つの農耕形態を同時に営む文化があり、それが日本列島に伝来したとしても、その文化がこの列島に伝来したのちに分化し、一方は平地へ、他方は山地へ展開したとみることは、形式論理のうえでは可能かもしれないが、現実にはそうしたプロセスが起こりえた可能性はほとんどないといってよい。

現に、東南アジアの例などをみればよくわかるように、焼畑から水田稲作への生業形態の変化は、実際に数多く存在していても、その逆の水田稲作から焼畑への生業の変化は、現実にはほとんど起こっていない。また、水田稲作農耕から分化して、焼畑農耕が日本列島で発生したとすれば、おそらくオカボが焼畑で大々的に栽培されるという状況が生み出されるはずだと考えられる。しかし、すでにⅡ章でもくわしく論じたように、わが国の焼畑でオカボが広範につくられていたという証拠は、いまのところほとんど見出しえない。

こうした根拠から、水田稲作文化と焼畑農耕文化が、同時にわが国に渡来し、その後に両者が分化したという説は支持しえなくなる。とすれば、幕末期に約一〇万ヘクタール以上、それ以前のもっとも古い時代には、全国で二〇万ヘクタールをはるかに上まわる面積を有していたと推定されるわが国の焼畑の成立は、水田稲作文化の伝来に先行する時期に想定しなければならなくなる。それは、まぎれもなく「稲作以前」の農耕に違いない。

すでにⅠ章でも指摘したように、弥生時代のはじめに北九州に成立した稲作文化は、そののち急速に西日本一帯に拡大するのだが、その基礎に採集・狩猟の文化の存在を想定した場合には、この弥生時代の稲作の急速な拡大は、はなはだ理解しにくくなる。だが、もし弥生時代に先行する縄文時代の後・晩期に「稲作以前」の焼畑農耕が西日本に広く分布していたとすれば、弥生文化＝水田稲作の急速な拡大が、ある種の農耕文化の基盤にのって展開したということになり、きわめて問題が考えやすくなる。

事実、最近、北九州の遺跡の発掘調査が進むにつれて、きわめて断片的ではあるが、縄文時代後・晩年の遺跡から栽培植物も発見されはじめているようであり、いずれこの「稲作以前」の農耕の姿は、考古学の側からも明らかにされる日がくるものと思われる。

しかし、現段階では考古学的な資料が十分整わない。そこでこのような状況のもとでは、生態学や民俗学、あるいは比較民族学の立場から仮説の構成が試みられねばならない。こうした仮説構成の試みの中から浮き出してきたのが、「照葉樹林焼畑農耕文化」とよぶ文化の形態であり、縄文時代の後・晩期に西日本に広く分布していた稲作以前の農耕文化を、この本の中で、私は一貫してこの「照葉樹林焼畑農耕文化」という概念で捉えてきたわけである。

いくつかの稲作以前論

わが国における稲作以前の農耕文化を、この「照葉樹林焼畑農耕文化」というカテゴリーで捉えることの是非については、今後多くの方がたからの御批判をうけねばならない。だが、山と森を生活の舞台にし、焼畑農耕や狩猟・採集に基礎をおく生活文化の類型を考え、これを平野に展開した水田稲作文化とは類型の異なるものとみる考え方、水田稲作文化が日本に伝わる以前に、この種の山と森の文化、焼畑と狩猟・採集に基礎をおく文化が、わが国にも存在していたとみる考え方は、すでに幾人かの学者によって提出されている。

たとえば、民俗学者の宮本常一氏もその一人である。同氏は最近「山と人間」（一九六八年）というたいへん示唆に富む論文を発表し、その中でわが国にも山岳民の文化といえるものが存在したことを推定して、つぎのような意見を述べている。すなわち、わが国の山地には、古くから山岳民とよびうるような人たちが住んでいて、山中で畑作（焼畑）を営んでいた。彼らは平地の水田稲作農民とは、「その生活のたて方がずいぶん大きく違っていた」。その第一の特色は、水田が受容できるような場所でも、「稲作をとり入れることに熱心ではなかった」点にある。彼らがもし、過去に稲作の経験をもっているなら、山中に入っても大なり小なり稲作を試みたであろうが、その努力は山岳民の焼畑集落ではまったくみられない。というのは、この山岳民たちは「その最初から焼畑をおこなっており、しかも古くは狩猟を重要な生活手段としていた」とみることができるからだ、というのである。

宮本氏はこのような「山岳文化」という生活文化の類型を設けることによって、弥生時代以降にも、彼らの中のあるものは、稲作をうけ入れることなく、焼畑と狩猟の生活を継続したものと推定し、さらにこの山岳民たちは、「縄文時代に稲作の技術をもっていなかったとしても、畑作（焼畑）の技術をもっていたのではなかろうか」という推論を述べている。

この宮本氏のいう「山岳民文化」と、私のいう「照葉樹林焼畑農耕文化」とは、細かい点は別として、似ている点が少なくない。山地をその生活空間とする焼畑・狩猟文化というカテゴリーを設けて山地民の文化を捉え、その生活類型をいちおうは稲作文化とは別系統のものとみる。そのことによって、稲作以前の古い時代に、この種の文化が日本に広く分布していたことを推定する、この宮本学説と私の説の間には類似する点が少なくない〔補注15〕。

本書のはじめに紹介した岡正雄氏や中尾佐助氏などとは異なり、この宮本氏の場合は、日本の山地に古くから展開してきた山地民の生活と文化についての広い民俗学的知識の蓄積があり、その中から生み出されてきた仮説であることが何よりも注目すべき点であろう。また、同じようにわが国の畑作物をめぐる儀礼についての民俗学的なくわしい分析の中から、「稲作以前」に迫ろうと努力している人には、前にもしばしば引用した坪井洋文氏はじめ幾人かの研究者がある。

このような比較民族学や民俗学の立場からする「稲作以前」をめぐる議論は、最近ようやく盛んになってきたようである。さらに、考古学の立場からも縄文農耕の存在を想定して、その角度から発掘調査をすすめようとしている人たちも少なくない。「稲作以前」の探求も、ようやくその軌道にのってきたといえるだろう。こうして、やがては「稲作以前」をめぐる問題も明確な結論が導き出される日がくるものと期待される。それでは、このような「稲作以前」の問題の探求には、いったいどのような意味があるだろうか。

日本農耕文化の原点を探る

いうまでもなく、この「稲作以前」の問題に対する多方面からする探求が、一つの収斂《しゅうれん》点をもつとすれば、それはおそらく「日本の農耕文化の原点を探る」という点になるだろう。

もう幾度も述べてきたように、日本の農耕文化は、従来、何の疑いもなく、「稲作文化」だと規定され、「稲作」というコトバと「農耕」というコトバは、ほとんど同義語として用いられてきた。日本の農耕文化を論ずることは稲作文化を論ずることであり、「稲作」の特色の分析から、日本の農耕文化の諸特徴が理解できるものと考えられてきた。このような日本農耕文化＝稲作文化論は、すでに学界の「常識」として各方面で定着したかのように思われてきた。だが、そこには一つの大きな「思いこみ」があったのではないだろうか。

このような考え方が、学界で定着化し固定した背景には、大きく二つの事情があったと考えられる。その一つは、少なくとも歴史時代以降、わが国においては稲作のもつ経済的・社会的機能が著しく大きく、稲作をめぐるさまざまな習俗が農民文化の中に占める比重は非常に大きかった。このことによって、日本の農耕文化をそのまま稲作文化だと思いこむ「常識」がまず生まれたものと思われる。

さらに、このようないわば文化史や民俗学などの側における「常識」を補強したのが、考古学における別の「常識」であった。それは縄文時代を狩猟・採集経済の時代と考え、日本における農耕的な要素は、すべて弥生時代の稲作文化の伝来とともに大陸から伝えられたという見方である。遺物・遺跡の研究に基礎をおく考古学では、栽培植物の遺体が発見されない限り、農耕の存在を証明することにはならないのは当然である。だが、そのことと農耕の存在の可能性を考慮しておくことは別の問題であろう。遺跡・遺物がまだ発見されていないということと、農耕が実際に存在していなかったということが、いつのまにか混同され、縄文時代は狩猟・採集の時代で、農耕はすべて弥生時代にはじまるという見解が、日本の考古学界では長く「常識」として固定してきたといえる。縄文文化と弥生文化を、農耕の存否で截然《せつぜん》と二つに分ける考え方だ。

日本の農耕文化はすなわち稲作文化だという見方は、こうした二つの「常識」に支えられ、日本文化論における権威ある「常識」として通用してきたのである。したがって、縄文時代に農耕の存在を仮定することは、この学界の「常識」に反する異端の説ということになる。

とすると、「稲作以前」の問題をとりあげ、それを論ずることは、この権威ある「常識」への一つの挑戦だということにもなるわけだ。しかし、権威への挑戦だ、反抗だといって、いまさらここで胸を張ってみても仕方がない。必要なことは、固定した常識にとらわれず、もう一度日本の農耕文化の原点を探求する作業を、考古学や生態学、比較民族学や民俗学の成果をふまえて、やり直してみることであろう。この本の中で私が試みようとした作業も、その一つにすぎなかった。その結果、稲作以前に「照葉樹林焼畑農耕文化」とよべる農耕文化の存在していたことがとにかく明らかになった。

日本農耕文化の新しい理解のために

稲作以前の時期に、稲作文化の基底に横たわる別の農耕文化が存在したということの発見は、日本の農耕文化の特色を考える場合、従来とは異なった新しい観点を導き出す可能性をはらむものだといえる。それは、「稲作」という観点からのみ一元的に理解されていた日本の農耕文化の特色を、少なくとも「稲作以前」と「以後」の二元的な観点から理解しなければならないことを示すものだといえる。さらに稲作以前の文化の捉え方によっては、より多元的な観点からそれを見直す必要を私たちに迫るものではないだろうか。これは日本文化の深層を、どのような角度から理解するか、という点にかかわる非常に重要な問題に連なるものと私は考えている。

また、従来の日本農耕文化論では、弥生時代における稲作文化の成立を原点として、その考察を進めてきた。だが、稲作以前にある種の農耕文化の存在が考えられるようになると、改めて稲作以前の時期に、その原点をすえ直して考察を進めることが必要になってくる。その結果、日本農耕文化論においても、何ほどかの新しい展開が期待されるのである。

それでは、どのような点に新しい日本文化論の展開が期待されるだろうか。それは必ずしもまだよくわかってはいない。しかし、おそらく日本人のもつ宗教観や価値観、美意識や自然観、それに生活感情の深層に存在するものの源流が、縄文時代にまでさかのぼって再検討されるようになれば、そこから新しい問題が、きっといくつかひき出されてくるに違いないと私は期待している。だが、この再検討のプロセスの大部分も今後に残された課題だというほかはない。

「稲作以前」とわれわれを対置し、その意義を深く問い返す作業は、いまやっとはじめられたばかりである。この「稲作以前」とわれわれとの対話は、日本文化の深層理解を進めるためにも、今後積極的に試みなければならない課題だといえる。しかし、当面のところでは、こうした対話をすすめるためには、その素材を豊かにすることが何よりも必要であろう。それは「稲作以前」の文化の復原をより厳密に行なうことであり、その文化の内容をより具体的に明らかにしてゆくことにほかならない。

私が本書で提出した「稲作以前」の問題をめぐるいくつかの仮説は、このような稲作以前の文化を復原し、その内容を把握するためのささやかなアプローチの一つにしかすぎない。しかも、この仮説の中にも、検証し残された問題がまだたくさんある。残された問題は、いずれも今後の私自身の研究の課題として将来を期するほかはないが、とにかく、「稲作以前」という形で、日本人の問題を問いつめ、日本文化の原点を探求してゆく作業は、さきにも述べたように、いまその第一歩を踏み出したばかりなのである、

しかも、この問題の追求は、考古学や民族学をはじめ、民俗学・生態学・農学などのつみ上げてきた多くの研究の成果の上に立ってはじめて可能なものである。また、それは朝鮮半島や中国大陸の中南部、あるいは東南アジアやインド亜大陸など、日本周辺地域の諸民族の文化との広い

視野に立つ比較研究を必要とする。それ故に、諸科学の間にある壁をとり払い、諸民族の間にある心のへだたりをとり去ったところにしか、この問題を追求してゆく場は見出すことができないであろう。

「稲作以前」の探求は、こうした意味で、この問題に興味を抱くものの「心」の問題でもある。

〔補注14〕

アジアにおける稲作の起源とその展開　アジアにおける稲作の起源や日本列島への伝来をめぐる問題については、『稲作以前』執筆の時点では、主として戦前の研究成果を中心にして、それを若干修正する程度のレベルであった。ところが、一九七八年の浙江省河姆渡《かぼと》遺跡の発掘報告にはじまり、一九八〇年代以後、長江中・下流域において、七〇〇〇〜八〇〇〇年前よりも古い稲作の遺跡が次々と発掘され、長江中・下流域がアジアにおけるイネの起源地であることがほぼ確定した。他方、九〇年代以後、イネのＤＮＡ研究を含む農学的・遺伝学的研究も著しく発達した。たとえばイネの分類についても、短粒型、長粒型という戦前以来よく用いられていた分類に替り、温帯ジャポニカ、熱帯ジャポニカという品種分類が重視されるようになった。このような各分野における新しい研究の成果の蓄積は、質量ともに『稲作以前』執筆の頃に比べ、格段の違いがみられ、それは正に隔世の感がある。

ジャポニカ稲を中心とするアジアにおける稲作の起源とその後の展開、さらに稲作の日本列島への伝来、および弥生時代における稲作の実態など、最近の学説については、「稲作のはじまり」（週刊朝日百科37『日本の歴史・稲と金属器』〈新訂増補版〉二〇〇三年）という論考の中で、私は考古学や民族学、農学や遺伝学などの諸成果にもとづいて総括的に論じておいた。とくに「弥生の稲作」については、佐藤洋一郎氏の協力を得て、その特色を具体的に復元し、図示することができた。

なかでも稲作の日本列島への伝来については、山東半島から朝鮮半島を経て北部九州に至るAコース、江淮地域（長江・淮河の下流域）から直接朝鮮半島や北西九州に至るBコース、華南・台湾などから南西諸島を経て南九州に至るCコースの三つが考えられる。このうちA・Bコースについては考古学的な裏付が豊富だが、Cコースについては、柳田国男氏が「海上の道」として稲作の伝来を想定したルートだが、考古学の側からは稲作の北伝を示す資料がないため、その存在には今なおきわめて否定的である。

しかし、南西諸島の稲作は、本土の温帯ジャポニカを主とする夏作型の稲作と異なり、熱帯ジャポニカを主作物とし、冬作の形態をとり、牛・馬による踏耕を伴うなど、東南アジアに広く見られるオーストロネシア型の稲作の特色を有している。さらに南西諸島の島々では、日本本土ではなく、台湾や東南アジアに系統的に連なるアワやイモ類などを数多く栽培すること、そのほか農耕文化の多くの面で、日本本土の側よりもむしろ南の地域とのつながりを色濃く示す点が少なくない。『南からの日本文化（上）―新・海上の道、（下）―南島農耕の探求』（NHKブックス　二〇〇三年）では、私のフィールドワークの結果や民俗学や農学・遺伝学などの最近の研究成果などを参考にして考察を進めた結果、稲作をはじめ、南西諸島の伝統的な農耕文化を構成する特色の多くが、南の地域から伝来した可能性の大きいことが明確になった。

また、稲作以前の伝統を継承する非稲作文化（焼畑農耕文化を含む畑作の文化）は、弥生時代以後、新しく渡来してきた水田稲作文化と、この列島の中で相互に共存するとともに、互いに競合し合う歴史を展開してきた。この種の水田稲作農耕の受容以後における非稲作文化と稲作文化の共存と競合の過程は、日本文化の形成過程とその構造的特色を解明する上できわめて重要な問題である。この種の問題の究明が、『稲作以前』刊行後の私の重要な研究テーマの一つであった。この点をめぐる研究の展開については、主として歴史的な視点から日本文化が多元的な起源をもち、多重な構造をもつことを論証した『日本文化の多重構造―アジア的視野から日本文化を再考する』、あるいは主として地域的な視点から日本文化がいくつかの異なる文化により構成され、多様な特色を有することを論究した『日本文化の多様性―稲作以前を再考する』（二〇〇九年）の中などでくわしく論じている。

なおアジアにおける稲作の起源と展開については、中村慎一『稲の考古学』（同成社　二〇〇二年）、宮本一夫『農耕の起源を探る―イネの来た道』（吉川弘文館　二〇〇九年）や佐藤洋一郎『DNAが語る稲作文明―起源と展開』（NHKブックス　一九九六年）、同『稲の日本史』（角川選書　二〇〇二年）、同『イネの歴史』（京都大学学術出版会　二〇〇八年）などが、学際研究的な視点から問題を追究する上でたいへん参考になる。

〔補注15〕

山民文化の特色をめぐって　日本列島の山地に残る伝統的な山民文化の中には、縄文文化の伝統――稲作という単一の生業に収斂するのではなく、多様な生業に依存することを特色とするような伝統文化―が色濃く引継がれているのではないか。このような見通しの上に立ち、私は『縄文文化の日本人―日本基層文化の形成と継承』（小学館　一九八六年、その後二〇〇一年に講談社学術文庫）の第5章に「山民文化の伝統」という章を設け、山民の生業と生活様式の特色が、平野の稲作農民のそれに較べ、きわめて多様な特徴を示すことを、各地の山村の実態調査の結果にもとづき検証するとともに、歴史的史料によっても、そのことを明らかにした。この種の縄文文化にまで、その系譜を辿ることのできる非稲作的で多様な生業に基礎をおく山民の文化は、稲作文化とともに、日本文化の特質を構成する文化類型の一つとして、今日においても大きな意義を有することを指摘した。

また「山村の生業と生活・その生態学的特色―白山麓と秋山郷―」（『国立歴史民俗博物館研究報告第一八集』一九八八年、後に『地域と農耕と文化』大明堂　一九九八年に収録）は、白山麓における現地調査のデータと鈴木牧之の『秋山記行』の記述などを重ね合わせ、非稲作文化としての山民文化の特色を分析したもので、私の山村研究の一つの到達点を示したといえる。さらに『山の神と日本人―山の神信仰から探る日本の基層文化』（洋泉社　二〇〇六年）は、山民文化の基礎に存する山の神信仰の特色をめぐって、その地域的差異の存在を明らかにし、それを手掛りに日本列島の山民文化の多様性とその系譜を論証した。『稲作以前』の中で論じた山の神信仰論が、この書の中で新たに大きな展開をみたということができる。

参考文献

原本収録の参考文献をほぼそのまま採録した。
原本刊行後の主な参考文献は補注の文中および文末に記載している。

この本を書くに当たっては、私自身がフィールドワークによって得た知識のほか、多くの文献を参照した。その主なものを章ごとにかかげておくことにする。

序章　日本文化を考える

柳田国男「木綿以前の事」(『定本柳田国男集』第一四巻　筑摩書房　一九六二)。

岡　正雄「日本文化の基礎構造」(『日本民俗学大系　2』平凡社　一九五八)。同氏の学説については、つぎのシンポジュウムの中で、その意義と評価が総括的に行なわれている。伊藤幹治・岩田慶治・大野晋・大林太良・国分直一・白鳥芳郎・村武精一・山口昌男・蒲生正男「岡学説と日本民族文化の系統起源論の現段階」(『民族学からみた日本―岡正雄教授古希記念論文集』河出書房新社　一九七〇)。照葉樹林文化については、

中尾佐助「農業起原論」(森下正明・吉良竜夫編『自然―生態学的研究』中央公論社　一九六七)。中尾佐助『栽培植物と農耕の起源』(岩波書店　一九六六)。上山春平編『照葉樹林文化―日本文化の深層』(中央公論社　一九六九)。

「文化核」や「文化型」の概念については、

Steward, J. H., *Theory of Culture Change* (University of Illinois Press, 1955)

I章　縄文農耕論をめぐって

石田英一郎・泉靖一編『日本農耕文化の起源』(角川書店　一九六八)は、最近の考古学の成果をとり入

れた興味深いシンポジュウムの記録。

鎌木義昌編『縄文時代　日本の考古学Ⅱ』（河出書房　一九六五）。和島誠一編『弥生時代　日本の考古学Ⅲ』（河出書房　一九六六）。大場盤雄・内藤政恒・八幡一郎監修『新版　考古学講座3　先史文化─無土器・縄文文化』、『新版　考古学講座4　原史文化〈上〉─弥生文化』（雄山閣　一九六九）は、縄文時代・弥生時代に関するすぐれた概説。日本各地域の先史時代の文化の特色は、これらの資料に負うところが大きい。

藤森栄一『縄文農耕』（学生社　一九七〇）は、中期縄文農耕論の最近の総括といえるもの。すぐれた文献目録もついている。

江坂輝彌『日本文化の起源─縄文時代に農耕は発生した』（講談社　一九六七）、国分直一『日本民族文化の研究』（慶友社　一九七〇）には、江坂・国分両氏の所説がまとめて述べられている。このほか、国分直一・岡本太郎編『大地と呪術、日本文化の歴史Ⅰ』（学習研究社　一九六九）。小林行雄編『論集　日本文化の起源1　考古学』（平凡社　一九七一）も参照した。とくに後者は、主要論文の抄録に加えて、編者によるすぐれた研究展望が付されていて便利である。

その他引用した論文のうち主なものは、
大山柏「神奈川県下新磯村字勝坂遺物包含地調査報告」（『史前研究会小報』第一号　一九二七）。この論文の主要部分が、『論集　日本文化の起源1』に抄録されている。坪井清足「縄文文化論」（『岩波講座　日本歴史1　原始および古代1』岩波書店　一九六二）。澄田正一「日本原始農業発生の問題」（『名古屋大学文学部研究論集』11　一九五六）。酒詰仲男「日本原始農業試論」（『考古学雑誌』四二巻二号　一九五七）。山内清男「日本先史時代概説・縄文時代」（『日本原始美術』講談社　一九六四）。渡辺誠「縄文時代の植物質食料採集活動について（予察）」（『古代学』15　一九六九）。別府大学文学部考古学教室編『縄文式晩期農耕文化の研究に関する合同調査─大分県大野郡緒方町大石遺跡、昭和四〇年度調査概報』（一九六六）。有光教一「朝鮮石器時代の〈すりうす〉」（『史林』三五巻四号　一九五三）。鹿野忠雄「紅頭嶼ヤミ族と石器」（『東南亜細亜民族学先史学研究』矢島書房　一九四六）。

Ⅱ章　稲作以前の農業

日本の焼畑に関しては、

佐々木高明「南九州山村の焼畑経営」（『立命館文学』二一〇・二一一号　一九六二〜一九六三）及び「南九州の山村社会の構造とその変化」（『立命館文学』二三三号　一九六四）が、五木村梶原地区をとりあげたもの。

日本の焼畑の全体的な特色については、

「わが国における焼畑の地域的分布」（『立命館文学』二五四・二五六号　一九五六）、「わが国の焼畑経営方式の地域的類型」（『史林』五一巻四〜五号　一九六八）及び「わが国の焼畑経営の特色」（『立命館文学』二七八号　一九六八）など。いずれも『日本の焼畑―その地域的比較研究』（古今書院　一九七二）に収録。

東南アジアの焼畑に関しては、

佐々木高明『熱帯の焼畑―その文化地理的比較研究』（古今書院　一九七〇）に収録した諸論文（とくに第Ⅱ・Ⅲ・Ⅳ章）を参照されたい。

また、パーリア族の焼畑については、右の著作の第Ⅴ章で詳論したほか、

佐々木高明『インド高原の未開人―パーリア族調査の記録』（古今書院　一九六八）にくわしい報告をまとめた。

このほか、本書のⅡ章ではつぎのような文献をおもに参照した。

白山山麓の村については、

白峰村史編集委員会編『白峰村史』（白峰村役場　一九六二）と加藤助参「白山山麓における出作の研究」（『京大経済論集』第一集　一九三〇）。

東南アジア焼畑農耕一般については、

Spencer, J. E., *Shifting Cultivation in Southeastern Asia*, (University of California Press 1966). Lebar, F. Hickey, G.

Musgrave, J., *Ethnic Groups of Mainland Southeast Asia*, (H. R. A. F. Press 1964). 岩田慶治『東南アジアの少数民族』（日本放送出版協会　一九七一）。

東南アジアの個々の焼畑農耕民の調査報告の数は多いが、本書に直接引用した主なものは、つぎのようなものである。

東南アジア大陸部の焼畑農耕民については、

Izikowitz. K., *Lamet, Hill Peasants in French Indochina*, (Etnografiska Museet, 1951). Kauffman Hans-Eberhard, Landwirtschaft bei den Bergvölkern von Assam und Nord-Burma, (*Zeit. f. Ethnologie*.66, 1934). Hutton, J. H., *The Sema Nagas*, (Macmillan. 1921). Fürer-Haimendorf, C., Through the unexplored Mountains of the Assam-Burma Border, (*Geogr. Journ*. 91, 1938). 中根千枝「Tripura州原住民に関する民族学的調査報告」（『民族学研究』一九巻一号　一九五五）。

東南アジア島嶼部の焼畑農耕民については、

Freeman, J. D., *Iban Agriculture, A Report on the Shifting Cultivation of Hill Rice by the Iban of Sarawak*, (Her Majesty's Stationery Office. 1955). Geddes, W. R., *The Land Dayaks of Sarawak, A Report on a Social Economic Survey of the Land Dayaks of Sarawak*.(Her Majesty's Stationery Office. 1954). Conklin, H., *Hanunóo Agriculture, a Report on an Integral System of Shifting Cultivation in Philippines*, (FAO. 1957). Eggan, F., The Sagada Igorots of Nothern Luzon, (Murdock, G. P.(ed). *Social Structure in Southeast Asia*, 1960). 奥田彧・岡田謙・野村陽一郎「紅頭嶼ヤミ族の農業」（太平洋協会編『大南洋—文化と農業』河出書房　一九四一）。

華南山地の焼畑農耕民については、

白鳥芳郎「華南少数民族の生業形態の分布と類型」（『中国大陸古文化研究』第一集　一九六五）。千葉徳爾「華南山岳地帯の焼畑耕作——中国文献による歴史的概観と問題点の指摘」（『地理科学』四巻一号　一九六七）。Stübel, H., The Yao of the Province of Kuangtung, (*Monumenta Serica*, 3. 1938). Lin Yuehhau, *The Lolo of Liang Shan*. (H. R. A. F. Press 1961).

パーリア族以外のインド高原の焼畑農耕民については、

山田隆治『ムンダ族の農耕文化複合』（風間書房　一九六九）にくわしい比較研究があるほか、つぎの文献などを参照した。
Elwin, V., *Bondo Highlander.* (Oxford University Press. 1950). Elwin, V., Notes on the Juang, (*Man in India*, Vol. 28, No.1 and 2. 1948). Roy, S. C., *The Hill Bhuiyas of Orrisa.* (1935).

Ⅲ章　稲作以前の文化伝統

「イモ祭り」の伝統については、
坪井洋文「イモと日本人（一）—餅正月とイモ正月をめぐって」（『国学院大学日本文化研究所紀要』第二〇輯　一九六七）及び郷田（坪井）洋文「年中行事の社会性と地域性」（『日本民俗学大系7』平凡社　一九五九）に豊富な事例とすぐれた考えが示されている。また、拙著『熱帯の焼畑』の第Ⅳ章で焼畑におけるイモ栽培の問題を論究した。その他、本間トシ「儀礼食物としての芋」（『史論』第一八集、東京女子大学史学研究室　一九六七）、小野重朗「鹿児島県薩摩郡甑島」（日本民俗学会編『離島生活の研究』集英社　一九六六）など。
儀礼的共同狩猟の問題については、
千葉徳爾『狩猟伝承研究』（風間書房　一九六九、とくに本論第四章）と横田健一『日本古代の精神—神々の発展と没落』（講談社　一九六九）にすぐれた研究がある。
三河の山村についての諸事例は、早川孝太郎「鍬柄祭と初午の種取」（『民族』二巻三号　一九二七）及び同『花祭』（但し原本を被見できなかったので横田氏の引用による）。南九州の「柴祭」の事例は、小野重朗『農耕儀礼の研究—南九州における発生と展開』（弘文堂　一九七〇）の第二章「柴祭と打植祭」による。
インド及び東南アジアの儀礼的共同狩猟については、Rahmann, R, The Ritual Spring Hunt of North-eastern and Middle India, (*Anthropos.* 47. 1952) にくわしい。
山の神信仰については多くの研究があるが、もっともまとまったものは、

堀田吉雄『山の神信仰の研究』（伊勢民俗学会　一九六六）。Naumann.N, Yama no Kami-die Japanische Berggottheit. (*Asian Folklore Studies* 22, 1963 ~ 64)

その他、山の神・田の神の問題については、早川孝太郎『農と祭』（ぐろりあ・そさえて　一九四二）。倉田一郎『農と民俗学』（六人社　一九四四）、柳田国男「山宮考」（『定本柳田国男集』第十一巻　筑摩書房　一九六三）、柳田国男「年神考」（『定本柳田国男集』第一三巻　筑摩書房　一九六三）、柳田国男「田の神の祭り方」（『定本柳田国男集』第一三巻　筑摩書房　一九六三）、井之口章次「農耕年中行事」（『日本民俗学大系7』平凡社　一九五九）、山口貞夫「焼畑と山の神」（『地理と民俗』生活社　一九四四）、小野重朗『農耕儀礼の研究』とくに第一章、第四章（弘文堂　一九七〇）に詳しい。

パーリア族の精霊ゴサインの信仰については、拙著『熱帯の焼畑―その文化地理学的比較研究』第Ⅵ章（古今書院　一九七〇）。

東南アジアのカミ信仰との比較については、岩田慶治『日本文化のふるさと―東南アジアの稲作民族をたずねて―』（角川書店　一九六六）、竹村卓二「華南山地栽培民文化複合から観た我が国の畑作儀礼と田の神信仰」（『民族学研究』三〇巻四号一九六六）をおもに参照した。

Ⅲ章四「田植技術の発生」は、佐々木高明「シコクビエと早乙女――田植の起源についての一仮説――」（『季刊人類学』一巻一号　一九七〇）をもとにしたもの。

そこでは、Pant S. D., *The Social Economy of the Himalayans*, (Routledge & Kegan Paul, 1935). Fürer-Haimendorf, Ch. von, *The Apa Tanis and their Neighbours, A primitive Civilization of the Eastern Himalayas*, (Routledge & Kegan Paul, 1962). Hoffmann, J. & Emelen, Van, *Encyclopaedia Mundarica*, (1950). 川喜田二郎「Magar族の文化変化と「山」―ある仮説的展望―」（『民族学研究』三二巻四号　一九六八）、宇野円空『マライシアに於ける稲米儀礼』（日光書院　一九四四）などを参照した。

Ⅳ章　稲作文化とその基底にひそむもの

日本文化論における稲作文化の位置づけについては、

石田英一郎『日本文化論』（筑摩書房　一九六九）および「永遠の日本人—日本民族文化の起源論によせて」（『中央公論』一九六一）（いずれも『石田英一郎全集』３　筑摩書房　一九七〇に所収）。
稲作文化の特色と歴史をめぐっては、
柳田国男・安藤広太郎・盛永俊太郎他『稲の日本史（上・下）』（筑摩書房　一九六九）。
稲作文化の系譜をめぐっては、
柳田国男「海上の道」（『定本柳田国男集』第一巻　筑摩書房　一九六三）、安藤広太郎『日本古代稲作史雑考』（地球出版　一九五一）、石毛直道「日本稲作の系譜（上・下）」（『史林』五一巻五号　一九六八）。
山岳民文化の問題については、
宮本常一「山と人間」（『民族学研究』三二巻四号　一九六八）などを参照した。

あとがき

一九七〇年の三月、台湾とフィリピンのルソン島との間にあるバシー海峡に浮かぶ孤島、バタン島の海辺で、私は暗い水平線のかなたに輝く南十字星の美しい星影を仰ぎながら考えていた。

この島では、いまではサツマイモとトウモロコシがもっとも多量に栽培されているが、十七世紀にスペイン人が渡来してくるまでは、ヤムイモが主作物であり、それに若干のアワがつくられていたようだ。いまもヤムイモの畑はかなりある。ここでは以前には焼畑農耕の形態をとり、典型的な掘棒耕作が営まれていたことは間違いない。

しかも、このバタン島との間に、かつて交流のあったことを伝える口碑をもち、相互に文化的な関係のたいへん深い台湾の東南洋上にある紅頭嶼（蘭嶼）のヤミ族では、いまもタロイモの水田耕作が生業の中心をなし、典型的な根栽農耕文化の姿がよく保たれている。このことはひろく知られている事実だ。そういえば、台湾山地の焼畑農耕民のなかでも、とくにその南部に居住するパイワン族などでは、イモ類の占める比重が高く、根栽農耕文化の特色が色濃くみられるし、また、沖縄や薩南諸島の島々の伝統的な農業のなかにも、アワ栽培を伴ったイモ栽培（サツマイモ以前には、サトイモやヤマノイモが中心であった）と掘棒耕作の伝統が、はっきり残っている。

このようにみてくると、柳田国男氏の唱えられたのとは別の意味の「海上の道」、すなわち《南島系根栽農耕文化》とでもよぶべき一つの文化の流れが、南方の島々からわが国の九州の南辺にまで、ある時代に達したと想定することができるのではないだろうか。柳田氏とは別の意味での「海上の道」が、はるか南の島々から日本の近海にまで達していたと考えることはできないだろうか。南十字星の美しい光芒のもとで、私は想像の翼を思い切りひろげてみた。

もっとも、南島考古学の示すところからは、このような南から北へ向かう文化の流れの存在したことを肯定するような積極的な資料をいまのところ見出すことは難しい。したがって、このような《南島系根栽農耕文化》の北伝した「海上の道」を想定することは、南十字星のもとでみた単なる私の幻想にすぎないかもしれない。

しかし、南の島々に色濃く残る根栽農耕文化の諸要素に思いをはせるとき、「稲作以前」の古い時代にまでさかのぼりうるか否かは別として、一部にアワの栽培を伴った根栽農耕文化の一つの流れが、南島の島々を北上した可能性をまったく否定し去ることはできないのではないか。私にはそう思えてならないのである。

フィールドワークをやっている現地で、いろいろ想像をめぐらしてつくりあげた仮説の枠組みは、しばしば論理に飛躍があったり、資料の裏付けが乏しかったりするが、ときに新しい着想のヒントになることが少なくない。

たとえば、この南島系根栽農耕文化の流れについても、それをいま、ただちに「稲作以前」に結びつけるにはいろいろ難点がある。しかし、「稲作」以外の何らかの農耕文化の流れが、長い歴史の過程の中で日本列島の岸辺を洗い、その文化の影響が、いろいろな形で日本の農耕文化の中にとり入れられてきたことは間違いない事実であろう。

私は日本の各地や東南アジアや南アジアの伝統的農業についてのフィールドワークの体験をつみ上げて行くうちに、こうした考えにますます傾いてきた。なかでも、日本各地の焼畑や東南アジアやインドの焼畑についての調査結果をとりまとめ、その特色を比較検討するうちに、いくつかの重要な点に気づくようになった。

その第一は、イモや雑穀類をおもに栽培するという焼畑農耕の一つの類型があり、これは稲作とは別の独立した農耕体系と考えられること、また、この焼畑に支えられた文化は、稲作文化とは別種の、むしろそれに先行する形態としての特徴を備えていることである。さらには日本の焼畑とそれに支えられた生活文化の特色は、東南アジアの大陸部、とりわけ華中・華南山地からインドシナ半島北部の山地に連なる照葉樹林帯の焼畑農耕民のそれと、多くの点で類似する特色をもっていることなどである。

古くから日本の各地で広く営まれていた焼畑の類型は、この雑穀とイモを主作物とするものであり、したがって、それらに支えられた生活文化の伝統は、おそらくその起源を「稲作以前」にまでさかのぼりうるものではないか。また、この生活文化の源流は、アジア大陸の照葉樹林帯に求めることができるのではないか。十数年間手がけてきた私の焼畑農耕についての研究をまとめる過程の中から浮かび上がってきた想定はこのようなものだった。

こうして、私の「稲作以前論」のおおまかな枠組みはでき上がってきた。このような枠組みにしたがって、稲作以前の農耕文化を考えることにより、弥生時代初期における稲作文化の急速な展開を可能ならしめた基礎条件の一部を明らかにすることができるであろうし、それはまた、稲作文化の基底に横たわる基層的な文化の特色を解明することにも連なる。つまり、「日本の農耕文化の原点を探る」という意味で、「稲作以前」を探究することは、ささやかながら一つの日本文化論としての意義をもつのではないか。

私はこのように考えて、本書の著作にとりかかった。

しかし、わずかな状況証拠しか残されていないこの問題の解明は、私にはかなり荷の重いものだった。いくつかの作業仮説をつみ重ねながら、稲作以前の時期、より具体的には縄文後・晩期の時期に、ある種の焼畑農耕文化がわが国に展開していたに違いない、という点に焦点をあわせて検証を試みた。その結果、とにかく、稲作以前の日本列島、とくに西日本の地域には《照葉樹林焼畑農耕文化》と名づけられるような文化の存在していたことが、この本の中でほぼ明らかにすることができたと思う。

この文化は、すでに本論の中でくり返し述べてきたように、東アジアの照葉樹林帯において、種族の差異を越えて形成された共通の文化であり、イモと雑穀類を主作物とする焼畑農耕をその生業の中心とするものであった。それはまた山と森を舞台に採集・狩猟の活動もさかんに行なう「山の文化」「森の文化」ともいえる特色を備えた文化であったと考えられる。わが国の山村の中にわずかにその痕跡をとどめる「儀礼的共同狩猟」の慣行などは、この文化のそうした一面をよく象徴する慣行であり、また、わが国の「山の神信仰」なども、この照葉樹林文化の固有信仰の形態と特色をよく伝承しているものだと私は考えたのである。

さらに、この照葉樹林焼畑農耕文化の類縁を、アジア大陸に求めれば、それは、さきにも述べたように、西南中国から江南地方に展開していた山地焼畑農耕民の文化の中に、その原型をみとめることができるものと推定した。

この推論の是非については、いずれ多くの方々から御批判をいただかねばならないが、少なくとも「稲作以前」のある時期に、江南山地の地域から、照葉樹林型の焼畑農耕文化が日本列島に展開し、これが弥生時代初期の稲作文化の急速な拡大を可能にした基盤を形づくったという、私の所説の大筋は、ある程度みとめていただけるのではないだろうか。

しかし、「稲作」を中心とする日本の農耕文化の形成に、何らかの影響を与えたと考えられる「稲作以外の農耕文化」ということになると、必ずしもこの《照葉樹林焼畑農耕文化》のみであったということにはならない。さきにも述べた《南島系根栽農耕文化》が、ごく一部にしても、何らかの影響をもたらしたかもしれないし、さらにそれよりもっと重要な影響をもたらした可能性のあるものに、私がこの本の中で、仮に《北方系農耕》と名づけた落葉広葉樹林型の農耕文化の流れが考えられる。

この落葉広葉樹林型の農耕文化（「ナラ林文化」ともいえる）は、本論の中でも簡単にふれたように、W型の大麦やエンバク、北方系蔬菜類の栽培などで特色づけられるものであり、旧満州東部からモンゴル・南シベリア方面にその系統を辿ることのできるものである。おそらくこの文化はツングース的な文化要素と結び合って、わが国に伝来したものと思われるが、その具体的な内容、伝来経路などくわしいことは、現在の研究段階ではほとんどわかっていない。

この本のI章で、「北方系農耕の流れ」の存在することを指摘しながら、その後、本論の中では、ほとんどこの農耕文化に関してふれるところがなかった。読者の中には、あるいはこの点について、不満に思われた方がおられるかもしれないが、実は、この文化についてのくわしい知識は、まだよく知られていないのである。その存在を指摘しながら、この文化の内容についての叙述を十分にすることができなかったのは、そのためである。

わが国における「稲作以前」の農耕文化の主流をなすものが、江南地方から伝来したとみられる「照葉樹林焼畑農耕文化」とよばれるものであったことに誤りはないとしても、それをあたかも補完するかのように北方から伝わった、この落葉広葉樹林型の農耕文化の意義とその役割については、今後さまざまな角度から検討が加えられねばならないと思われる。

また、こうした今後の検討は、なにも落葉広葉樹林型の農耕文化ばかりに限られたことではない。私が主としてこの本の中でとりあげてきた「照葉樹林焼畑農耕文化」の特色とその意義についても、その検討にはまだまだ不十分な点が多く、今後の研究によって修正してゆかねばならない点が少なくない。いまでき上がった本文をよみ直してみても、論じ残されている点が少なくないように思う。いずれこれらの点については、機会をみて問題をより深くほり下げてゆきたいと思っているが、そのためにも考古学や生態学、比較民族学や民俗学、その他各方面からする多くの御教示と御批判をいただければ幸いである。

ことに最近の考古学における問題意識の発展と発掘技術の進歩の状況を考えれば、いずれ近いうちに「稲作以前」の農耕文化の姿を、遺物の面から明瞭に復原できる日がくるものと思われる。そうした実証的成果に裏付けられるようになれば、「稲作以前」の議論を、より緻密なものに組み上げることができるわけであり、その日の一日も早いことを私はひそかに期待している。おそらく、そのときには、私がこの本の中で提出した仮説が、厳しい批判の場におかれることになるだろう。私はある種のおそれを抱きながら、その日を期待している。

しかし、いずれにしても、「稲作以前」のような総合的な問題を、考古学だけ、比較民族学だけというふうに一つの科学の枠内で考える時代はすぎ去っている。諸科学の壁をとり払った広い場で、広い視野から議論をすすめてゆくことが今後は何よりも必要であろう。私のこの貧しい著作が、そのような意味で、「稲作以前」とわれわれの対話の一つの素材ともなり、その研究を進めるステップの一つとして、もし役立つことがあれば、それこそ望外の幸せだと考えている。

このような貧しい著作であるが、この本をまとめあげるまでには、多くの方々から貴重な御教示と御援助があった。なかでも、私の研究を終始見まもり、御指導下さったのは京都大学の織田武雄・藤岡謙二郎の両先生であり、またこのような境界領域に関する研究について、多くの示唆をえたのは、かつて今西錦司教授により、現在は梅棹忠夫教授によって主宰されている京都大学人文科学研究所の社会人類学の研究会における討論であった。とりわけ、この研究会のメンバーでもある中尾佐助博士からは、数多くの御教示と御助言をいただいた。同博士が照葉樹林文化の提唱者であることは、つとに周知の事実であるが、北方系の落葉広葉樹林型の農耕文化についても、貴重な資料の御提供をいただいた。この文化を「ナラ林文化」と名づけたのも同博士の示唆によるものである。中尾博士はじめ皆様方に厚く感謝したい。

このほか、本書を執筆するに当たって東京大学の大林太良氏からは、図書の一部を拝借したし、また、江坂輝弥・小野重朗・賀川光夫・千葉徳爾・藤森栄一の皆様方から貴重な写真を拝借した。貧しい内容の本書を、これらの写真でかざることのできたことを心から御礼申し上げたい。

とにかく、「稲作以前」というやっかいな問題にとり組み、「日本の農耕文化の原点を探る」という、私の力量には不似合な問題をとりあげ、悪戦苦闘した結果がこの本である。筆の遅い筆者の悪戦苦闘を気長に見まもり、はげまして、やっとここまで辿りつかせて下さったのは、日本放送出版協会の田口汎・道川文夫のお二人である。心から感謝する次第である。

昭和四十六年九月

佐々木高明

解説　新たな価値観を形作る試み

佐藤洋一郎

水田稲作以前の日本列島に農耕の要素があった——今ではさほど斬新ではなくなったこの仮説は、一九七〇年代にはまだ、発表することさえはばかられるほど「過激な」ものだった。それまで、日本列島では縄文時代は狩猟採集の時代であり農耕の開始は弥生時代の水田稲作の開始をまたなければならなかった、というのが動かしがたい定説であったからである。

この定説に、これまた当時は目新しい手法と考えられていた学際的手法によって挑み、新たな価値観を形作ることに成功したのが本書であり、その著者佐々木高明《ささきこうめい》その人である。

本書ではおもに四つの側面から「稲作以前」の日本を論じている。それらは「縄文農耕論」「稲作以前の農業」「稲作以前の文化伝統」「稲作文化とその基底にひそむもの」という四つである。これらをみれば、本書が、水田稲作渡来前の日本列島に農耕の要素があったということ、さらにそれが稲作の文化と並んで日本の文化を形作っているということをいおうとしていることがよく読み取れるだろう。

この名著が世に出て四〇年あまりが経過した。ここではこの間に行なわれた新たな発見やそれらを基に出されたさまざまな学説を織り交ぜながら、改めて本書の学史的価値を見直してみたい。

縄文文化をどうとらえるか

日本列島は、生態学的にはその西・南半分は照葉樹林帯に属し、北・東半分はナラ林帯に属する。

長らくの間、縄文文化は、狩猟採集を基礎とする日本固有の文化であるととらえられてきた。しかし、南北三〇〇〇キロにおよぶ日本列島が、一万年という長きにわたり、土器形式によって表現された単一で固有の「縄文文化」と呼ばれる文化を持っていたと考えること自体、考えてみれば滑稽なことである。しかもこの列島はユーラシア大陸の東縁に寄り添うように横たわっていて、列島の各地と大陸の各地の間で人やモノの交流が、古い時代から盛んに行なわれてきた。それなのに、縄文文化が隣接地域の文化とは独立に進化を遂げてきたという考えが今なお根づいているのは不思議というよりない。実際のところ、縄文時代の日本列島は東西（南北）でその要素を異にし、それればかりか西には西の、また東（北）には東（北）の文化要素があったと考える研究者が次第に増えてきている。

むろん、こうした考えに対する反論は繰り返し現れた。しかしそれらはそのつど封殺されるか猛烈な反論にあってきた。佐々木氏も述懐しておられるように、本書が世に出た当時は「縄文農耕論」に沿った主張を展開することには相当の勇気がいったことであったと思われる。しかしなぜこうも縄文時代を非農耕の時代と人びとはいいたがるのだろうか。

日本では、農耕の問題を、常に水田稲作の問題としてとらえてきた。水田稲作以外の稲作は地平のかなたにあって、まともに考えられることさえなかった。農耕史の研究といえば水田稲作史の研究であり、農耕文化といえば稲作文化であるという短絡的な発想は今も繰り返し現れる。こうした発想のもとに、縄文時代には水田の遺構がないという客観的な事実が加わり、縄文時代の日本列島には稲作を含めた農耕がなかったという結論が導き出される。つまり水田稲作でない稲作など考える余地さえないという結論になってしまう。

さらに、農耕自身が長いプロセスを経て完成されるものであるという基本的な認識に立たない限り、「半栽培」とか「原始農耕」などという議論はおよそ理解しがたいものであるに相違ない。

それればかりではない。本書の大きなテーマの一つである焼畑という農耕の存在は、実は、考古学的にはたいそう証明が困難である。焼畑は通常山の営みである。そこは、土壌が堆積してゆく低地の環境とは異なり、土壌が失われてゆく流亡の環境にあって、遺跡としてはきわめて残りにくい。さらに焼畑農耕は、水田と異なり、畔や灌漑水路のような構造物を伴わないことが多い。

しかも、使われる道具が極めて少ないのが焼畑での農耕である。だから仮に過去にそこで焼畑が営まれていたとしても、その考古学的な検出は困難である。私は考古学者たちに焼畑を見に行くことをすすめるが、それは焼畑のイメージを考古学者にもってもらいたいからである。そうでなければ「発掘で証明できないものは存在しなかったと考える」考古学のドグマによって焼畑はなかったものにいとも簡単にされてしまう。

しかし、考古学は人間活動の歴史を研究するにあたって欠かすことのできない学問分野の一つである。このことは、佐々木氏もよく承知しておられたことは疑いない。奈良国立文化財研究所におられた考古学者、故佐原真氏との長い交流や、時に行なわれる両者の対談は聞く人をひきつけてやまなかった。不幸にして佐原氏は早くしてこの世を去られたが、この二人の対談を楽しみにしていた人は決して少なくない。

稲作の起源と展開をめぐって

本書が世に出て以後、関連する分野でもっとも著しい進展があったのは、おそらく稲作の起源についてであろう。本書の初版は一九七一年、イネ長江起源説の端緒となった浙江省・河姆渡《かぼと》遺跡の発見の二年前である。本書が出て六年後の一九七七年には、渡部忠世《わたべただよ》教授の名著『稲の道』が同じNHKブックスとして発刊され、稲の「アッサム—雲南起源説」が提起されている。

このころ中国の研究者たちは何をしていたのだろうか。中国の研究者たちに聞いてみると中国は当時、文化大革命の直後で社会は混乱し、研究者たちも落ち着いて研究するどころではなかったらしい。その混乱がようやく落ち着いた八〇年代半ばを過ぎるころから、中国の考古学者らも発掘を再開し、また周辺地域との相対化を図る機運も生まれてきたように思われる。そしてこうした作業を通じて、長江下流域が、最古の稲作遺跡が集中する地域としてにわかにクローズアップされるようになった。いっぽう「アッサム—雲南起源説」が考える雲南省はじめ西南部一帯には四〇〇〇年を遡《さかのぼ》る稲作遺跡はない。

また、それらの遺跡の土壌から抽出されるプラントオパールの形状分析や出土した種子のDNA分析、さらには野生イネを用いた一連の遺伝学的研究から「ジャポニカ長江起源説」が登場し、九〇年代になってイネや稲作の起源説は大きく展開した。

近年、イネの起源地をインドネシアに求める論文がネイチャーの系列誌に取り上げられ話題となったが、これも時間軸を無視した議論で、その後批判が相次いだ。遺伝学的な分析は、DNA分析技術が進んだ今ではたしかに非常に精緻で、そのデータをめぐり厳密な議論が可能である。しかしDNAのデータには時間の要素が含まれていない。

DNAデータからは、「AとBの交雑になる子がCである」という仮説と「AとBはCの子である」というこれとは反する仮説が、同じデータからどちらも矛盾なく導き出される。どちらの仮説が正しいかは、A、B、Cのどれが古いかを調べる以外ない。つまりA、BとCのどちらがより古い時代から登場するかを考古学的に明らかにする以外、ないのである。

現時点での考古学の成果によれば、最古の稲作の証拠は長江流域に集中してみられる。インドネシアを含む南島では、稲作はおろか農耕の要素は、四〇〇〇年ほど前の時期までみられない。イネのインドネシア起源説は、考古学的にはやはり荒唐無稽な説といわざるを得ない。イネはやはり長江流域が起源地と考えるべきである。

長江流域の稲作はいつ始まったのだろうか。これについて、佐々木氏の近著の一つである『照葉樹林文化とは何か』(二〇〇七年)の後半に置かれた対談部分で、対談者の一人である安田《やすだ》喜憲《よしのり》氏が、今から一万二〇〇〇年余り前におきた「ヤンガー・ドリヤス」期の低温に求める主張をしている。一方最近、中国での調査を精力的に進めるイギリスの考古学者ドリアン・フラー氏らは、浙江省の田螺《でんらく》遺跡の分析から稲作の開始はそれよりもっと遅いのではないかと考えている。

また、稲作の進行が、従来考えられてきたよりはるかにゆるやかに進行したものと考えられる。江蘇省の龍虬荘《りゅうきゅうそう》遺跡(七〇〇〇年から五二〇〇年前)の分析から、人びとの暮らしが狩猟採集から稲作中心のそれに移行するのに、少なくとも一八〇〇年の時間を要したと考えられるなどの事例が見つかっている。これら最近の研究は、農耕の開始が一回の「イベント」であったというよりは場合によっては前進と後退を繰り返す一連のプロセスではなかったかという佐々木氏の主張を裏づけている。

照葉樹林文化との関係について

さてここで本書でも重きが置かれている照葉樹林文化との関係についてみておこう。一九六〇年代に、おもに中尾佐助《なかおさすけ》氏らによって提唱された照葉樹林文化論は、その後の周辺諸学の進展によってさまざまに議論されてきた。とくに一九八〇年代以後の中国はじめ東アジア各地の考古学の目覚しい発展は、稲作を含む農耕史に新たな視点を与えることとなった。それまで稲作や照葉樹林文化の中心地と考えられていたいわゆる「アッサム—雲南地方」が稲作の発祥地ではないことが明らかになると（後述）、照葉樹林文化論そのものの見直しの機運が高まった。

佐々木氏自身も近年の著作（たとえば『照葉樹林文化とは何か』中公新書）でこのことに触れている。確かに「アッサム—雲南地方」は照葉樹林文化の中心地とされる「東亜半月弧」（上山春平・中尾佐助・佐々木高明共著『続・照葉樹林文化』中公新書、一九七六年の中で初めて提唱された概念）とほぼ重なり、照葉樹林文化論と稲作における「アッサム—雲南起源説」とは互いに相補的な関係にある。

しかし、稲作の発祥地がアッサム—雲南地方から長江流域に動いたからといって、それで照葉樹林文化論そのものが再考を求められるというのはどうしてか。「アッサム—雲南起源説」の論拠は、一つにはそこが遺伝的多様性の中心地だからである。しかしそこが遺伝的多様性の中心だという事実は、現代のイネをみてのことに過ぎない。数千年も前にそこが多様性の中心地であったという証拠はどこにもない。イネの多様性の中心と同じく、照葉樹林文化の中心地も動いたと考えればよい。

安田喜憲氏は、最初長江流域にいた稲作民が長江を遡ったという説を展開しているが（たとえば『照葉樹林文化とは何か』中公新書、三〇〇ページ）、私もそれに賛成である。長江流域で誕生したイネが、その後、雲南省など南西部に移動し、その多様な環境に適応した多様性を獲得したのである。同じように、照葉樹林文化のそれぞれの要素のうち少なくともいくつかが稲作と同じく長江流域生まれで、その後雲南省一帯に移動したと考えれば、いろいろな事実がそれほど大きな矛盾なく説明ができる。

どんな文化にも重層化というダイナミズム（あるいはこれを広い意味で動的平衡と呼んでもよいであろう）がみられることは、いわば自明のことである。一つの文化が固定したまま変化しないことなど、およそありえないことである。その個々の文化要素や人間集団そのもの、あるいは他の集団とのかかわりや風土、環境など、あらゆる条件は常に移ろっている。照葉樹林文化論を過去のものとする議論も、議論としては結構だと思うが、むしろ文化の動的平衡性を考えることこそ大事ではないのか。最近は世相を反映してか、学説も「現実化」、狭隘《きょうあい》化の傾向が顕著との指摘もある。照葉樹林文化論のような、どこか漠とした学説が「わかりやすさ」という点では難点をかかえているのも事実だが、わかりやすさが何ものにも替えて重要だということになれば、学問は衰退するしかない。最近の大学では、「哲学」という科目がわかりにくいという理由で「生き方を考える」などの題目で授業されていると聞くが、そこまで妥協して「聞いてもらう」ようなものなのだろうか。

ところで照葉樹林文化論では、農耕のおこりを「焼畑を基軸とする山や森の民の生活」に求めようとする。それを長江流域に求めるのは矛盾であるかのように思われるかもしれない。しかしそれは、長江流域の地理や環境史に対する誤解から来ている。長江流域は今でこそ開発がすすみ森の片鱗も見られないが、往時は深い森に覆われていたであろうことがさまざまな分析からわかっている。また、この地は、地図上では緑一色の平野のように描かれるが、実際のところはゆるやかな傾斜が続いている。この地を、開けた平らな土地と考えるのは机上の議論に過ぎない。

おそらくこの地は、今から数千年の昔には照葉樹林文化が展開する土地であった。しかしその後照葉樹林は切られ、また北方の畑作を基軸とする農耕文化の浸透によって、この地の照葉樹林文化も変容したのであろう。

南島文化の影響をどう考えるか

本書の一つの特徴が、日本文化を幾重にも重なる異種文化の重層構造ととらえていることにあるとすでに書いたが、日本列島に伝わった文化のなかには南島に由来する文化要素が加えられている。南島からの文化要素は、わが国では長く、考古学の強い反対により広く認められるには至らなかった。しかし民俗学の分野では、特にイモ（サトイモ）やその栽培、食、それらに関する儀礼などの面で南の要素として関心を寄せられてきた。

イモ農耕の意義については、古くは坪井洋文の論考が有名である。坪井はその著書『イモと日本人』で「餅なし正月」という事例を取り上げ、その場合、餅の「代用」をつとめるのがサトイモであると考えている。サトイモは中尾佐助氏のいう「根栽農業」に支えられる作物で、日本列島へも南からの渡来が考えられる。

南島への農耕民の移動は、六五〇〇年から七〇〇〇年ほど前におそらくは台湾を出発した集団が最初と考えられている。フィリピンなどを経由して次第に島々に展開して行った集団がそこで稲作などを始めたものというのが現代の人類学の定説であり、このことは言語学や考古学など、他の周辺諸学が一致して認めるところである。

近年パプアニューギニアのココダ渓谷で、少なくとも四〇〇〇年くらい前の地層から原始農耕を思わせる人間活動の痕跡が認められた。これについてはまださまざまな議論があるうえ、そのスタイルは根栽類を栽培するごく原始的な農耕だったようで、その後活動の跡はみられなくなる。それはおそらく、先述の農耕集団の渡来以前に消失してしまったものとみられる。念のためいうと、現生人類がこの地に最初に達したのは四万年前のこととも五万年前のことともいわれる。ココダ渓谷で原始的な根栽農業を行なっていた集団も、彼らの末裔とみてよい。しかし彼らと、後に稲作のような穀物農耕を開始した集団とは異なる出自をもつと考えられる。

時間軸について

本書にもし物足りない点があるとすれば、それは、絶対時間の概念が希薄な点であろう。本書だけでなく照葉樹林文化論が時間軸に弱いとの指摘は当初からあった。その最大の理由は、おそらく照葉樹林文化論に考古学者が加わってこなかったことに起因する。

そして、一つの文化が、日本列島でいえば縄文時代から、そして東南アジア山地部ではつい一〇〇年ばかり前まで、同じコンテクストを持って継続していたと考えることには無理がある。本書で佐々木氏が発展段階として提示した表にしても、その年代が書き込まれていないことに物足りなさを覚えるのは私ばかりではないであろう。むろん、時代の展開を、日本列島からヒマラヤ山麓までの広大な地域を一くくりにして論じることはできないから、どこか特定の地域、例えば西日本を例にその歴史的展開を描き出してみるといった作業が必要になるであろう。

おそらくその過程で、照葉樹林文化帯のどの地域にも、異種の文化の侵入（あるいは移入）やそれとの葛藤、融和といった文化の重層化のプロセスが認められるに相違ない。しかしそれはむしろ今後の研究の課題であり、そのような記述のないことを本書の欠点としてあげつらうのは適当ではあるまい。

いずれにしても、本書の中心命題である農耕をあつかう諸学には、もともと時間の観念が希薄、ないしは固有の時間尺度をもたない学問が多い。たとえば生物学は、生命事象の先後関係は論じるが、一つの事象が次の事象を生むに要する絶対時間を計る物差しは持っていない。このように書けば進化論は時間軸をあつかう学問であるとの反論が来るが、進化論はもとはといえば地質学に由来する学問であり、化石の新旧は地層の新旧として論じられてきた経緯がある。

最近の分子進化学は塩基配列の違いの多寡《たか》で二つの種の分岐年代を推定するが、それは突然変異がランダムに起きると仮定したうえでイベントの数を時間に置き換えているにすぎない。時間の概念を持ち込もうとした段階で、「稲作以前」は必然的に分野横断型の学際研究にならざるを得なかった。そして事実、この研究は日本における学際研究のパイオニアになってゆくのである。

照葉樹林文化やその議論は過去のものか

ところで最近、照葉樹林文化や、照葉樹林文化という存在そのものに対する批判を耳にすることがある。批判とは言わないまでも照葉樹林文化という枠組みでものを考える意味合いは確かに薄れてきているように感じられる。そこには、「中国」という巨大な経済圏や文化の枠組みが確実にその影響力を増してきていることが深く関係している。そしてこのことは、一般社会や政治経済の枠にとどまらず、学問の世界にも確実に当てはまる。日本のいくつかの大学には、中国問題を研究する研究拠点がおかれ、そこで研究する研究者や中国問題に関心を持つ若者も確実に増えてきているという。大学共同利用機関の一つである人間文化研究機構も、すでに数年前から「現代中国地域研究拠点」というバーチャルな組織をおいて中国問題を広く研究しているが、研究者の関心は高いという。

海外の研究動向を見ても、興味の対象はかつての日本研究からアジア研究へとシフトしつつあり、そしてアジア研究の中でのウエイトも日本から中国へと移りつつあるという研究者も欧州には出始めてきている。それほどまでに中国の影響は強まりを見せつつあるということだが、このことと照葉樹林文化論の影響力の低下は当然のごとく無関係ではない。

というのも、中国の影響力は、シルクロードに代表される西方への展開から、南への展開へと角度を変えて移ろいつつあるからである。東西と南北。これは文明の展開にとっては極めて重要なアクシス（変異軸）である。というのも、動植物は東西方向には南北方向より何倍も速く動くことができるからである。その理由は、もちろん一つには温度差にある。「照葉樹林」のように一つの森が東西に伸びるのはそのためである。森の性格はそこに住む動物を規定する。そしてさらに影響力の大きいのが日長の差である。日長というのは晴れ曇りの日照とは異なり、日の出から日の入りまでの時間、つまり昼間の時間をいう。日長時間は、気候変動や地形によらず、緯度によって一義的に定まり、また万年の単位で不変である。作物や昆虫の生殖リズムは日長時間に強い支配を受けるから、彼らの分布は緯度帯に応じて決まる。照葉樹林文化が、東西に長く伸びた帯状の土地で展開したのは、決して理由のないことではないのである。

中国がいま最も力を入れているのは海――それも南シナ海であるが、それはそこが資源の宝庫であるということのほかにも、南への足掛かりとして重要だとの認識があるからであろう。だから中国はいま、海ばかりでなく、雲南を通じてインドシナに抜けるルートの拡充にも力を入れている。かつて「秘境」の二文字を冠するに何のためらいもなかったこのルートは、いまではアジアハイウエーが走り中国からの、そして中国への物流の大動脈となりつつある。かつての「秘境」の中心であった景洪《ジンホン》の街は、いまでは原色のネオンが煌々《こうこう》と街路を照らす歓楽街に姿を変え、国境を越えた人の動きも盛んであるという。

むろん「中国」は以前からもあった。東北タイには中国を感じさせる祭りや伝統が随所にあった。ラオスの古都ルアンパバーンのホテルでは、湯の給仕に中国製の魔法瓶が使われていた。などなど、このような事例はいくらもある。しかしかつてのそれらはあくまで中国の「影響」であったにすぎない。今のそれは中国そのものなのだ。

東西方向に共通する文化の帯は、いま、南北方向に大陸を貫通する縦帯によって分断されつつある。今この地を歩いて、東西方向につながる文化の帯を実感することなど、ほとんどない。これがいま、かつての照葉樹林文化の中心地におきていることである。過去の経緯を知るものならばともかく、今、初めてこの地に足を踏み入れた世代の研究者に、東西につながる文化の帯を実感し、その重要性を認識せよといっても、それは土台無理なことであろう。かつて中尾佐助氏や佐々木氏がこの地を訪れた際、日本文化とのあまりの共通性に驚いたという。そうした新鮮な驚きが、照葉樹林文化論のスタートでありその後の理論展開の原動力だったというが、そうした驚きの基盤が失われつつある今、照葉樹林文化への理解が失われつつあるのは、ある意味ではいたしかたのないことなのかもしれない。

かといって、私は照葉樹林文化や照葉樹林文化論が過去のものであったと考えているのではない。それは一つの学説としてたしかに学史の一頁にその名を刻んだが、それだけではなく近い将来、再び日の目をみることがあるのではないかと思っている。というのも、人類が文化要素を南北に展開させることができたのは、実は化石燃料という援軍があってのものだったからである。もしこの援軍がたたれたとき、私たちの文明は自然の理《ことわり》として、東西の共通項に依拠したものとしてその姿を再び変えなければならなくなると思われるからである。東西から南北へ、そして再び南北から東西へ。そこには人間の力をはるかに超えた自然の理が確かに存在するように、私には思われる。

（さとう・よういちろう　京都産業大学教授・総合地球環境学研究所名誉教授）

佐々木高明（ささき・こうめい）
1929年大阪府生まれ。京都大学大学院文学研究科博士課程修了。立命館大学助教授、奈良女子大学教授、国立民族学博物館教授、同館長、アイヌ文化振興・研究推進機構理事長を歴任。国立民族学博物館名誉教授、総合研究大学院大学名誉教授。専攻は民族学。照葉樹林文化論を中尾佐助とともに構築・提唱。2013年没。
著書に『照葉樹林文化の道』『日本文化の基層を探る』『南からの日本文化』（いずれもNHKブックス）、『照葉樹林文化とは何か』（中公新書）、『山の神と日本人』（洋泉社）、『縄文文化と日本人』（講談社学術文庫）など。

NHK BOOKS 1225

新版 稲作以前

2014（平成26）年11月20日　第1刷発行

著　者　佐々木高明　
発行者　溝口明秀
発行所　NHK出版
東京都渋谷区宇田川町41-1　郵便番号150-8081
電話 0570-002-246（編集）　0570-000-321（注文）
ホームページ　http://www.nhk-book.co.jp
振替　00110-1-49701
装幀者　水戸部 功
印　刷　亨有堂印刷所・近代美術
製　本　三森製本所

Printed in Japan　ISBN978-4-14-091225-6 C1320

NHK BOOKS

＊自然科学

植物と人間—生物社会のバランス— 宮脇 昭
アニマル・セラピーとは何か 横山章光
ミトコンドリアはどこからきたか—生命40億年を遡る— 黒岩常祥
免疫・「自己」と「非自己」の科学 多田富雄
生態系を蘇らせる 鷲谷いづみ
がんとこころのケア 明智龍男
快楽の脳科学—「いい気持ち」はどこから生まれるか— 廣中直行
心を生みだす脳のシステム—「私」というミステリー— 茂木健一郎
脳内現象—〈私〉はいかに創られるか— 茂木健一郎
物質をめぐる冒険—万有引力からホーキングまで— 竹内 薫
確率的発想法—数学を日常に活かす— 小島寛之
算数の発想—人間関係から宇宙の謎まで— 小島寛之
日本人になった祖先たち—DNAから解明するその多元的構造— 篠田謙一
交流する身体—〈ケア〉を捉えなおす— 西村ユミ
内臓感覚—脳と腸の不思議な関係— 福土 審
カメのきた道—甲羅に秘められた2億年の生命進化— 平山 廉
暴力はどこからきたか—人間性の起源を探る— 山極寿一
最新・月の科学—残された謎を解く— 渡部潤一編著
細胞の意思—〈自発性の源〉を見つめる— 団 まりな
寿命論—細胞から「生命」を考える— 高木由臣
塩の文明誌—人と環境をめぐる5000年— 佐藤洋一郎／渡邉紹裕
水の科学［第三版］ 北野 康
太陽の科学—磁場から宇宙の謎に迫る— 柴田一成
形の生物学 本多久夫
ロボットという思想—脳と知能の謎に挑む— 浅田 稔
進化思考の世界—ヒトは森羅万象をどう体系化するか— 三中信宏
クジラは海の資源か神獣か 石川 創
ノーベル賞でたどるアインシュタインの贈物 小山慶太
女の老い・男の老い—性差医学の視点から探る— 田中冨久子
イカの心を探る—知の世界に生きる海の霊長類— 池田 譲
生元素とは何か—宇宙誕生から生物進化への137億年— 道端 齊
土壌汚染—フクシマの放射線物質のゆくえ— 中西友子
有性生殖論—「性」と「死」はなぜ生まれたのか— 高木由臣

※在庫品切れの際はご容赦下さい。